부산을 여행하는
일곱 가지 비밀레시피

레인보우
부산

RAINBOW BUSAN

글·사진 | 장은진

도서
출판 예린원 芸璘園

부산을 여행하는 일곱가지 비밀레시피

레인보우 부산

초판 1쇄 펴냄 2014년 8월 25일

글·사진	장은진
기획	진현욱
디자인	이경영, 김다랑, 정희정
인쇄	효성정판
제본	광명제책

펴낸이 진현욱

펴낸곳 엔크리에이티브(주) 도서출판 예린원 (출판등록 제9-86호)
　　　　주소 : 부산시 해운대구 수영강변대로 140 BCC 621호
　　　　전화 : 051-747-5099 팩스 : 051-747-6299
　　　　ncreativeinc@daum.net
　　　　blog.daum.net/ncreativeinc
　　　　www.facebook.com/ncreativeinc

* 이 책은 iOS용 및 안드로이드용 앱북(App Book)으로도 출시되어 있습니다.
　이 책의 앱북은 부산정보산업진흥원의 지원으로 만들어졌습니다.

국립중앙도서관 출판도서목록(CIP)

레인보우 부산 Rainbow Busan 부산을 여행하는 일곱가지 비밀레시피
글: 장은진 --부산 : 엔크리에이티브_예린원, 2014
370p. ; 15*22cm

ISBN 979-11-85124-04-9 03910 : ₩15000

여행 정보[旅行情報]
부산 광역시[釜山廣域市]

981.18902-KDC5
915.1904-DDC21　　　　　　　　CIP2014021906

레인보우

RAINBOW BUSAN
부산

글·사진 | 장은진

도서
출판 예린원 芸璘園

일곱 개의 色,
그 진공 속으로 빨려 들어간 앨리스

#1 1972년 부산 해운대 수영 비행장.

머리에 동백꽃이 그려진 스카프를 두른 여자가 누군가를 애타게 기다리고 있다. 전날 밤 여수에서 출발한 배를 타고 꼬박 열 두시간을 바다 위에서 보낸 다음날 아침, 부산항에 도착한 여자는 터덜거리는 버스를 타고 포장도 안 된 길을 달려 수영 비행장에 도착했다.

#2 열 아홉 살 나이에 일본으로 가는 배에 몰래 탄 남자가 있었다.

소학교 졸업반 시절 일본으로 수학여행을 갔던 아이는 시골에서 보지 못했던 일본의 새로운 풍경에 눈이 휘둥그레졌고 그림 그리는 게 세상에서 제일 좋았던 그 소년은 그 날부터 동경에 있는 미술대학에 가기 위한 방법을 연구하기 시작했다

열 두 살, 그렇게 새로운 세상을 꿈꾸던 소년은 7년 뒤 어느 날 밤,

연필 한 자루를 호주머니 춤에 집어넣고는 홀홀단신 일본으로 가는 배에 몸을 실었다. 며칠이 지나 눈을 떠보니, 같이 배를 탔던 사람들은 전부 부산으로 다시 추방당하고 보이지 않았다. 배고픔을 참지 못하고 갑판으로 뛰쳐 올라갔던 사람들은 하나둘 사라지고 있었다. 열아홉 청년은 그림을 그리며, 배 안에서 배고픔을 참고 버텼다. 무언가 보이지 않는 힘이 그를 이끄는 것 같았다.

그리고 며칠 뒤, 시모노세키에서 동경까지 무사히 도착한다.

#3 다시 부산

비행기 트랩에서 사람들이 내리고 있다.

지난 번에 봤을 때, 부끄러워 고개들어 눈도 못마주쳐서 사실 얼굴이 잘 기억나지 않는다. 사람 좋은 웃음만 뇌리에 맴돌 뿐…

그 남자가 저벅저벅 다가오는게 느껴진다…

동백꽃 그려진 스카프를 두른 여자와 머리가 살짝 벗겨진 그 남자는

그렇게 부산수영 비행장 한 복판에서 다시 만났다.

그리고 동백섬을 지나 해운대 솔밭길을 걸으며 데이트를 했다.

싱싱한 복국집도 가고 화교가 하는 맛있는 중국집도 가고 당시 최고의 호텔이었던 동백장을 배경으로 사진도 찍고… 사랑에 빠진 여느 연인들처럼 그들도 그렇게

해운대에서 행복한 시간을 보냈다.

나는 가끔 생각한다.

그때 내가 이 해운대 동백섬에서 잉태된 것이 아닐까하는…

그런 알 수 없는 인연이 나를 부산이라는 공간에 강한 자석처럼 다시 끌어들인 것은 아닐까… 그 남자와 그 여자가 가장 행복했던 순간에 그 공간으로 나를 타임워프 시켜서 그 모습을 보여주고 싶었던 건 아닐까하는…

마치 진공관으로 빨려 들어오듯 앨리스처럼, 도로시처럼,

메어리포핀스처럼 나는 부산에 도착했다.

모든 낯 익은 것들에 대한 이별은 약간의 용기를 필요로 했다.

35년간의 도시 생활에 익숙해진 나의 몸은 아침에 일어나면 더이상 모닝커피를 마시고, 밀리는 강변북로를 달려 출근하는 일은 하지 않아도 된다.

부산에 도착한 그 순간부터 이상하게 데쟈뷰처럼 모든 상황이 낯설지 않았고 엄마의 포근한 자궁 속에서 유영하는 아이처럼 나는 또 기나긴 여행을 시작했다.

그리고 또 2,555일이 흘렀다.

7년의 시간, 일년에 한 개 씩은 아니지만, 일곱 개의 무지개를 완성했다.

나를 이 곳에 오게 만든 부산의 바다, 나를 감동시킨 부산의 사람, 오늘도 나를 흥분시키는 부산의 맛, 소란스럽지만 소소하게 정이가는 부산의 축제, 아직도 생각하면 심장이 뛰는 부산의 영화, 내가 낳은 아이처럼 정이 가는, 이제 사춘기를 거쳐 성인식을 앞둔 열아홉살 BIFF, 삐삐의 보물1호처럼 소중한 친구에게 주고 싶은 비밀 지도 부산의 여행 코스, 아픈 상처 어루만지며 내가 치유를 받았던 부산 근대사의 흔적부터 이젠 예술작품이 되버린 부산의 작은 돌멩이까지…

7년의 시간동안 나의 보물상자는 가득 채워졌고

그렇게 레인보우 부산은 탄생했다.

친절한 여행책을 기대한 분들에게는 어쩌면 개인의 감상이 들어간 지극히 주관적인 이야기라 실망할지도 모른다. 하지만 타인에서 지인으로, 변방에서 안쪽으로 들어오려 노력한 시간동안 내가 만난, 그리고 함께 그려간 무지개로 봐주기를 바란다.

1년여의 시간을 보내면서 힘든 작업을 도와주신 엔크리에이티브의 진현욱 대표님과 남기수 실장님, 디자인팀 식구들, 그리고 레인보우 부산이 빛을 발하기 위해 도와주신 많은 분들과 팔순에도 동백꽃 스카프를 매고 다니시는 윤정숙여사님, 내 무지개 퍼즐의 마지막 한 조각을 맞출 수 있게 도와준 영철씨에게 감사한 마음을 전한다.

그리고 앞으로 멈출지, 진화할지 모르지만 내 안의 역마살 DNA를 발동시키고 이끌어서 무지개 앞으로 데려다 준 그 알 수 없었던 큰 힘의 근원에게도 찬란한 무지갯빛 부산 한 권을 건네주고 싶다.

달맞이언덕에서 장 은 진

부산을여행하는 일곱가지비밀레시피 RAINBOW BUSAN

RAINBOW BUSAN
CONTENTS

책을 펴내며

BLUE
부산,
전망 좋은 방

바다, 그리고 부산

RED
부산,
강렬한 맛의
향연

오감만족, 부산 맛집

YELLOW

빛바랜 앨범 속 부산

추억, 그리움의 부산

GREEN

아빠 우리 부산가?

부산을 여행하는
10가지 특별한 방법

PRISM

**영화제,
부산이라 행복해**

영화, 그리고 부산

ORANGE

**다이나믹 축제
365일**

축제의 도시 , 부산

RAINBOW BUSAN
CONTENTS

PURPLE
부록

부록 1

부산, 타임머신 타고 시간여행
역사의 향기 속으로

부록 2

부산의 갈맷길 아홉코스

부산, 전망 좋은 방

바다, 그리고 부산

세상 모든 매력적인 여행지에는 바다가 있다.
그리스인 조르바나 무라카미 하루키가 여행한 곳, 모두 바다를 품고 있다.
내륙인들이 별과 초원과도 때론 바꿀 수 있다고 생각하는 곳,
도시인들이 7, 8시간을 내리 달려와 고작 한 시간 머물다 가더라도
그 짧은 시간 치유와 위안을 받고 돌아가는 곳,
그곳이 바로 바다다.

바다를 늘 바라보며 살거나,
바다에서 태어난 사람들은 절대 이해하지 못할 선택.
그런 바다를 갖고 있는 부산은 태초부터 신에게 선택받은 곳이자,
바다와 떼놓을 수 없는 운명을 가지고 태어났다.

어디서 창을 열어도 펼쳐지는 <전망 좋은 방>을 선물하고 싶다,
지친 당신에게.

달빛 낭만, 문탠로드

해운대 문탠로드에서 시작하는 걷기여행을 결심했다면 당신은 이미 절반은 달맞이를 만나는데 성공한지도 모른다. 느린 템포로 걷는 동안 철썩이는 파도소리의 은은한 협주곡을 들을 수 있고, 포롱포롱 이름 모를 산새의 지저귐이 당신을 따라올 것이다.

이제는 사라진 동해남부선 기차의 경적 소리도 남겨진 철로를 통해 추억으로 들을 수 있다. 해운대 해수욕장과 미포에서 시작해 달맞이 초입의 문탠로드로 이어지는 이 길은 청사포, 송정의 구덕포 바닷길을 거쳐 기장, 일광, 임랑, 마지막 코스인 울산의 바다 진하 해수욕장까지 연결되기에 표정이 다양한 얼굴의 바다를 만날 수 있다.

문탠로드 산책길은 연인과 걸어도 좋고, 길이 많이 험하지 않아서 아이들과도 걸을 수 있다. 걷다가 힘이 들면 중반 부분인 2km 지점에서 왼쪽으로 올라가 해월정 근처의 노천까페와 레스토랑에서 커피 한잔 하며 쉬어가도 좋다. 주말에는 해일정 마당에서 핸드메이드 공예 작가들의 마켓인 달맞이 아트 프리마켓(Dalff)이 열리는데 가죽 소품, 도기 그릇, 화분 능 삭가들의 개성있는 작품을 만나볼 수 있다.

파도소리를 들으며 크게 심호흡하면 바닷바람을 맡으며 밑둥이 굵어진 해송과 나무들이 품어내는 피톤치드향에 정신이 맑아진다. 도심에 사는 사람들은 누리기 힘든 자연과 하나되는 산책길… 머리 위로 둥그런 달이 뜬 저녁 밤길엔 사랑하는 사람의 손을 잡고, 은은한 달빛으로 샤워를 하며 가는 길. '문탠로드' 되새길수록 참 예쁜 이름이다. 영화 〈루나 파파〉속 달빛처럼 사각사각 신비한 달빛 가루기 부서지는 소리가 들린다.

문탠로드 코스길은 이름도 고운 꽃잠길-가온길-바투길-함께길-만남길 등 총 5개의 길이 2.2km에 걸쳐 걷기 좋은 코스를 이루고 있다.

'너는 내 별빛, 내 마음의 별빛, 넌 나만의 달빛, 소중한 내 달빛~ 그저 바라만

보고 나를 위해 비춰주는 그런 사람' 시크릿의 '별빛 달빛'을 흥얼거리며 걷고 싶은 길이다.

걷다보면 중간 지점에 날씨가 좋은 날이면 빛의 굴절현상으로 대마도도 보인 다는 뷰포인트 지점도 보인다. 해운대 앞바다가 시원하게 펼쳐지는 이곳은 기념사진 촬영을 하기에도 좋은 곳이다.

• 문탠로드 조명 시간 : 새벽 5시 ~ 일몰 후 11시
  산책 전 소등시간을 꼭 기억하세요~

문탠로드의 테마별 걷기 체험

<테마특집> 문텐로드 걷기 VS 스타와 함께 걷는 문텐로드

매년 문탠로드는 재미있는 테마로 걷기대
회가 열린다. 2012년에는 할로윈 데이에
함께 걷는 등골 오싹한 <공포특집, 문텐로
드>가 열렸고 2013년 9월엔 <문텐로드 추
리특급! 셜록 홈즈를 찾아라>로 해안길을 걸
으며 유명 추리소설 작가 이름 맞추기, 달빛
도둑 몽타주 완성 체험, 지문 쪽지 찾기 등 한
층 더 업그레이드 된 걷기 대회가 진행되었다.
해운대 구청 관광문화과에서 기획한 이 행사는
외국들에게도 좋은 반응을 얻고 있으며 BIFF 기
간에는 부산을 방문한 스타들과 함께 걷는 체험
도 하고 있다. 그리고 초행길인 체험자들을 위해

숲 해설가와 관광 안내사들이 설명해주는 프로그램도 운영 중이니 관심 있다면 적극 활용하
도록 하자.
내년엔 또 어떤 기발한 아이디어로 무탠로드를 만날 수 있을지 벌써부터 기대가 된다.

• 해운대구청 관광문화과 : 051-749-4061~5

문탠로드 갈맷길 체험 수첩

갈맷길 걷기 여행을 나설 때에는 해운대구청 세계시민사회
과와 '(사)걷고 싶은 부산'에서 배포하는 여행자 수첩을 미
리 받아 보자. 갈맷길 주요지점마다 스탬프를 찍으면 좋은
추억 거리로 남고, 완주 인증 기념품도 준다하니 많이 참여
해보면 어떨까?

갈맷길 여행자 수첩은 어디서 빋을 수 있나?
• 부산시 자치행정과 : 051-888-2295
• 해운대구청 세계시민사회과 : 051-749-4121
• (사)걷고싶은부산 : 051-505-2224

Venue Map
문탠로드

송정
해수욕장

해마루

구덕포

해월정사

청사포

해운대
해수욕장

달맞이길
입구

문탠로드
안내도

달맞이
어울마당

미포

해월정

문탠로드 입구
(달빛나들목)

바다전망대

달맞이길(십오굽이길) 4.5km (1시간 20분)

문탠로드 2.2km (40분)

달빛 꽃잠길/문탠로드 안내도~문탠로드 입구(0.6km)

달빛 가온길/문탠로드 입구~바다전망대(0.6km)

달빛 바투길/바다전망대~달맞이 어울마당(0.9km)

달빛 함께길/달맞이 어울마당~해월정(0.3km)

달빛 만남길/해월정~문탠로드 입구(0.7km)

삼포길+갈맷길+해파랑길 8.5km (2시간 40분)

동해남부선 옛 기찻길(폐선)

도로

청사포,
이젠 추억이 된 기찻길

기찻길 옆 오막살이, 아기 아기 잘도 잔다~.

원래 기차길 옆에 사는 사람들은 아들딸 자식이 많다는 우스갯소리가 있다. 지금은 칙칙 폭폭 기차 소리 듣기도 힘들지만, 그 옛날엔 기차 한번 지나가면 동네 빡빡머리 꼬마들은 왜 그렇게 신났던지….

얼마전까지, 해운대 미포 기찻길 역, 달맞으로 올라가는 바나나롱 갤러리 앞 기찻길을 지나치다 보면 기차가 오는 걸 알리는 차단기 소리와 함께 철길을 달리는 무궁화 호 기차를 만날 수 있었다.

이제는 동해남부선 폐선으로 차단기 소리와 기차정적 소리는 들을 수 없지만, 예전에는 운전을 하다가 차를 멈춰

사진제공 _ 바나나롱갤러리

서 기차를 기다리다 보면 얼마 안 되는 확률의 기차를 만나는 것이 왠지 기분이 좋았다. 그리고 그 기차가 달리는 소리를 들으며 그날 하루를 돌아보곤 했었다. 혜민 스님의 멈추면 비로소 보이는 것들처럼….

왜 그렇게 바쁘게 동동거리고 살아왔는지… 인생의 철도길에서 저 횡단 가로대가 아니었다면… 우리는 멈추지 않고 지금처럼 지나갔을 거다. 조금만 멈춰서 잠시 바라보면 보이지 않는 게 보이고, 그제서야 듣지 못했던 소리도 들린다. 기차가 지나가는 소리를 안주 삼아 달맞이 언덕 솔마루에서 마시는 동동주 한잔과 해물 파전을 먹다 보면, 멀리 들리는 기차 소리가 엄마가 불러 주던 자장가 소리 같았던 시절이 있었지….

추억과 함께 더구나 해무가 자주 출몰하는 오늘같은 해운대 달맞이 언덕이라면 신선이 된 듯한 기분이 든다. 그래서일까? 달맞이에서 청사포 가는 길은 언제나 설렌다.

짧았던 첫사랑 같은 동해남부선, 이제는 기억 저편으로

부산진 · 경북 포항을 잇는 총 길이 148km의 동해남부선. 1918년 경주~포항 구간이 개통된 이후 1935년 나머지 부산~경주 구간도 개통되었고, 일제강점 시대 부산에서 원산에 이르는 동해안의 물자를 수송하고 반출하려는 목적으로 계획된 동해선 철도였다. 해방이 되면서 동해선 철도는 동해안 위쪽 지역의 동해북부선, 동해중부선 철도가 완성되지 못한 채 동해남부선으로만 운행되었으며 그 이후엔 부산, 경남 주민들에게 아련한 추억이 깃들어 있는 철도이다.

서울 사람들에게는 일영과 송추같은 청량리 기차의 추억처럼 누군가에게는 십대의 반항으로 목적지 없이 몸을 실었을 기차이기도 하고, 또 누군가에겐 첫사랑의 달콤한 설레임으로 남아있을 추억일 것이다. 김현철의 '춘천가는 기차'가 나오는 이어폰을 꽂고 첫사랑과 함께 했던 짧고 아쉬웠던 기차여행. 십대 시절, 풋풋하고 서툴렀던, 온전치 못했지만 그래서 더 아름다웠던 기억.

사실 해운대 바다의 절경이 보이는 구간은 해운대−송정구간의 약 7분의 시간이다. 그 골든타임에 펼쳐지는 해안과 절벽, 송림의 조화는 동해남부선 낭만 열차의 아기자기한 절경을 보여주기에 충분하지만 너무 순식간에 끝나버려 아쉬움과 함께 짧은 탄식이 새어 나오기도 했다. 마치 너무 짧게 스쳐 지나갔던 우리 기억 속의 첫사랑처럼 말이다.

아쉽게도 2013년 12월 2일 동해남부선은 폐선이 결정되어 더 이상 기차를 탈수는 없지만, 폐선 구간인 올림픽 교차로 ~ 동부산 관광단지 9.8Km 구간 중 일부분인 미포~ 송정역 4.8Km 부분에 안전시설을 설치한 뒤 2014년 3월 시민들에게 임시 개방되었다. 미포에서 송정 기찻길 걷기 대회도 자주 열려 언제든 참가할 수 있다. 여럿이 가기 어렵다면 혼자라도 가보자. 머리 위에서 소나무 향기가 솔솔 풍기며 더벅머리 직박구리가 아이폰의 음악보다 더 아름다운 음원을 들려준다. 기찻길의 낭만터널인 달맞이재를 걷다보면 연인끼리 손잡고 가다 뽀뽀도 하는 예쁜 풍경도 볼 수 있다. 동해남부선은 이제 추억 속으로 사라졌지만 이렇듯 우리 마음 속에 언제든 꺼내보면 첫사랑의 풋풋한 기억처럼 남아있을 것이다.

*작은 바람 하나
우동에서 송정역 구간 11.3Km의 폐선부지 가운데 우동~미포 구간은 부산시에서 공원으로 조성한다는 반가운 소식. 그러나 미포~송정간 일부구간은 상업시설이 들어선다 하니 아쉬운 마음이 든다. 바닷길을 둘러 높게 들어선 고층빌딩보다는 아직은 촌스럽고 옛모습이 그대로인 기찻길을 사랑하는 사람들의 작은 바람이 사라지지 않기를 기도해 본다.

청사포 전경과 삼촌수산 내부에 걸린 〈해운대 연인들〉 포스터

'해운대 연인들 VS 골든 타임' 촬영지

2012년 여름, 해운대를 뜨겁게 달궜던 두 편의 드라마가 있었다. 둘다 해운대를 배경으로 한 드라마로 〈골든 타임〉은 해운대에 새로 생긴 병원을 배경으로 외과 의사들의 갈등과 고뇌를 다룬 드라마로 연기파 배우 이선균의 연기가 인상깊었다면, 〈해운대 연인들〉은 졸지에 차력사가 되버린 검사와 전직 조폭 딸의 코믹한 사랑 이야기를 청사포를 무대로 그려내고 있어 조금은 코믹하고 재밌게 볼 수 있던 드라마다. 〈해운대 연인들〉의 경우 부산영상위원회가 장소 협조부터 촬영의 많은 부분을 지원해준 작품이기도 하며 부산에서 올로케이션을 한 드라마이다. 두 편 다 부산 사람이라면 한눈에 알아볼 장소들이 많이 등장해서 드라마 속 낯익은 장면들을 찾아 보는 것도 꽤 재미있다.

청사포 앞바다가 시원하게 펼쳐진 횟집 뒷편으로 기차가 지나가는 장면은 실제로 청사포의 아름다움을 보여주고 있다. 지금도 청사포에 가면 실제 드라마의 세트였던 〈삼촌수산〉이 영업을 하고 있다.

세월이 좀 흘러서 영화 〈해운대〉의 하지원 횟집은 세트가 철거돼 남아있지 않지만 청사포엔 〈해운대 연인들〉 촬영 당시 쓰였던 삼촌 수산 횟집이 고스란히 벽에 걸린 사진들과 함께 남아있다.

드라마를 재미있게 봤다면 김강우가 조여정에게 부산 스타일로 사랑고백을 했던 청사포의 빨간 등대 밑으로 가보자. 설경구가 하지원에게 했던 영화 〈해운대〉 속 프로포즈 '내 아를 낳아도~' 같은 부산식 사랑고백을 받게 될지도….

청사포의 부부등대, 청사포는 바다로 떠난 남편을 기다리는 애닳은 아내의 이야기가 전설로 있는 곳이다.

청사포 가는 길

혼자 있고 싶은 바다,
송정 끝머리 마을부터
간절곶까지

언젠가 재즈음악을 하는 선배와 함께 서생의 바닷가 근처로 여름에 놀러 간 적이 있다. 그 선배가 하는 말이 "난 여기 바다가 참 좋아, 쓸쓸해서 좋아. 내가 와주지 않으면 안 될 것 같거든… 나 울고 싶을 때 여기 와서 혼자 막 울고 그랬다…" 강해보이는 선배에게도 그런 모습이 있었다니….

음악을 하고 싶었지만 결국 생업을 위해 인테리어 일을 선택했고, 사업이 체질상 맞지 않아 힘들어하던 선배… 그 때마다 실컷 혼자 울고 돌아가곤 했던 바다. 쓸쓸한 바닷가가 누군가의 고단하고 쓸쓸한 인생을 위로해 줄 수 있다니… 아이러니 하지만, 말이다. 혼자 울러 온 남자를 위해, 아무 말 없이 그를 안아주었을 바다….

해운대 바다를 벗어나면 송정부터 시작해 기장, 일광, 임랑으로 이어지는 바닷가는 대부분 쓸쓸하다. 관광객들이 많이 찾지 않는 이 곳은 가끔 주민들의 발길이 이어질 뿐… 쓸쓸하다는 표현은… 다른 의미로 혼자 가도 좋다는 거다. 늘 누군가가 옆에 있어야만 좋은 건 아니다. 혼자서도 얼마든지 눈이 시리도록 행복할 수 있다. 그 쓸쓸한 바닷가로 들어가는 첫 시삭은 바로 송정의 구덕포 마을부터다.

구덕포를 이 동네 사람들은 끝머리 마을이라고도 한다. 정말 끄트머리에 있고 회집 이름도 끝머리 회집이다. 시끌벅적한 해운대 포장마차촌도 좋고 조개구이가 유명한 청사포도 있지만, 만약 혼자서 조용히 시간을 보내고 싶은 이들이라면 이 바다 길을 다녀오라고 말해주고 싶다.

… 눈이 시리도록 혼자 울고 싶거나, 마구 소리 지르고 뛰어다녀도 괜찮아.
조용하게 찰싹대는 파도가 너를 안아줄거야….

어딘가로 꽁꽁 숨어버리고 싶은, 나만을 위한 아지트가 필요할 때, 끝머리 마을 갯바위 위에서 소주 한잔과 해산물 한 접시를 비우고 난 뒤 혼자 떠나는 여행의 시작점으로 잡으면 좋을 곳, 끝머리 마을.

오늘따라 선배가 선물한 말로와 기타리스트 박주원의 연주가 생각나 CD를 꺼내들고 차를 몰고 끝머리 마을부터 서생을 거쳐 간절곶 등대를 지나 진하 해수욕장까지 혼자 가보기로 했다.

박주원의 1집 〈집시의 시간〉에 수록된 '동쪽으로 가면 우리집이 있다'를 들으며 나는 자꾸만 자꾸만 동쪽으로 가고 있었다.

아… 이제 보니 너무 오랫동안 그 선배를 보지 못했다. 선배는 또 어디선가 울고 있을지도 모르겠다… 서생 어디 바닷가에 숨어서….

송정 끝머리마을부터 간절곶까지

4월 멸치털이의 추억,
기장 대변항 바닷길

사진 이경윤

매년 4월말~5월초에는 최대 규모의 멸치축제가 기장에서 열린다. 부산 기장은 전국 멸치 생산량의 60~70%를 차지할 정도로 어획량이 많은 곳이다. 기장의 봄 멸치는 육질이 고소하고 부드러워 임금님께 진상하던 특산품이었단다.

부산에 정착한지 얼마 안됐을 무렵 기장에 놀러갔는데, 마침 멸치축제 기간이었는지 막 들어온 배들이 멸치를 잡은 그물을 털고 있었다. 구성지게 박자를 딱딱 맞춰가며 멸치털이 노래를 부르는 어부들의 리듬에 맞춰 하늘로 튀어 오르는 멸치를 보면서 생업의 현장에 카메라렌즈를 마구 들이댄 것은 이방인의 입장에서는 이 멸치털이가 너무나 재미있고 구성지게 느껴진 까닭이었다.

멸치털이 노래가 커지기 시작하면 사람들은 몰려들고, 카메라 셔터소리도 그물 터는 소리와 함께 돌아간다. 최르르~ 찰칵 찰칵! 타르르~ 탁탁! 멸치털이에 신난 건 사람들 뿐 아니다. 멸치 비린내를 맡고 몰려든 갈매기 떼들도 리듬을 타며 그물에서 떨어져 나온 싱싱한 멸치를 잡으러 허공에 몸을 날리고 주린 배를 채운다. 그래서 멸치축제는 어써년 공존와 상생의 축제인지도 모른다.

성격이 급하기로 소문난 멸치는 잡자마자 빨리 죽기 때문에 사실 생으로 공수하기가 힘든 어종이다. 그래서 멸치회를 전문으로 하는 집을 찾기가 힘이 드는데, 멸치축제 기간 동안은 이 귀한 멸치회와 구이를 실컷 먹어볼 수 있다. 오랜만에 시집간 딸네 집에 들른 친정엄마는 딸 얼굴은 자세히 들여다볼 생각은 않고 '기장에 멸치 사러가자'고 성화를 한다. 모든 할 일을 마쳤다는 듯 멸치를 몇 박스나 사서 사돈의 팔촌까지 온갖 주소로 택배로 부친 다음에야 겨우 흐뭇한 미소를 지으며 멸치회를 먹으러 가자니….
오랜만에 상봉한 딸과 사위의 안부는 뒷전이고 펄떡대며 튀어 오르는 멸치 앞에 일년치 밥상에 올릴 젓갈 획득에 신이 난 엄마는 축제 속 상인들보다 더 신이 나신 것 같다.

사실 올해 멸치축제는 규모가 너무 커져서 한 4~5년 전 쯤의 아기자기했던 규모의 멸치축제가 조금은 그립기도 하다. 하지만 이렇게 살아 꿈틀대는 삶의 현장을 맛볼 수 있는 곳, 부산의 봄을 여행한다면 기장의 멸치축제는 꼭 한번 경험해도 좋을 것이다.

기장 멸치축제 : www.gijang.go.kr

기장 대변항에서 죽성리 두호 포구 - 영화 <친구> 촬영장소

2013년 이후 대한민국은 추억팔이에 온통 빠져 버렸다. 젝스키스와 HOT에 빠진 팬덤을 그린 '응답하라 1997'은 울산 소년 서인국과 부산 가시나 정은지를 스타덤에 올려놓았고, 다시 3년 전으로 회귀해서 이제는 농구라는 소재로 서태지와 서울의 달을 기억의 서랍장에서 꺼내고 '응답하라 1994'를 최고히트 상품으로 만들었다.

2001 친구   2013 친구

그런 분위기 속에서 12년이 지난 오늘, 우리의 부산 '친구2'가 돌아왔다. 2001년 800만이란 당시로서는 엄청난 관객을 기록한 영화 <친구>의 곽경택 감독이 <친구 2>를 부산에서 촬영해 2013년 가을, 12년 만에 그 속편을 개봉했다. 지금 3, 40대가 된 그 당시 청춘들의 뇌리에 박혀버린 영화 친구. '니가 가라 하와이' 했던 동수는 국제호텔 앞 전봇대를 남겼고, 교복을 입고 신나게 뛰어제끼던 범일동 육교는 아직도 친구 육교로 불리며 관광객들의 발길이 이어지고 있다. 그리고 기장에 있는 바로 여기. '조오련이하고 바다거북이 하고 내기하면 누가 이기나' 하며 아이들 넷이서 수영하

오랑대. 송정에서 기장해변로를 따라 대변항 쪽으로 가다 보면 있다. 기암과 바다가 절묘하게 어울려 분위기를 만든다.

던 그 장소, 바로 **죽성리 두호 포구**이다. 아이들의 음성이 깔리며 회상장면에서 기장 앞바다의 석양과 함께 노을지던 곳.

오랜만에 와봐도 참 좋다. 이곳은 연안의 바다가 아닌 태평양의 광활한 바다같다. 사람들의 손때가 묻고 빗물에 녹이 슬어 있는 영화 〈친구〉 촬영지 알림판도 정겹다. 이곳을 스쳐지나간 많은 사람들이 어린 시절, 소꿉

〈친구〉의 아역배우들이 수영하던 곳-죽성리 두호 포구

동무와 수영했던 그 노을진 바다를 한번쯤은 떠올렸을 거다.

그에 비해 〈친구 2〉는 12년 뒤 부산의 달라진 모습을 보여주고 있다. 그 미묘한 차이는 갓 출소한 준석이 이제는 기업이 되버린 예전 조직이 회식하는 장소 〈해운대 암소갈비〉에서 적응하지 못하는 모습에서도 나타난다. 옛 보스는 식사를 하건말건 자기들끼리 왁자지껄 먹는 모습이나, 준석이 기사가 운전하는 차를 타고 달리는 광안대교 야경 뒤로 홍콩의 마천루같이 펼쳐지는 마린시티의 야경은 부산의 달라진 현재 모습을 보여준다.

기장 시장 대게 골목 밥도둑 - 싱싱한 대게 다리와 게딱지 비빔밥

삼삼오오 일본인들이 우르르 몰려간다. 김이 모락모락 오르고 있는 게찜통을 보기만 해도 벌써 침이 꼴깍 넘어간다.

이곳저곳 구경하고 있노라면 앞치마를 두르고 장갑을 낀 아줌마들이 여기저기 소매를 잡아끌기도 하고 잘생긴 총각들이 틀채로 싸게 준다고 유혹하기도 하는 기장대게 골목.

기장대게, 박달게, 영덕대게, 털게에 킹크랩까지… 대게뿐 아니라 골목 안 못난이 갈치집도 유명해서 주말에는 표를 받고 기다려야 할 판.

기장대게 시장에 가면 늘 신이 난다. 푸짐한 게다리와 식감을 자극하는 주황색 알로 버무려진 게껍질 비빔밥의 향연. 러시아산(産)이면 어떠하랴. 가족들과 함께 하는 한끼 식사의 행복감이 더 크게 몰려오는 것을….

기장 시장안에는 대게뿐 아니라 제주산 생갈치를 맛볼 수 있는 갈치 전문점이 있다. 이 집은 점심, 저녁 시간사이에 잠시 준비하는 Close Time이 있는데, 그 시간동안 십미터가 넘는 기나긴 줄이 늘어설 정도로 동네 주민과 관광객들에게 소문난 갈치집이다.

제주산만 취급하며 바로 즉석에서 구워주는 손바닥만한 크기의 구이와 비리지 않게 잘 조리한 찌개가 일품이다.

같이 내오는 반찬도 맛깔스럽고 찐고구마를 주는 점도 독특하다. 세 토막 나오는 갈치구이 1인분과 갈치찌개를 시키면 둘이서 먹기에 딱 좋은 양이다.

기장 생갈치 전문점 못난이식당 : 051-722-2527

세련된 광안리,
예술을 품다

여기가 어디쯤인가? 사실 어찌 보면 광안리는 해운대보다 훨씬 더 이국적인 풍경을 보여준다. 해변가 바로 맞은편 노천카페에서 커다란 강아지와 함께 커피를 마시고 있는 파란 눈 아저씨, 사리를 입고 양손에 한 마리씩 강아지를 데리고 산책하는 인도 아줌마, 그리고 수녀님들까지… 여기가 과연 부산이 맞나 싶을 정도로 광안리는 이국적인 공간이다.

동시에 민락회 센터 뒤로 돌아가면 오늘 팔아야 할 해산물들을 뜰채로 퍼다 나르며 열심히 일하고 있는 주민들의 삶의 현장이기도 하고 물질하는 해녀들의 공간도 볼 수 있다. 이 골목, 저 골목 열심히 헤집고 다니다보면 참 재미난 곳이란 생각이 드는 곳이 광안리다. 해운대가 오목조목 예쁜, 그러면서 약간의 내숭을 가진 새침데기 아가씨라면 광안리는 그에 비해 삶의 질퍽함을 그대로 보여주는 약간 아줌마스러운 억척 새댁이라고나 할까… 처음엔 정돈 되지 않은채 우후죽순으로 생겨나는 현란한 네온사인으로 점철된 광안리의 야경이 참 별로라고 생각했는데 속살을 뜯어보면 뜯어볼수록 단순하지 않은 매력이 숨어있었다.

내 주변의 부산 사람들은 바다 하면 해운대보다는 이상하게 광안리를 더 좋아한다. 물론 사람마다 개인차는 있겠지만, 아마도 관광객들로 인해 정체성이 옅어진 해운대보다는, 언제 가더라도 속고쟁이 바지바람에 지나다니는 할머니와 방파제 뒤쪽에서 물질하는 해녀들을 볼 수 있는 광안리가 부산 사람들에게 더 살갑게 느껴지는지도 모른다. 깔끔하고 잘 정돈된 해운대에서 잘 다듬어진 조성의 미학을 느낄 수 있다면 광안리는 투박하지만, 삶의 이끼가 껴 있어 더 훈훈한 모습이랄까!

문득 찾아온 옛 사랑, 미월드 대관람차

문소리, 김태우의 〈사과〉라는 영화를 기억하는지? 김인권, 신하균과 함께 나의 러블리 배우 리스트에 들어있는 배우 이선균. 언젠가 내가 시나리오를 완성한다면 이들 세 명에게 바로 시나리오를 보낼 거다.

〈사과〉라는 영화에 그 당시 신인이었던 이선균이 있었다. 문소리의 옛 연인으로 등장하는 그는 결혼 후 아이까지 낳은 문소리를 찾아와 한 순간도 널 잊은 적 없다며 어이없게 다시 시작하자는 뻔뻔함을 보인다. 그리고 둘은 관람열차 안에서 기나긴 키스를 나눈다. 그 후론 지상에 떠 있는 관람차만 보면 영화 속 그 장면이 떠오른다.

누구나에게 한번 쯤은 저 관람차 안에서 시간이 멈췄으면 했던 시절이 분명 있었을 것이다. 지금 그 사랑이 내 옆에 있든, 입가에 쓸쓸한 미소 짓게 만드는 사랑이든. 천천히 돌고 있는 관람차의 속도만큼 이 사랑, 이 순간이 더디 지나갔으면 하는 바람…

세상이 발아래 있을 때 너의 고백을 듣고 싶었는데, 왠지 그 고백을 듣고 나면 우리 사랑이 더 빨리 끝날 까봐 겁났어. 만약 내가 그때 저 관람차를 탔으면 우린 어떻게 됐을까?
너는 관람차 타보는 게 소원이라고 했었지….
그런데 이제 너를 다시 만난다 해도 네 소원을 들어줄수가 없겠네.

* 광안리의 상징 미월드 대관람차가 적자운영을 이유로 2013. 6. 30일부로 폐장을 결정했다. 관람차와 놀이기구들을 전부 해외로 매각될 예정이라고 하는데 이제 광안리는 비포더선라이즈 같은 낭만조치 없어지는 걸까… 미월드 자리에 외국계 호텔이 늘어선다고 하는데, 왠지 조금 슬퍼진다.

광안리에서 부산의 문화예술을 만나다

광안리에 왔다면 지역문화예술 매거진 〈안녕, 광안리〉를 옆구리에 끼고 해변을 어슬렁어슬렁 대면서 지역문화예술 부흥을 위해 어디까지나, 자발적으로 참여하고 있는 작가들의 작품을 만나러 가보자.

동네 오래된 목욕탕을 개조해 미술관으로 운영되던 〈대안공간 반디〉는 아쉽게도 헐리고 그 흔적이 없어졌지만, 그 아쉬움을 채워주는 건 부산의 대표 그라피티 아티스트 구헌주의 작품과 독일작가 ECB(Hendrik Beikirch)의 민락동 대형 주차타워의 그림 '나이든 어부의 초상'이다. 광안리의 자유분방하고 생생하고 활기찬 모습, 그리고 돋보기로 뭔가를 들여다보는 저 아이처럼 들여다볼수록 속살을 드러내는 광안리. 그래서 참 부산스러운, 부산의 진짜 바다라 믿고 싶어진다.

이 작품을 학교벽에 그린뒤 얼마 안되 구헌주의 그래피티 작품 표절 사건이
있었다.
미국 한인 유학생이 공모전에 제출한 작품이 구헌주의 작품과 흡사했던 것.
공모전을 주최한 개최측과 유학생 측에선 사전에 작가에게 허락을 구하고,
작품에 영감을 얻어 다르게 표현한 거라 설명했다는데 왠지 석연찮은 부분
이 있다. 그리고 수상은 취소됐고 구헌주 작가는 학생이 다른 의도가 있었던
건 아니므로 넘어가겠다고 밝힌 바 있다. 이렇게 마무리가 되었는데… 과연
표절과 저작권 침해의 기준은 어디 쯤일까?
만약 그 그림이 부산 초등학교 후문 벽에 그려진 그림이었다는 걸 전혀 몰랐다
면 어떻게 됐을까? 인터넷 네티즌들의 수사력이 한편으로는 무섭기까지 하다.

산업폐기물 섬에서 예술의 향기가 가득한 섬으로 변신한 나오시마처럼 광안
리도 문화 예술적 잠재성을 무한히 가진 곳이다. 문화예술인들의 지역 사랑이
더해져 광안리가 볼수록 매력적인 곳으로, 재탄생하기를 기대해 본다.

안녕, 광안리.
그대 광안리에서 아침 해를 맞아본 적이 있는가.
광안리에서 보낸 두 달 하고도 열 일곱날, 어쩌면 마지막으로 붙어있던 젊음과 청춘을
붙잡고 하소연하고 싶었는지도 모른다.
매일 밤 알콜 기운이 빠지지 않은채 잠을 새고 떠오르는 태양을 만났다.
입체적인 풍경이 아닌, 뭔가 평면적이었지만 웅장했다.
다이아몬드 브릿지에 걸린 태양은 그렇게 밤을 새버린 나를 부끄럽게 만들었다.
주홍빛 태양은 이글거리고 있었다.
돌아가라고. 다시 너의 자리로….
그렇게 말하는 것 같았다.
그렇게 나를 품어주던 광안리를 떠나 나는 다시 돌아왔다.
2010년 여름부터 가을, 광안리에서 보낸 77일.
잊지 않을거다 광안리의 모든 것… 안녕, 광안리는 고마웠어요.

안녕 광안리 Magazine

계절이 바뀌면 기다려지는 계간지가 있다. 이번 호엔 또 무슨 이야기를 담고 있을까.
서울엔 이런 지역문화매거진이 다양하지만, 부산에서 꾸준하게 지역의 문화와 예술,
가치있는 것들을 이야기하는 계간지가 있다는 사실 만으로 반갑고 고맙다. '광안리 사
람들'이 만들어가는 광안리 이야기에 두 귀가 쫑긋댄다. 이번 호 광안리에는 또 어떤
깜짝 놀랄 이야기가 담겨있을지. 벌써부터 열다섯살 광안리가 기다려지는 이유이다.
www.gwanganri.com

흩날리는 벚꽃엔딩, 광안리

좀 이르면 3월 말부터 4월 첫째 주까지 부산은 온통 흰 눈이 내리는 벚꽃궁
전이 된다.

한 때 일본인들이 많이 거주했다던 삼익비치 아파트단지. 그래서 유독 이 지
역에 벚꽃이 많은 걸까? 탐스럽고 소담한 벚꽃들이 수령 10년 이상의 든든
한 거목으로 자라나 주었다. 다른 지역 벚꽃과 다르게 수령이 많아 그런지
꽃송이가 매우 소복하게 탐스럽다.

문득 이 봄날, 흩날리는 벚꽃을 보니 영화의 한 장면이 생각난다. 영화 〈건축
학개론〉을 보면서 그 누구나 한번 쯤 떠올렸을 법한 첫 사랑의 얼굴. 국민 첫
사랑이 된 수지의 얼굴에 겹쳐지는 내 아련한 첫사랑. 한때 누군가에게 첫사
랑이었을 당신, 저마다 소중한 비밀을 품은 얼굴이 벚꽃처럼 화사해진다. 그

리고, 실은 다정한 연인들의 모습보다 조금더 부러운 장면….

막 스물이나 됐을까, 여자아이들 둘이 머리에 벚꽃을 꽂아주고 서로 사진을 찍어주고 있다. 까르르~. 볼그스레 벚꽃처럼 화사하게 피어나던 웃음소리… 흩날리는 벚꽃도, 터질듯 망울망울 핀 벚꽃도 그녀들의 젊음 앞엔 낙화유수… 파우스트처럼, 신에게 영혼을 팔아 젊음을 얻고 싶은 심정이다. 지금 벚꽃길을 거닐고 있는 청춘들이여, 까르페 디엠!

말로의 〈벚꽃 지다〉와 버스커버스커의〈벚꽃엔딩〉을 들으며 걷고 싶은 길. 바로 여기.

바다에서 피는 천만가지 해송화, 광안리 불꽃축제

여명과 서기가 주연으로 나온 영화 〈유리의 성〉. 1999년인가 나온 영화이니 벌써 14년 정도 된 영화인데 대학시절 연인이었던 서기와 여명이 사랑을 이루지 못하고 20년 뒤 재회해 결국 불꽃놀이를 보러가는 차안에서 사고로 숨지게 된다. 그들의 유해를 수습하러 간 아들과 딸이 여행지 영국에서 만나 서로 사랑에 빠져 결국은 부모의 못다 이룬 사랑을 이룬다는 스토리였다. 화장한 부모의 유골을 불꽃과 함께 공중에 쏘아올려준 아들과 딸. 죽어서라도 하나가 된 여명과 서기는 행복했을까?

여명의 리즈 시절을 볼수 있는 작품이기도 하지만, 아직도 〈유리의 성〉이 기억 속에 남아있는 이유는 여명이 직접 불렀던 'Try to remember' 라는 OST에 실린 곡 때문이었다. 쓸쓸한 낙엽이 떨어지던 가을 어느날, 사랑했던 여인의 집 아래에서 혼자 과거를 회상하던 여명의 얼굴위로 흐르던 멜로디. 가을과 참 잘 어울리는 'Try to remember'를 불꽃 축제에서노 늘을 수 있었다. 2007년 이었나, 부산에서 처음 보았던 그 해 불꽃 축제를 잊을 수가 없다. 여의도에서 매년 봤던 서울의 불꽃축제, 일본 요코하마 다리위 기모노군단

사이에서 밀물처럼 둥둥 떠밀려 구경했던 하나비 마쯔리 보다도 더 감동으로 다가왔던 부산의 불꽃 축제. 조용필의 '돌아와요 부산항에'를 들으며 불사조가 날던 불꽃 축제의 피날레, 나이아가라 폭포수처럼 흐르던 불꽃의 눈물까지….

불꽃이 터지고 〈10월의 어느 멋진 날에〉를 듣는 순간 갑자기 울컥해졌다. 롯데 자이언츠, 부산 갈매기, 의리가 목숨보다 소중한 부산 사람들, 부산을 정의하는 이 모든 키워드가 이해되는 순간이었다.

부산의 불꽃 축제가 아름다운 이유는 이토록 부산에 대한 소박한 사랑을 간직하고 있는 사람들이 하나가 되어 함께 찬란한 불꽃을 태우기 때문일지도 모른다.

불꽃에 감동받아 옆자리 사람과 얼싸안고 울기라도 해야 할 것 같은 분위기에 문득 옆엘 돌아보니 어디서 많이 본 사람이 있다. 앗, 이 분은 84년 LA올림픽 유도 금메달리스트 하형주 선수다. 나 어릴 적에 완전 팬이었는데…. 인사할까 망설이는 사이 눈이 마주치자, 먼저 찡긋 눈 인사를 한 그가 멀어져간다.

동아대에서 교수님을 하고 계신다고 들었던거 같은데 왠지 반갑다. 불꽃 축제에선 이렇게 예상치 못한 사람도 만날 수 있구나.

어딘가에서 잘 살고 있을 내 첫사랑. 너도 불꽃을 보고 있니?
널 우연히 마주친다면…. 불꽃 축제, 부산의 그 밤바다였으면 좋겠다.

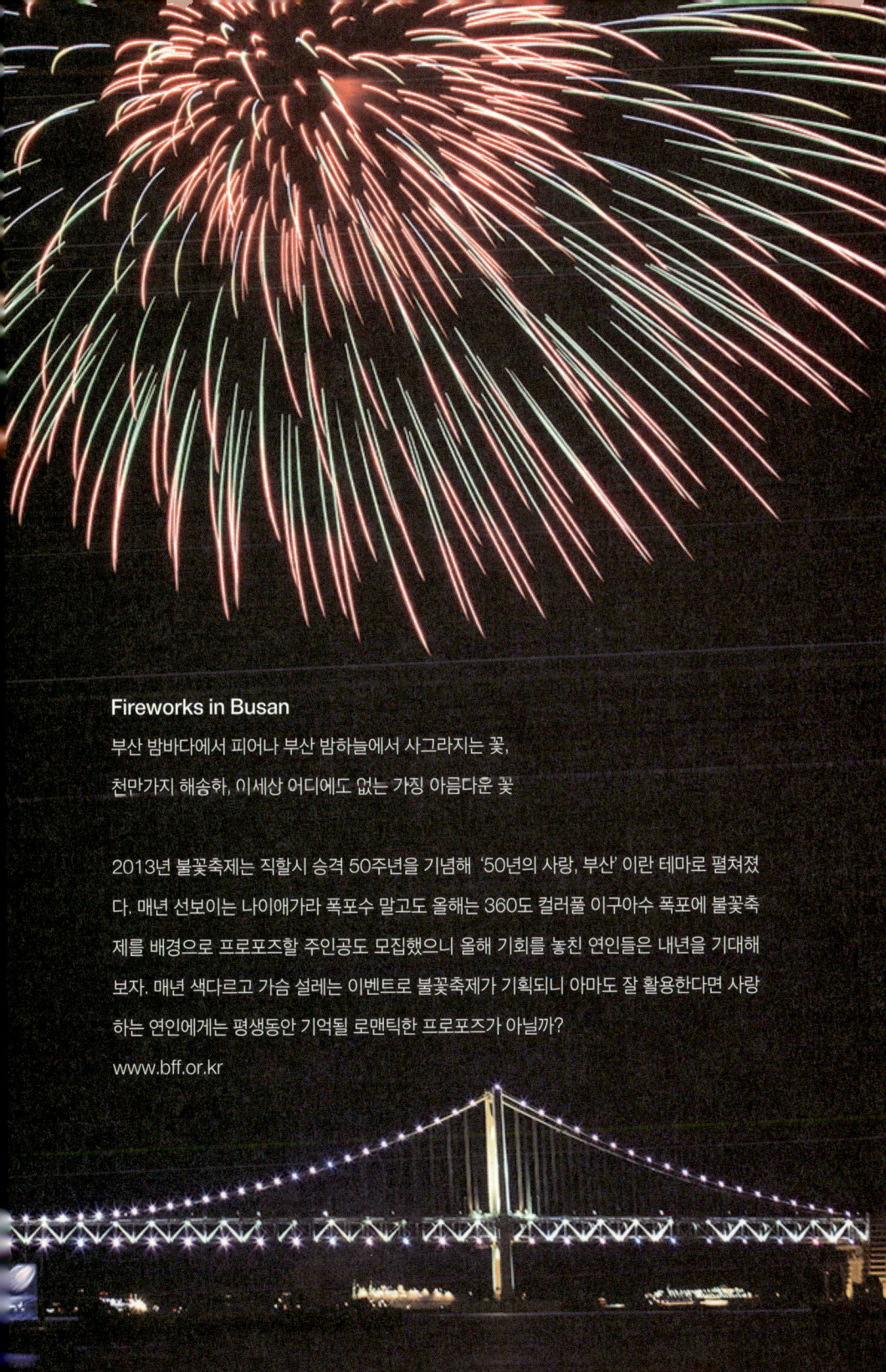

Fireworks in Busan

부산 밤바다에서 피어나 부산 밤하늘에서 사그라지는 꽃,

천만가지 해송하, 이세상 어디에도 없는 가징 아름다운 꽃

2013년 불꽃축제는 직할시 승격 50주년을 기념해 '50년의 사랑, 부산' 이란 테마로 펼쳐졌다. 매년 선보이는 나이애가라 폭포수 말고도 올해는 360도 컬러풀 이구아수 폭포에 불꽃축제를 배경으로 프로포즈할 주인공도 모집했으니 올해 기회를 놓친 연인들은 내년을 기대해보자. 매년 색다르고 가슴 설레는 이벤트로 불꽃축제가 기획되니 아마도 잘 활용한다면 사랑하는 연인에게는 평생동안 기억될 로맨틱한 프로포즈가 아닐까?

www.bff.or.kr

부산 불꽃축제 감상 포인트 장소

국내 최고의 스토리텔링 부산불꽃축제는 매년 주제에 맞춰 이야기와 8만발의 화려한 불꽃과 감동을 선사하는 음악이 감상 포인트이므로 음악과 함께 감상할 수 있는 곳에서 보는 것이 좋다.

1. 광안리 해변

백사장에서 보는 불꽃과 파도 소리, 효과음이 어우러져 최고의 자리.
계속 같은 위치에서 보다보면 불꽃이 자칫 단조롭게 느껴질수 있지만 생동감있게 보기엔 최고의 자리. 매년 좋은 자리를 선점하기 위한 쟁탈전이 치열하지만 불꽃을 처음 접하는분들에겐 이처럼 좋은 곳이 없다.

2. 호메르스 호텔 사우나 & 찜질방

실내라서 소리는 잘 안 들리나 편안하게 보기를 원하는 사람들에겐 최고의 장소. 다 함께 탄성을 내며 처음 보는 사람들과 나누는 감동은 더 크게 다가온다.

3. 장산 정상 포인트와 금련산 청소년 수련원

전국의 사진 동호인들이 총출동하는 장소. 광안대교의 슬림한 S라인이 시원하게 내려다 보이는 최고의 전망. 금련산 청소년 수련원 안에 있는 천문대도 좋은 장소. 축제기간 개방을 확인 후 감상. 금련산은 일정시간이 지나면 차량 통제를 하므로 개인 차량을 이용하려면 아침 일찍 서둘러야 하고 불꽃쇼가 끝나고 내려올 때 차가 밀리는 시간도 감안 할 것!

4. 달맞이 <언덕위의 집>노천 테이블 & 달맞이 레스토랑들

대부분의 달맞이의 레스토랑은 불꽃놀이 감상을 위해 훌륭한 전망을 가지고 있다.
음악이 안들리고 동백섬에 가려 반쪽만 보인다는 점에서 조금 느낌이 반감되지만 붐비는 현장보다는 멀찌감치 보이는 보이는 불꽃의 원경과 사랑을 속삭이고 싶다면 Good choice ~

5. 달맞이 경동 메르빌골드 아파트 102동 옆 언덕

불꽃 특수를 노린 고급 레스토랑을 예약하기엔 너무 지갑이 얇고, 다른 곳들은 예약이 다 차버려 여자친구가 뾰로통해져 있다면 차를 몰고 달맞이 언덕으로 가보자~. 오페라 레스토랑 맞은편 경동메르빌 골드 아파트 102동 옆 언덕길에 보이는 광안대교 뷰는 주머니가 가벼운 젊은 커플이나 뚜벅이족들도 만족할 만한 불꽃 감상 포인트다. 또는 문탠로드 시작점인 유메 레스토랑 앞 전망대도 서서 보기 좋은 장소이다.

6. 광안리 와인바 프리바다

약간 틀어진 광안대교 측면에서 불꽃을 감상할 수 있다. 연인들과 와인 마니아들에게 인기가 좋은 장소. 작지만 오붓한 옥상도 축제기간에 오픈한다.

7. 파크 하이얏트 호텔

2013년 2월에 오픈한 호텔로 광안대교가 한눈에 내려다 보이는 환상의 뷰. 분위기 좋은 라운지에서 칵테일 한잔, 한식, 일식등 오픈 키친의 다양한 음식들과 함께 할 수 있다.

그 외 파워블로거들이 추천해준 불꽃 감상 명당 자리

강안병원 환자 휴게실, 광안리 대우아이빌 옥상, 간비오산 봉수대, 장산 약수암 전망대, 광안리 삼익 비치 아파트 난간, 인파에 떠밀려 고생 안하는 우리 집 TV로 감상이 최고~ 등의 의견이 있다는 사실!

파랑주의보,
이기대 해파랑길

영화 〈해운대〉를 보면 순 날라리, 깍쟁이 서울아가씨 강예원이 순박한 해양구조대원 이민기하고 데이트를 하는 장면이 나온다.

"아, 경치 죽이네. 여기 이름이 뭐라고요?" "이기대요."
엥, 기대긴 뭘 기댄다 말이고?

이기대(二妓臺)라는 지명은 임진왜란 때 수영 성이 함락되자 축하연을 할 때 두 명의 기 생이 왜장을 끌어안고 투신한 데서 생 겨난 지명으로 이기대의 매력은 다듬 어지지 않은 자연 그대로의 바다라 할 수 있다. 바다 위 암석이 절경을 이루 며 해운대, 광안리 해안가와는 또 다른 남성적인 부산바다의 시원함을 맛 볼 수 있다. 오륙도도 눈에 훤하게 들어오며 와인 마니아라면 시원한 화이트 한병 챙겨가 바다를 바 라보며 시원한 그림을 안주삼아 마시는 것도 별미일 듯. 돗자리를 깔고 앉아 바닷바람을 맞고 있노라면 낚시꾼들과 지나가던 해녀아주머니들이 가끔 잡 은 안주도 주고 갈만큼 넉넉한 부산 인심이 느껴지는 곳이다.

이기대는 관광객들보다는 현지인들이 많이 찾는 곳이라 그런지 관광지로의 느낌은 덜할지 몰라도 그만큼 신선하고, 새롭다. 지리산 둘레길처럼 이기대에 도 예쁜 이름의 해파랑길이 생겼다. 바다에 순수 우리말 파랑! 너무 예쁘다. 바다를 둘러 둘러 걸으며 오륙도까지 볼 수 있는 코스. 해운대처럼 밋밋하지 도 않고 광안리 해변처럼 '성미 급하'시도 않고, 아주 드라마틱하고 판타스틱 하다. 암석절벽이 펼쳐져 스릴을 맛볼 수도 있고 연인들이 손잡고 걷기에도 딱 좋은 코스다.

해파랑길

이기대 스카이워크

2013년 10월에 개장한 이기대 스카이워크는 오륙도가 보이는 해파랑길 관광안내소 근처 갈맷길 2-2 구역에 있으며 길이 9m, 높이 35m (바다부터의 거리)의 구조물로 밑바닥이 투명한 강화유리로 되어 있어 오륙도 푸른 바다를 감상 할수 있다. 10cm의 강판 유리로 제작이 되었다지만 절경 위 투명 유리 위를 걷다 보면 오싹한 것도 사실. 이기대의 새로운 관광 명소로 주민들과 여행객들의 발길이 이어지고 있다.

해파랑길 관광안내소

안내소 안에는 오륙도 생태계와 해양생물 소개 전시관, 갈맷길 안내소, 이용객 쉼터로 구성되어 있어 갈맷길을 걷기 전후로 돌아보면 좋은 곳이다.

장엄한 태평양의 바다,
태종대

서울서 놀러온 지인들에게 해운대 바다를 안내하던 나에게 자칭 미스터 부산이 참견을 한다. "해운대 바다는 사실 진짜 부산 바다가 아니야… 해운대 바다는 그냥 곱디고운 관광객용 바다지" 부산의 바다는 두 가지가 있단다. 태평양 바다와 연안의 바다. 논리인즉슨, 해운대와 광안리가 연안의 잔잔한 바다라면 영도와 다대포, 부산항의 바다는 태평양을 바라보는 힘찬 바다라는 것이다. 거칠고 투박하지만 부산 사람들의 역사와 함께 한 태평양과 만나는 진짜 부산바다.

맞는 것 같기도 하고 아닌 것 같기도 하고… 어찌됐건, 그 말의 핵심은 부산 사람들의 거친 삶이 그대로 스며들어 있는 곳, 자갈치와 부산항, 영도와 다대포… 이 구도심의 바다야 말로 부산 사람들이 질곡의 세월을 함께 한 바다라는 뜻일 게다. 한국전쟁시절 수많은 피란민들이 오가던 바다, 7, 80년대 태평양 참치어선으로 우리 아버지들을 실어나르던 부산항, 새벽 여명을 맞으며 팥떠이던 생선을 팔던 경매사들의 고단한 줄근 길을 기다리던 바다, 이 바다가 진짜 부산 바다라는 뜻이겠지….

그렇게 따지면 부산 사람들에게 영도만큼 사연 있고, 애정어린 곳이 있을까. 그날부터 나는 부산에 오는 지인들에게 부산에 오면 곱상한 해운대말고 가기 힘들고 멀어도 영도는 꼭 가보라고 권해주기 시작했다.

태평양으로 나가는 넝노의 바다.
그리고 영도의 바다를 품은 태종대를 보니 왠지 모를 장엄함이 감돈다.

1박 2일 이승기에게 밀린 자살바위

내가 대학생 시절이던 20여 년 전만해도 부산 여행하면 태종대-해운대였다. 태종대 자살바위는 꼭 가보고 싶은 곳이였는데, 실제로 와보니 생각보다 그렇게 무섭거나 험하거나 그렇지는 않았던 기억이 난다. 아마도 실제로는 겁이 나서 제대로 보지 않았던 걸지도 모른다. 진짜로 확 뛰어들고 싶을 까봐…

지금은 일명 자살바위라 불리던 그 자리에 전망대가 들어서고, 사람들은 자살바위를 찾는 대신 1박 2일에 나온 자갈마당 조개구이집을 더 많이 찾는다고 한다. TV의 영향력은 대단해서 1박 2일의 이승기가 부산에 다녀간 지가 2년도 넘었건만, 아직도 남포동의 승기호떡은 불타게 팔리고 있고 이승기와 이대호 선수가 촬영한 태종대 자갈마당 조개구이집에는 많은 사람들이 다녀간다. 실제로 그 방송을 본 나도, 부산에 있으면서도 "오~ 저기가 어디 일까?" 궁금했던 게 사실이니 말이다.

어쨌든 장사가 잘 된다니 좋긴 하지만 연예인에게 밀린 우리 자살바위는 어찌 할꼬… 그래도 무겁고 비관적인 단어보다는 밝고 활기찬 이미지가 훨씬 낫겠지… 전망대에서 전시 중인 부산 홍보대사 최지우의 사진전을 보고 나오는 사람들의 표정이 다들 좋아보인다.

영도다리 아래서
생긴 일

어린 시절 가장 무서웠던 협박성 어르기 멘트는 "너 울면 망태 할아버지한테 갖다 준다, 저기 망태 할아버지 온다!" 였을 것이다. 대나무로 만든 커다란 망태를 둘러매고 고철로 된 집게를 딱딱~ 거리며 멀리서 다가오던 망태 할아버지의 정체는 아마도 커다란 망태 속에 나를 집어올려 쑤욱~ 넣어버릴 것 같은 그런 두려움의 존재였을 것이다.

그러나 그 무서운 망태 할아버지도 이겨먹은 영도다리. 부산 아이들에게 가장 무서운 말은 아마도 "영도다리에 갖다 버린다" 내지는 "니는 영도다리에서 주워 왔어~ 니 아직도 몰랐나?" 라는 무시무시한 출생의 비밀 폭로였을 것이다.

실제로 내 주변에도 영도다리에서 주워왔다는 말만 듣고 열 살쯤인가 가출해 울면서 영도다리에 갔다가 3일만에 돌아온 동생이 있다. 그 동생말이 진짜 엄마는 영도다리 아래에 있다고 해서 찾아 갔다가 울고 있었는데 엄마는 안보이고 낚시꾼들만 바글바글 하더란다. 자세히 들여다보니 전부 오징어를 잡고 있었다고…. 낚시꾼들이 가르쳐준 오징어잡이에 재미가 들려 친엄마는 안 찾고 오징어랑 생선만 실컷 잡아가지고 돌아왔단다. 그 사이 집에서는 얘가 없어졌다고 난리가 났는데 정작 열 살 짜리 꼬마는 오징어를 손에 들고 엄청난 득템을 한양 기분좋게 들어왔으니… 그 후 그 아이는 낚시계에 입문해 낚시 TV에도 등장할만큼 전설의 프로 낚시꾼이 됐으니 영도 다리가 그 아이의 앞날을 점지해 준 셈이다.

그리하야 그 동생은 낚시에서 자신의 운명을 찾았고 바다와 관련된 일을 하려고 배를 설계하는 공부를 하고 지금은 한진해운 필리핀 현장에서 일하고 있다. 필리핀 수빅에서 지금도 오징어를 잡고 있는 건 아닌지. 아… 이렇게 한 아이의 운명을 바꿔 논 우리 시대 영도다리여….

낚시하는 사람들, 수영하는 사람들, 평상에 걸터앉아 막걸리 마시는 동네주민들, 영도다리는 그들만의 놀이터이자 평온한 삶 그 자체였다. 그렇게 영도다리 아래에선 희노애락과 부산의 역사가 함께 흘렀다. 지금은 많이 사라지고 없지만 영도다리 아래엔 한때 점바치 집이 즐비하였다. 점바치는 경상도 말로 점쟁이라는 뜻으로 한국전쟁 이후, 부산에 공업과 제조업이 성장하던 7, 80년대 초반까지 바다를 향해 제를 올리던 지역적 특수성과 불안한 미래를 예견하고자 했던 시절의 흐름 때문에 영도에 점집이 흥했던 것이다.

또한 영도에 가면 집들이 언덕배기 까끌막에 좁고 높게 지어진 것이 특징인데, 작은 집들의 방과 부엌등의 내부구조가 마치 개미굴처럼 아주 복잡하게 지어진 집들이 많다. 영도에 오래 산 지인에게 들은 이야기로는 그 이유가 예로부터 뱃사람들이 많이 거주하던 영도에 배를 타고 멀리 바다로 가있는 동안 부인이나, 애인이 다른 지역이나 섬으로 도망가지 못하게 하기 위해 그렇게 내부구조를 복잡하게 지었다고 한다.

아니, 이런 라비린스의 미궁 같은 영도의 고가옥의 슬픈 사연이라니… 어쨌거나 그렇게 배를 타고 부산에 돌아오면 가장들은 열심히 타국에서 벌어온 돈으로 자신을 기다렸던 아내에게 자개장을 선물해 주었다고 한다. 돈 좀 있다 싶은 사람들의 안방, 부의 상징이었던 자개장. 통영산 최고급 자개로 만든 자개장이 영도의 오래된 터주대감들의 안방마다 있었을 터이다. 타국에서 흘린 남자의 땀과 맞바꾼 빛나는 영롱한 조개껍질이 영도의 집집 안방에서 빛나고 있었을 것이다. 이러한 스토리가 살아있는 영도. 그래서인지 부산

사람들은 때로 영도를 부산의 심장이라고까지 한다. 그래서 영도의 바닷바람과 공기는 태생적으로 다르게 느껴진다.

영도 다리, 다시 솟아오르다.

47년 만에 영도다리가 하늘로 치솟아 올랐다.
피란민들의 애환과 눈물, 우리 근대사의 삶이 그대로 녹아있는 영도 다리. 물론 다시 찾아온 영도다리의 상판이 너무 매끈해서 그 옛날 눅눅했던 추억의 다리를 생각하기에 조금 아쉬운 감도 없지 않지만, 이렇게 다시 돌아온 게 어디인가. 흑백 사진속의 영도 다리, 1934년 생이라… 올해 팔순잔치라도 해드려야 할 듯 싶다. 영도는 부산사람들에게 저 멀리 따로 떼놓은 심장 같은 곳이다. 그 심장을 통해서 부산의 하루는 피가 돌고, 생기가 넘쳐난다. 다시 높게 하늘로 솟구치는 영도 다리를 보면서 생각했다. 그래, 정말 남아 있기 잘했어, 부산. 너를 보니 내 심장도 다시 뛴다.

1966년 마지막으로 도개했던 영도대교가 다시 도개를 시작하였다.
매일 정오부터 15분 동안 도개가 진행된다.

영도를 여행하는 히치 하이커를 위한 안내서

아이들과 가볼만한 곳

국내 최초의 어묵전시 체험관

영도에 재미있는 장소가 하나 더 추가되었다. 부산어묵으로 유명한 식품업체의 오래된 공장을 리모델링해 만든 어묵 체험관은 어묵의 제조역사와 제조 기법을 돌아보고 자신이 만든 어묵을 먹거나 만들어서 가져갈 수도 있다. 1층에는 30년 이상 경력을 가진 수제 어묵 장인들이 직접 재료를 갈고, 튀겨서 만드는 어묵의 공정과정을 견학할 수 있고 2층에서는 직접 만들거나 조리과정을 체험할 수 있다. 부산의 전통적인 식품을 가지고 만든 스토리텔링 체험관으로 지역주민과 관광객들에게 체험거리를 제공할 것으로 보인다. 재밌는 체험관 관람도 하고 오늘 저녁 메뉴는 어묵탕으로 ~~

문의 : 051-416-5468

부산 국립해양박물관

영도 해양박물관이 아이들과 함께 즐길 수 있는 서부권 관광명소로 거듭나고 있다. SBS 런닝맨에서 소개된 후 관광객 수가 급증했다고 한다. 터널 형태로 만들어진 수족관과 해양생물 체험관, 아이들이 좋아하는 어린이 박물관도 인기. 회차 별 관람인원수가 정해져 있으니 인터넷 예약 후 방문하는 것이 좋다. 입장료는 무료 (4D 영상관, 특별 전시관 제외). 매주 월요일은 휴관.

문의 : 051-309-1900 / 홈페이지 : www.nmm.go.kr

동삼동 패총전시관

선사시대 조개무덤인 패총 전시관. 부산의 역사와 지리에 대해 잘 알 수 있는 교육적인 장소. 아이들과 함께 영도를 방문했다면 해양박물관과 패총 전시관은 한번쯤 가보자.

문의 : 051-403-1193

영도 여행자들을 위한 '달코스 여행'

달 게스트하우스

영도에는 관광객들을 위한 숙소가 별로 없다고? 걱정 마시라. 지난 해 새로 오픈한 게스트하우스 Dal을 소개한다. 인도와 몽골 등 오지를 여행하며 환경운동가이자 동화작가인 주인장이 오픈한 게스트하우스로 주인장이 직접 못 하나하나 박으며 탄생시킨 공간으로 집안 곳곳에 정성이 묻어 있다. 달 게스트 하우스라는 이름에 어울리게, 보름달, 초생달등 예쁜 이름의 방이 준비되어있으며 6인실, 4인실, 커플 룸등이 있다. 주인장이 구례산 자연농법 밀가루와 신안 토판염으로 정성스레 만든 빵을 직접 만들어 제공하며 영도의 볼거리와 인근 지역 안내까지 친절하게 해준다. 4인실 도미토리 기준 1인 20,000원부터 (조식 포함)

위치 : 부산 영도구 청학동 118-12
홈페이지 : www.dalguesthouse.net
문의 : dalzip@naver.com

영도에 노란 달이 떴어요~
영선동 갤러리 밥집 달뜨네

달 게스트 하우스와 함께 일일 코스로 즐길 수 있는 영도의 떠오르는 맛집. 경남 고성 안국사에서 가져오는 된장으로 만든 시락국밥과 신선한 선어로 만드는 선어모듬, 스지오뎅, 한치수육등 먹을거리도 다양하지만, 문화예술 사랑방을 표방하는 주인장의 철학 덕분에 주제가 있는 특별 전시회도 볼 수 있다. 그래서 갤러리 밥집이란 표현을 쓰고 싶은 집이다. 목욕탕을 개조해 만든 곳으로 달 모양 노란색 대형 풍선이 멀리서도 눈에 띈다. 영도에 살면 정말이지 매일 가고 싶은 곳.

위치 : 부산 영도구 영선동 4가 1470
문의 : 051-418-2212

<달뜨네> 식당의 자매 게스트 하우스 <별뜨네>

달뜨네 식당의 바로 앞이자 영도 앞바다가 한눈에 펼쳐지는 흰여울길 앞에 <별뜨네>게스트하우스가 오픈했다. 좁고 기다란 건물 안으로 들어가면 바다와 욕조가 한눈에 보이는 크루즈 룸과 백남준 작가의 초기작품이 걸린 북 하우스등 테마가 있는 객실과 1, 2층에는 다인실이 4인실, 6인실이 있다. 주중 23,000(1인)부터.

인테리어 디자인과 공예를 하는 주인장 덕분에 예술적 취향이 흠뻑 묻어나는 바다가 보이는 게스트하우스를 영도에서도 만나볼 수 있다. 영도를 여행하는 여행자들이여~. 달 게스트하우스와 별뜨네 게스트하우스 두 곳의 게스트하우스를 알고 간다면 숙박걱정은 끝~. 영도 절영산책로와 태종대, 남포동과 광복동도 가까운 코스라 관광에도 좋은 위치이며 최근 영도를 문화예술촌으로 만들기 위한 아티스트들의 창작 공간활용등 부산의 예술인들의 발걸음도 영도로 이어지고 있다.

문의 : 051-418-2212

다대포의 바다,
젊음을 만나다

한낮에는 에너지 넘치는 젊은 바다가 있다면 해가 질 무렵엔 뭔가 따뜻한 비밀을 품은 듯한 사막 같은 바다가 공존하는 다대포. 처음 다대포를 만났을 때 모세가 바다를 가르는 기적처럼 밀물과 썰물이 빚어낸 장관에 아직도 이런 바다가 부산에 남아있구나 싶었다.

해변 레포츠 공원으로 조성 중이라 예전 느낌은 많이 사라졌지만, 여전히 다대포는 그리움이 묻어나는 곳이다. 해변 공원이 되더라도, 아름다운 일몰과 썰물의 장관은 그대로이길 바란다. 주변에 을숙도 에코 센터와 몰운대, 아미산 전망대 등 하루 코스로 돌아 볼 곳도 많다.

오랜만에 서울 사는 조카에게 연락이 왔다.
언니의 딸과 일곱 살 차이밖에 안 나는 이모와 조카의 수상한 관계라니….

"이모, 이번 주에 부산 내려가니까 같이 밥 먹자"
"이번 주면 완전 휴가 피크네 해운대는 물 반 사람 반인데 숙소는 잡았나?"
"응, 우린 다대포에서 하루 잘꺼니까 괜찮아. 마지막 날 해운대 넘어갈게."

다대포라… 아이 둘 데리고 연고도 없는 다대포로 왜 간대? 의아했던 나의 궁금증은 조카 부부를 만나고서 풀렸다.
체육대학을 졸업한 채대 커플이었던 이 에너지 넘치는 젊은 부부는 부산 시장배 카이트 보딩 대회에 출전하기 위해 다대포 해수욕장을 찾은 것이다.
온갖 해양 스포츠란 스포츠는 다 즐기고 다대포의 일몰까지 만끽하고 온 것이었다. 다행히 〈아빠 어디가?〉의 민율이처럼 오빠가 다 해줄게 스타일인 큰아이는 두 살 터울 여동생을 챙기며 자기들끼리 노는데 도가 튼 것 같았다.

"매번 해운대만 보다가 다대포 가보니까 좋더라. 락 페스티발도 열린다고 해

서 갈려고 했다가 좀 멀어서 포기했어."

카이트 보딩인지 뭔지 요즘 뜨고 있는 해양 익스트림 스포츠라는데 그래선지 얼마 전에 캠핑카로 차를 바꿨다는 조카사위의 차 위엔 뭔가 묵직한 장비들이 잔뜩 매달려 있다. 카이트 보딩이 대체 뭐 어떻게 하는 건지 궁금해서 검색해보니 카이드 보딩:'패러글라이딩 같은 대형 연을 몸에 달고 바다 위에서 보드를 타는 스포츠' 라고 나와있다.

게다가 그뿐인가. 사진도 찍기 좋아하는 이 부부는 아마도 다대포의 일몰 분위기에 푹 빠진 모양이다. 다대포를 재발견했다며 신나하는 이 혈기왕성한 패밀리는 또 다시 캠핑카를 몰고 마지막 여행지 제주도로 떠났다. 배에 캠핑카를 싣고 제주도로 들어가 캠핑을 한다니 참 부럽다. 젊었을 때 부지런히 다녀야 한다는 진리를 몸소 실천하는구나. 카이트 보딩까지는 아니라도, 잊고 지낸 스노쿨링 장비라도 찾아놔야겠다.

지금 다대포 해수욕장은 2014년 개장을 목표로 해양레저 공원으로 한창 공사중이라고 한다. 예전처럼 해가 질 때면 불타듯 황홀한 낙조는 그대로이지만, 조용하기만 했던 다대포도 마린 스포츠의 성지로 알려지며 젊은 에너지들이 느껴진다. 예전의 그 한적했던 다대포의 모습이 살짝 그립기도 하지만 그래도 다대포의 변신이 기다려지기도 한다.

이 카이트 보딩의 최적의 장소가 수심이 얇고, 파도가 높지 않으며 바람이 많은 곳이라는데 다대포 해수욕장이 바로 그 모든 조건을 다 갖추었다고 한다. 그래선지 전국 유일 부산에서만 이 카이트 보딩 대회가 열리고 있다고 한다. 또 해운대는 수심이 제법 깊은데가 있어 조심해야하는데 다대포는 아이들 데리고 놀기에 좋다고 다대포 예찬을 늘어놓는다.

문의 : 부산바다축제 www.seafestival.co.kr

다대포 여행의 백미 - 꿈의 낙조 분수쇼

다대포를 여행하는 즐거움 중 하나는 다대포 꿈의 낙조 분수다. 일몰 장관도 볼수 있고, 분수 쇼 야경이 화려하게 펼쳐져, 다대포 꿈의 낙조분수는 꼭 한번 만나볼만 하다.

빛과 음악이 어우러져, 환상적인 분수쇼를 보다보면 아이들도 어른들도 모두 몽환적인 빛의 세계로 빠져들어 이 순간만큼은 행복한 얼굴로 서로를 바라본다.

음악 분수쇼가 끝나면 아이들은 이때 분수로 향해 돌진~. 아이들이 분수안에서 뛰어 놀수 있는 체험 분수 디임이 시작되기 때문이다.

몇 해전 바르셀로나 까딸루냐 미술관 광장에서 본 분수쇼가 부럽지 않은 다대포 꿈의 낙조 분수. 분수쇼의 영롱한 영상을 보고 잠이 들면 꿈 속에 아름다운 동화가 펼쳐질 것 같다.

분수쇼 운영 기간 : 5월~8월 평일 오후 8시, 주말,공휴일 오후 8시, 9시 2회
꿈의 분수 홈페이지 : fountain.saha.go.kr

해양레저 도시 부산, 바다를 사랑하는 당신과 만나다

수영강변 계류장

광안대교가 멀리 보이는 수영강변을 내려다 보다 어느날, 문득, 어, 저건 뭐지? 했던 새로운 건축물이 보였다. 기존의 수영강변에 있었던 해양 레포츠 체험장들을 한 장소로 집결한 것 같았다. 노보트와 셔틀바이크, 무동력 수상레저기구 등의 프로그램을 운영하며 APEC 나루 공원 안에 위치해있다.

센텀에 근무하는 회사원들이여, 피곤에 절어 지칠 때, 이곳에 가보자.

이제 바다로 나가는 길은 바로 불과 몇 발짝 앞에 있다.

문의 : 051-745-8977

송정 윈드서핑 · 서핑학교

송정은 다른 해수욕장 보다 수심이 얕고, 바람이 잘 불어 해양 레포츠 하기에 적합한 바다와 환경을 가지고 있다. 딩기 요트와 스킨 스쿠버 등 해양 레포츠 12종의 교육 및 체험 프로그램을 운영 중이다.

위치 : 해운대구 송정동 711-9
문의 : 051-704-0664

동백섬 해양레저 기지 The bay 101

동백섬 앞 선착장에 들어선 해양 레저 기지로 동백섬 산책로 입구에 위치하고 있어 접근성이 좋다. 파워보트, 수상오토바이와 요트를 체험해볼 수 있으며 보트 계류장도 들어선다. 해운대 해수욕장, 동백섬과 함께 관광명소로 떠오를 전망이다. 더구나 요트경기장까지 가야 가능했던 요트 체험을 동백섬에서도 할수 있다니 벌써부터 요트와 함께 탁 트인 바다로 나가고 싶어진다.

부산, 강렬한 맛의 향연

오감만족 부산 맛집

오·감·만·족
RED HOT DEAL!

내가 좋아하는 말 중에 '레드 핫딜' 이란 문장이 있다.
원래는 호텔 온라인 예약사이트에서
좋은 가격의 Room rate이 나왔을 때
쓰는 용어로, 말 그대로 '훌륭한 가격, 뜨거운 거래', '따끈따끈한 거래'라는 뜻이다.
부산의 맛을 한마디로 정의하자면 바로 이 레드 핫 딜!

부산을 떠나 서울서 살던 친구 하나는 학교 다닐 때 수없이 지나다니던
남천동 다리집의 떡볶이가 임신하고나니 제일 많이 생각났다고도 하고,
부산이 고향인 유명 스티쉐프는 도미껍질을 살 내주던
허름한 자갈치의 횟집을 오늘도 그리워하고 있다.

아무튼 '부산의 맛' 이라 하면 어릴 적 향수와 함께 버무려진 추억의 맛이고,
근원을 알 수 없는 묘한 중독성의 맛이다. 북한음식처럼 독창적이거나,
전라도 음식처럼 푸짐하게 버라이어티하지 않지만
원재료의 솔직함과 싱싱함을 가장 많이 살린 맛이다.

바다의 향이 느껴지고, 쫄깃한 질감이 입에 착착 감기는 부산의 맛,
그 비장의 필실기 탐험… 벌써부터 아드레날린과 침샘이 마구마구 분비된다.

나에게 맞는
부산 식도락 여행 코스

부산에 온전히 먹으러 온 그대들을 위한 식도락 여행코스 제안!
이제 그대들이 할 일은 나의 야미 스타일~ 테스트 Start !

난 제대로 된 부산 음식을 먹고 싶어! — No! → 최근 생긴 부산의 트랜디한 레스토랑을 가고 싶어! — No! → 숙소와 거리가 좀 있어도 맛있는 집이라면 OK! — No! → 기왕이면 숙소 근처로~ 음식 값에 투자! — Yes!

Yes! / Yes! / Yes! (Yes!)

한식과 전통음식을 좋아해~ — No! → 양식, 퓨전 스타일도 OK ~ — No! → 왁자지껄, 사람들이 붐비는 게 더 좋아! — No! → 야경, 바다풍경이 좋은 레스토랑!

Yes! / Yes! / Yes! / Yes!

부산이라면 싱싱 해산물이 최고! — No! → 꼭 회를 먹어야 해? 여기서 젤 맛있는 집이 최고! — No! → 서민적이고 가격대비 맛있는 곳~ — No! → 금액대가 높아도 분위기 좋으면 good !

Yes! / Yes!

당신은
원조 스타일
한 뚝배기
하실라예?

개금 밀면 — 태종대 자갈마당 조개구이 (영도 달뜨네) — 자갈치 백화 양곱창 — 서대신동 냉채족발 & 깡통시장 거인통닭 치맥 타임

해운대 밥집 생선구이정식 — 자갈치 명물횟집 — 차이나타운 사해방 사천짬뽕 광복동 고갈비 골목 할매집

해운대 할매국밥 — 센텀 18번 완당 발국수 — 다리집 떡볶이 — 설빙 빙수 (남천 녹차빙수)

당신은
트렌디 세터
세련된 감각의
식도락가

달맞이 고개 꼴라메르까토 브런치 — 이듬 갤러리 관람 — 송정 아데초이 커피 & 티라미슈 — 거대 갈비 평양냉면 (겨울엔 곰탕) — 달맞이 메르씨엘 디너

더까페 브런치 — 송정 유기농 레스토랑 밈 — 조선호텔 애프터눈 티 — 달맞이 생어거스틴

해운대 개미 레스토랑 차돌박이 찌개 정식 — OPS 눈꽃빙수 — 광안리 소예

아주 특별한 부산의 맛

처음에 부산에 왔을 때 내가 느낀 건 음식 맛이 대체로 세고 강하다는 것이었다. 특별히 양념이 센 것 같지는 않은데 이상하게 짜게 느껴진다는 것… 양지훈 쉐프의 말처럼 부산의 음식은 야구로 치면 직구다. 뭔가 변화구가 주는 현란함 대신 투박하기 짝이 없다. 그래도, 그 솔직한 맛을 우리는 때론 그리워한다는 것.

부산에 내려와서 음식문화의 아주 미묘한 차이점을 발견했는데, 그중 하나가 순대를 소금에 찍어먹는 게 아니라 쌈장에 찍어먹는 것이었다. 처음엔 나도 소금을 찾았지만 이제는 쌈장에 찍어먹는다. 그리고 추어탕을 좋아하는 나는 추어탕 잘하는 집을 찾아서 가곤 하는데 부산에선 고춧가루와 들깨즙을 넣은 걸쭉하고 얼큰한 남원식 추어탕집을 찾기가 쉽지 않았다.

부산의 추어탕은 우거지, 부추를 넣고 맵지 않고 말갛게 끓인다는 게 다른 점이었다. 양념이 과한 것 보다는 원재료의 신선함과 뼈채 끓인 추어의 맛을 살리는 조리방식이라 할 수 있다. 추어탕을 변주한 어탕과 고등어 추어탕도 부산의 별미라 할 수 있으며, 해운대 반송에 있는 고목나무집은 추어탕과 함께 돌솥밥을 맛있게 먹을 수 있다.

게다가 부산에 오면 꼭 먹고 가야하는 집처럼 되어버린, 오늘도 길게 줄이 늘어선 대연동 **쌍둥이돼지국밥집**, 서대신동 냉채족발, 지역마다 조금씩 다른 밀면까지 부산의 별미기행은 무궁무진하다. 아침에 눈 뜨고나면 또 다시 점심에 뭘 먹을지 고민하고, 저녁엔 또 다시 행복한 고민을 하게 되는 곳… 이런 맛의 도시 부산에서, 오늘도 밥상을 차리고, 그러한 밥상을 마주하고 있다니 끼니때마다 설레이지 않을 수 없다.

남원식 추어탕

반송 석대의 <고목나무집>추어탕. 밥알의 쫀득한 식감이 살아 있는 돌솥밥에 진한 맛의 추어탕이 일품이다.
(051-522-2395)

부산출신 스타쉐프의
추억의 부산 맛집

푸드스타일 매거진 에쎈에 〈부산의 맛〉에 대해 취재해 기사를 쓴 적이 있다. 당시 떠오르는 센텀 지구와 해운대의 맛집을 소개하는 원고였는데, 내가 기획한 원고 앞 부분에 부산 출신 스타쉐프들이 추천하는 '잊지 못할 부산의 맛'이란 코너가 있었다.

당시 부산이 고향인 쉐프들이 입을 모아 손꼽았던 식당들을 보면 부산대 국밥거리의 진주비봉식당, 부평동 족발골목의 한양족발, 남포동의 남해양곱창, 부산식 고갈비 대포집 등이었다.

짭조름한 바닷내음 물씬 풍기는 허름한 작은 길모퉁이 식당, 세월이 변해도 간판하나 제대로 바꿔달지 않는 집이지만 손맛 하나는 그대로인 집들. 언제 가도 욕쟁이 할머니와 반가운 이모의 얼굴이 불쑥 튀어나오는 집, 고향을 떠나서도 생각나고 내려오면 제일 먼저 찾는다는 집, 그게 바로 그리운 부산의 맛일게다.

부산의 맛, 돼지국밥의 비밀

부산을 대표하는 맛은 과연 무엇일까?

부산바다의 싱싱함이 묻어있는 자연산 회일까, 아니면 오늘도 길게 늘어서 있는 서로가 원조라 하는 밀면일까… 아마도 한국전쟁 시절 전국각지의 피난민들이 모여서 탄생시킨 부산의 돼지국밥이 아닐까 생각해 본다. 부산에는 만드는 방식에 따라 약간씩 차이가 있는 세 가지의 돼지 국밥이 존재한다. 첫째, 돼지뼈를 사골 우리듯 우려서 뽀얗게 만든 돼지국밥인데 옛 조선방직 자리에 가면 이런 식의 돼지국밥집이 많다. 가장 흔한 종류의 국밥이 아닌가 생각된다. 밀양식 돼지국밥으로 불리기도 한다.

두번째, 국물이 아주 맑게 나오는 국밥인데 담백한 느낌이 드는 이 국밥은 부산 맛집 파워 블로거들이 이구동성 최고라 꼽는 범일동의 **할매국밥집**과 해운대 신시가지 넘어가는 길목에 있는 **양산국밥**에 가면 먹을 수 있다. 돼지 뼈를 서너 시간 삶은 뒤 부드러운 암돼지의 삼겹살 부위를 넣고 다시 육수를 내면

맑은 국물이 완성된다. 흔히 신창국밥으로 불리는 맑은 곰탕식 국밥이다.

마지막으로 뽀얗지도, 말갛지도 않은 차원이 완전 다른 돼지국밥. 이건 토란 줄기와 고사리를 넣어서 푸욱 삶은 뒤 국물도 마치 개장국처럼 진하고 걸죽하다. 들깨와 다대기를 넣어 먹기도 한다. 이렇게 요리하는 집은 극히 드문데, 예전에 국제시장 2층에 가면 이런 방식으로 돼지국밥을 내주는 집이 있었다.

여튼 이렇게 요리 방식에 따라 돼지국밥도 차이가 있고 그 안에는 삶의 방식이 그대로 녹아난다. 부산의 유명한 맛 칼럼리스트 취생몽사님의 블로그에는 '돼지국밥'에 대한 그만의 철학이 담겨져 있다. 돼지국밥에 반해서 일본에서 한국, 그것도 부산을 찾은 사야카씨의 이야기도 있고, 범일동 할매국밥에 대해 자세히 다룬 〈맛있는 한국 음식기행〉의 정은숙 작가의 글도 만날 수 있다.

원래는 이북의 피란민들이 즐겨 먹던 순대내장이 들어 있던 순대국밥이 익숙하지 않았던 부산사람들에게 돼지고기를 넣어주던 돼지국밥으로 현지화되었다는 이야기는 부산 돼지국밥에 대한 역사적 정체성과 부산과 뗄수 없는 관계가 된 돼지국밥에 담긴 음식의 문화인류학적 의미를 돌아보게 만든다. 돼지 잡냄새를 없애기 위해 마늘과 생강을 쓰고, 돼지뼈를 오래 끓이는 대신 좋은 부위의 고기 육수와 함께 섞어내는 방식을 통해 부산 최고의 음식으로 사랑받고 있는 돼지국밥. 오늘도 대연동 쌍둥이국밥집에는 긴 줄이 늘어서 있다. 새벽녘 가족의 생계를 위해 열심히 부산 곳곳을 뛰어다닌 택시기사님의 허기진 한 끼일 수도 있으며, 돼지국밥이 과연 어떤 맛일까 호기심에 들린 서울아가씨들의 모험심 가득한 한끼가 될 수도 있다. 분명한 것은 오늘도 수십만 그릇 팔리고 있을 이 돼지국밥 속에, 부산의 역사가 함께 하고 있다는 것이다.

우리시대 올드 보이들의 추억,
차이나타운

부산시 동구 초량동 차이나타운. 부산역 바로 맞은 편이라 KTX에서 내려 바로 찾아가기가 쉽다. 십여 년전 중국 상해와 자매결연을 맺어 일명 상해거리로 불리웠는데, 러시아 유흥가와 접해있어 특유의 분위기가 쇠락하는 듯 싶더니 다시 동구청과 주민들의 노력으로 차이나타운 축제가 생겨나고 근처의 산복도로 이바구길 등 지역 특수성을 살린 관광지로 점차 상권 활성화와 예전의 활기찬 분위기가 살아나고 있는 듯 하다. 차이나타운 축제기간에는 한손에 공갈빵, 한손에 양꼬치를 쥐고 차이나타운 골목을 요리조리 돌아다니는 재미가 꽤나 쏠쏠한 곳이다. 중국요리 좋아하는 친구들과 자주 갔었던 부산 동구 차이나타운.

〈부산재발견〉이란 책에도 소개되었지만 초량 차이나타운에 만두집이 유명한 것은 다 이유가 있다. 차이나타운에 화교협회가 있고 부산 1세대 화교들

깐풍기

오품냉채

난자완스

은 대부분 산동성 출신인데 산동성에서는 산동 만두가 유명하다고 한다. 우리의 명절 음식처럼 산동만두는 이들에게 고향을 생각하며 만들어 먹는 음식이었다. 처음에는 자신들이 먹고, 생계 유지를 위해 팔던 것이 오늘날의 차이나타운을 만들었고 수많은 관광객들도 불러오게 된 것이다. 차이나타운에서 가장 먼저 유명세를 탄 집은 최민식의 「올드보이」 촬영지였던 장성향이다. 그 밖에도 코스 요리가 맛있는 중남해, 삼선짬뽕이 유명한 사해방 등 여러 곳이 있지만 그 중에서 느끼하고 찐득한 중국식 소스가 생각날 때 내가 자주 가는 집이 있다. 특히 난자완스가 유독 맛있는 부산의 올드보이들이 좋아하는 곳, 일품향이다. 일품향은 만두로 유명한 집이기도 하다.

식사 약속을 하면 꼭 일품향에서 만나는 선배가 있다. 고향이 경기도인 선배는 공고를 중퇴하고 젊은 시절 주유소 직원, 카센터 직원, 야채배달, 중국집 점원등 안해본 일 없이 고생했다고 한다. 그러다 어느날 수중에 3만원을 들고 무작정 부산으로 내려왔다. 당시 기계, 고무, 신발 제조업이 성하던 부산에 오면 왠지 큰 돈을 벌 것만 같았다는 그는 닥치는 대로 일하고, 작은 기계부품 만드는 회사에 들어가 열심히 일했다. 대기업에 부품자재를 납품하던 회사에서 성실함을 인정 받은 선배는 부산 여자와 결혼해 가정을 꾸렸고 젊은 날 열심히 일한 대가로 30년이 지난 지금, 부품 회사로 독립해 특허를 수십개나 소유한 성공한 CEO가 되었다. 그때 큰 돈을 벌면 나중에 이 집, 일품향 음식을 한가지씩 다 맛보는 게 소원이었단다. 고향에 두고 온 부모님을 모셔서 제일 먼저 사드린 음식이 일품향 만두였다. 부산에는 회도 있고, 맛있는 음식도 많은데 왜 하필 중국음식이었을까. 선배 말로는 이 집 음식에는 왠지 모를 눈물이 배어 있단다. 짭조름하면서도 뭔지 모를 슬픔과 향수의 맛. 화교 출신인 이 집 주인도 부산에 정착하면서 늘 고향을 생각하고 음식을 만들었으리라… 눈물 젖은 빵이 아니라 눈물 젖은 만두를….

장성향
051-467-4496

일품향
051-467-1016

18번 완당,
휘날리는 만두피의 美學

한 17, 8년 전 쯤 PIFF 시절, 남포동에서 영화를 보다 허기가 지면 자주 갔던 음식점이 두 군데 있었는데 한곳은 한식집 '숟가락 젓가락'이고 또 한 곳은 '18번 완당집'이었다.

'숟가락 젓가락'은 지금도 영업을 하고 있는 걸로 아는데 예전처럼 맛깔스럽게 한상 떡 벌어지게 나오는, 배고픈 식객에겐 여전히 군침도는 비쥬얼은 여전하지만 남포동에 자주 못나가는 위치도 위치거니와 내 입맛이 변했는지, 예전처럼 많이 가지지는 않는 곳이 되버렸다. 그래도 가끔 남포동을 지나치다 그 집 간판을 보면 영화〈번지점프를 하다〉에서 젓가락은 'ㅅ' 받침인데 왜

숟가락은 'ㄷ'이냐고 묻던 말간 얼굴에 콧소리가 예뻤던 여배우 이은주의 얼굴이 떠올라 그냥 막연히 서서 그 집 간판을 하염없이 쳐다 보곤 했었던 시간도 있었다.

그리고 또 한 집, 18번 완당집은 사실 부산에 와서 처음 만났을 때만 해도 내게는 그다지 인상깊은 음식은 아니었다.

이북이 고향이던 할머니 덕분에 속을 꽉 채운 만두에 익숙했던 나로서는 그 얄팍하고 얍실한 고기소와 하늘거리는 만두피가 어쩌면 참으로 인정머리 없게 야박하다고 느꼈을지도 모르겠다. 그 당시 영화제를 방문했던 이방인에게는 배불리 먹을 푸짐한 음식이 최고였을테니까… 질보다 양이었던 그 시절, 하루종일 영화를 보다가 주린 배를 채우러 들어간 곳에서 마주친 만두는 하늘거리는 나비처럼 한 줌도 안되는 콩알만한 만두라니, 꾀죄죄 굶주린 시네키드에게 인상적일 리가 있나….

그렇게 18번 완당은 내게는 잊혀진 존재가 되었다. 더구나 그 당시 완당집은 부용동과 남포동 이렇게만 있었을테니 해운대에서 주로 움직이다 보면 완당의 기억은 저 멀리 안드로메다로 날아가버린 뒤였을게다.

그런데 그로부터 한 15년 뒤 제대로 된 완당을 먹어보게 될 일이 생겼다.

당시 부산국제어린이영화제 사무국장으로 일하면서 기업체의 후원과 협찬 업무까지 하고 있었는데 사실 이 문화예술단체의 재원 확보문제는 늘 그렇듯이 참 어려움이 많은 작업이다. 누구라도 선 듯 나서기도 힘들고, 마음은 있지만 재정적인 도움을 주기는 기업입장에서도 큰 맘을 먹지 않으면 힘들기 때문이다. 그러던 중 해양대 총장을 지내시고 해양수산부 장관을 역임하신 오거돈 전 장관님이 문화예술분야에 많은 관심을 가지고 계시고 PIFF가 처음 부산에 출범할 때 공무원으로서 많은 노력을 기울여주신 것을 알기에 부탁을 드렸고 다행히 문화예술지원에 적극적인 한 금융단체에서 어린이영화제를 위해 선듯 후원을 해주기로 결정이 되었다.

영화제를 마치고 감사한 마음에 식사를 대접하고자 약속을 잡았는데 그 곳 역시 부산의 문화예술인들이 많이 가는 대중적인 횟집이었다. 그런데 약속장소를 들으시더니 더 맛있는거 먹으러 가자고 하시더니 그냥 따라오라고 하셨고 도착한 곳은 남천동 **18번 완당** 집이었다.

"이거 한번 먹어봐라. 이게 부산의 맛이다."

"이거 드시면 한 몇시간 뒤 배고프실 텐데요."

"허허… 그럼 또 메뉴가 하나 더 있지… 발 국수도 먹어봐."

말갛게 우린 멸치 육수에 역시나 오늘도 손톱만한 완당이 하늘거리며 떠있다. 어찌보면 학의 날개 같기도 하고, 훌라후프 돌리는 외계인의 모습 같기도 하다….

상상력의 날개를 달고 완당을 탐색하는 오장관님은

"여기 발국수 네 개 더!"를 외치셨다.

"어… 시원하다… 좋다"

완당이란 다소 이국적인 이름이 원래는 중국에서 아침식사로 먹는 만두국의 일종인 훈뚠 (광동이나 홍콩에서는 완탐이라고 한다)에서 유래하였고 이것이 일본으로 건너가 운탄(雲呑)으로 그리고 부산으로 와서 완당으로 정착했다는 것을 나중에서야 국제신문에 연재된 주경업 선생님의 〈부산을 지키는 꾼, 쟁이들〉 완당 기사를 읽고서야 알게 되었다. 그리고 18번이라는 게 노래방 18번 곡처럼 '제일 잘한다'는 그 뜻일까 궁금했는데 그 역시 일본의 가부키에서 온 말이라는 것도 알게 됐다. 가부키 연기에는 18가지가 있는데 이것을 전부 다 통달하면 최고의 경지의 이른다는 뜻에서 18번이란 용어가 생겨났다고 한다.

어쨋거나, 부산의 18번 완당집을 3대째 이어가고 있는 주인장은 1947년에 문을 열었고 그 역사가 66년에 이르는데 아직도 성업 중이란 사실이 놀랍다. 그냥 국수집이나 만두집은 언제 없어져도 없어졌을지 모르지만 1996년에 창업주 이은출옹의 아들 이용웅씨가 경영에 나서며 일본에서 국수기계를 제작의뢰해서 직접 면을 뽑고, 주방에는 사오십년 경력을 가진 완당 장인을 쓰고 있다고 한다. 이 작은 만두집이 부산에서 70년 가까이 버티는 비결이 무엇인지 고개가 끄덕여졌다.

발국수는 양이 많지 않아 두어번 집어먹으니 벌써 없다. 다이어트 식으로도 좋을거 같다는 생각을 하는 동안 마주앉은 어르신은 완당을 국물째 드시고 계셨다. 자식같은, 나이어린 사람에게 혹여 부담이 될까, 그리고 늘 즐겨드시는 소탈하고 서민적인 부산 음식으로 다시 한번 부산에 대해 느껴보라고 완당집으로 이끈 그 깊으신 마음씀이 느껴지는 오후였다.

구름을 삼키는 맛, 이름도 낭만적인 완당.

하늘거리는 학의 날개처럼, 뭉개뭉개 구름처럼 입안에서 사뿐거리는 완당.

만두피에 넣을 고기 소가 많지 않았던 피난시절, 얇고 투명한 은행알만한 완당이 서민들에게는 최고의 음식이었을 것이다.

그리고 7, 80년대에는 주당들의 해장음식이 되어준 부산의 음식, 완당.

어르신 넉분에 음식 한 그릇에 담겨있는 문화와 영혼을 느낀 감사한 한 끼 였다. 학처럼 펄럭이는 고운 자태를 맛보러 또 한번 들러야겠다.

• 부용동(원조) 18번 완당 : 256-3391 • 남포동 18번 완당 : 245-0018
• 해운대 센텀(우동) 18번 완당 : 747-2918 • 남천동 18번 완당 : 611-1880
• 부전동 18번 완당 : 805-0018

* 이 글을 쓰는 동안 완당 생각에 침이 고여 꿩대신 닭이라고 기어이 냉장고에 있는
  냉동 물만두를 새벽 한시에 꺼내 먹고야 말았다.

포구라면 대부분 찾아 볼 수 있는 해산물 가판. 비릿한 바다내음을 품은 해산물과 부산아지매의 억척스러움이 여행객의 입맛과 시선을 잡기에 충분하다

맛집 파워 블로거의
식탐 여행기

서울에서 동호회 지인이 내려온단다. 이른바 부산 식도락 여행.
도착하기로 한 첫 날

"어딘데?" "KTX에서 막 내렸어. 남포동에서 씨앗호떡 먹을거야."

"헐~ 해운대 언제 넘어 올거야?"

"한 군데 더 들렀다가 갈게."

잠시 후 또 전화⋯ "어디야!"

"여기? 어디지? 구포. 구포 금룡만두 먹으러왔어~"

켁⋯ 니가 무슨 축지법을 쓰는 것도 아니고⋯ 동서남북 전우치냐.

그거 하나 먹으러 구포까지 가다니.

이 맛집 파워 블로거의 놀라운 취재 본능이란⋯ 참⋯.

AM 10:00 남포동
전국민이 사랑하는
씨앗호떡

"차이나타운 가면 맛있는 만두집 많은데 멀리도 갔네.
그리고 우리 집 앞 칠천각도 만두 잘 해~ 빨리 온나 해운대~"
잠시 후 따링따링 전화가 걸려 온다.
"만두 다 먹었냐?"
"이제 간식은 다 먹었으니까 양곱창 먹으러 가자~ 백화양곱창. 아니다, 너네
집 해운대니까… 수영구청 청송집이 더 가깝겠네… 그리로 와."
허걱… 아침 10시에 시작된 그의 먹자 여행은 저녁 10시가 되야 끝났다.
아니, 끝인 줄 알았으나 잠시 후 홍소족발을 배달시키겠다는 걸 겨우 진정시
키고, 철길 옆 평안도족발은 눈으로 실컷 구경 하더니 결국 해운대 오륙도 18
호 포장마차에 가서야 그의 길고도 길었던 부산 식도락 여정은 마침표를 찍
었다. 그리고 다음날 아침, 우리는 어제 먹은 음식을 해장하러 연화리 전복죽
포장마차 촌으로 갔다.
몇 해 전 그렇게 부산에 식도락 여행을 오던 친구는 블로그를 보니 아직도 여
전히 전국을 다니며 그렇게 먹고 다닌다. 그 시절 너무 많이 먹어서 위가 늘어
났는지, 한동안 위하수에, 만성 위염을 안고 있지만 생각해보니 그래도 그때
가 좋았다. 지금은 어떻게 인간이 그렇게 많은 음식을 먹을 수 있나 싶지만 그
때 우리는 마치 인간한계에 도전하는 스폰지 실험맨 같았다. 먹고 먹어도 또
배고프고, 먹는 것마다 맛있었던 그 시절. 생각만 해도 까르르 웃음이 나온다.
그땐 그랬지~.

PM 6:00 수영구청 청송집
쫀득하니 술안주로 딱!
청송집 양념대창

PM 10:30
해운대 포장마차촌
바다가재어묵탕

다음날 AM 12:00
기장 연화리 포장마차촌
싱싱한 홍삼 한접시

그릇은 비록 초라하지만
맛은 진국인
연화리의 전복죽

다시 그리는 달맞이
맛집 지도

해운대 달맞이의 풍경이 얼마 전부터 달라지고 있다. 사실 달맞이 주민으로서 이 좋은 풍경에, 문탠로드 산책로에, 문화예술콘텐츠를 가진 곳도 드물텐데 왜 이렇게 상권이 활성화되지 않는지가 의문이었는데, 그토록 변화가 없던 달맞이도 조금씩 변화의 물결이 이는가 싶더니 서울에서 유명한 프랜차이즈 아시안퀴진 레스토랑도 들어서고, Food 채널에서 주목받는 스타 쉐프들이 하나둘씩 자신의 이름을 내걸고 레스토랑을 오픈했다. 저평가되었던 달맞이의 진가가 이제야 빛나고 있는 느낌이다.

평일은 아직 한산한 느낌이지만 주말이면 연두색 파라솔의 달프(달맞이 프리마켓 :Dalff)가 열리고 노천 레스토랑 테이블에는 강아지 데리고 산책나온 중년 부부, 사이클을 타다 잠시휴식을 취하는 사람들, 이제 막 사랑을 시작한 풋풋한 연인들, 젊은 엄마들의 유모차 부대까지 모든 다양한 종류의 그림이 펼

벚꽃이 한창인 달맞이 고개. 바다와 어우러진 풍경이 마음을 들뜨게 한다.

달프(달맞이 프리마켓 :Dalff)

쳐지고 있다.

그리고 무엇보다 반가운 건 달맞이 예술의 침체란 분위기속에서도 꾸준히 그 활로를 모색하고 있는 갤러리들의 기획전과 주민들이 주축이 되어 매년 개최하고 있는 〈달맞이 인문학 축제〉 등 활기찬 모습으로 변해가고 있나는 점이

다. 뿐만 아니라 문탠로드에서 시작되는 갈맷길을 걷기 위해 달맞이 문탠로드를 찾는 관광객들도 매년 늘어나고 있다. 이쯤 되면 달맞이 르네상스라 해도 좋을 만큼 달맞이는 열일곱 소녀의 홍조빛 볼처럼 발갛게 달아오르고 있다. 당신의 오감을 채워주는 달맞이로 떠나는 여행. 어쩌면 가장 필요할지 모르는 다시 그리는 달맞이 지도를 여러분께 선사한다.

해운대 포럼이 매년 가을 주최하는 '달맞이 언덕축제'

달맞이 맛집

동해남부선
카페더아트
청사포
청사포 설빙

3F 비비비당
2F 까사오로
1F 엘쿠치나
달맞이 언덕마당
체육공원
속시원한 대구탕
알렉산더
Burger&curry
문탠로드
김성종
추리문학관
면식가
오이시함바그
빈스빈스 coffee
달맞이
동산
동백 초등학교
테이블온더문
커핀 그루나루
바다전망대
꼴라메르까토
해월정
전망좋은방
CAFE반
해오라비

메르쉐밀
뜰아래채
다나'S오가닉
언덕위의집
오페라레스토랑
베스타
까페데미엘
온천찜질방
솔마루
솔내음
일루아 호텔
슬로우(SLOW)
미포오거리
달맞이길
바나나롱
갤러리
미포
미포선착장
(해운대유람선)
곧은
미술관

엘쿠치나

달맞이의 '해뜨는 집'으로 유명한 건물을 리노베이션 해서 1
층부터 4층 까지 F&B 레스토랑이 들어섰다. 분위기 있는
달맞이의 측면 바다를 감상할 수 있고 봄에 오면 반달처럼
휘어진 달맞이길 너머로 운치있는 벚꽃 감상을 할 수 있다.
파라다이스 호텔 출신 이형래 오너 쉐프가 와인과 코스요리
를 저렴하고 좋은 가격에 제공하고 있다. 내부 인테리어는
오리엔탈 스타일로 단체모임 룸이 준비되어있다. 퓨전 스타
일의 메뉴가 많은 것도 특징.

ㆍ추천 메뉴 : 채끝 등심 스테이크, 치오피노 파스타
              (토마토 소스 해물뚝배기), 동파육, 포크밸리
ㆍ051-731-6882

비비비당

부산의 차 모임인 숙우회 멤버인 유효향 사장이 3년 이상의
준비 끝에 오픈한 곳으로 업장 곳곳에 주인장의 정성이 깃
들어 있다. 서까래, 문틀, 탁자에 귀한 옻칠을 하였다.고 좌
식 탁자에 앉아 이런저런 이야기로 담소를 나누다 보면 마
치 고대 황실로 타임슬립한 기분이 든다. 전통 한방
차를 비롯해 직접 재배한 황차, 백차, 꽃 차등
다양한 전통차를 만나볼 수 있다.

ㆍ 051-746-0705

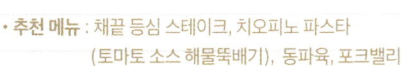

면식가

테이블은 서너개 밖에 없는 작은 공간이지만 늘 사람들로 붐비는 곳이다. 지나갈 때마다 줄을 서있어 대체 어떤 음식을 팔까 하고 들어가보는 호기심 효과도 단단히 작용하는 듯 하다. 철판 볶음밥과 해물 볶음면이 가장 인기있는 메뉴이며, 매운 짬뽕도 맛있다. 주방의 꽃미남 총각들로 인해 꽃미남이 밥 볶아주는 가게로 유명하며 주머니가 가벼운 달맞이 데이트 족에게 좋은 음식점이다.

- 추천메뉴 : 해물볶음면, 철판 볶음밥, 매운 짬뽕
- 051-747-4611

테이블 온더 문

얼마 전 배우 김지우와 결혼한 스타 쉐프 레이먼 킴이 운영하는 레스토랑. 레이먼 킴이 주말에는 직접 내려와서 요리하고 손님들과 직접 대화할 정도로 쉐프의 애정이 깊은 만큼 한번 다녀간 사람들의 반응도 좋은 편. 브런치 메뉴, 디저트와 수제 요구르트가 맛있어 단품 위주로 입소문 난 레스토랑.

- 추천 메뉴 : 허브 바질 파스타, 디저트 메뉴
- 051-746-0023

전망 좋은 방

90년대부터 나팔꽃과 더불어 달맞이언덕의 명소로 유명했던 이태리 레스토랑으로 달맞이에서는 유일하게 퐁듀 요리도 맛 볼수 있다. 프랑스에서 디자인과 요리를 공부한 주인장 부부와 남동생이 함께 운영하는 가족 레스토랑으로 화덕에 구운 이태리 피자 깔조네와 커다란 조개껍질에 담겨 나오는 매운 맛 스파게티가 추천메뉴이다. 이제 막 와인을 좋아하기 시작했다면 와인 한병 가지고 여기로 가보자. 치즈를 좋아해서 로크포르란 별명을 가진, 와인에 해박한 주인장과 밤이 새도록 와인에 대한 이야기로 꽃을 피울 수 있다.

• 051-746-4323

메르씨엘

르꼬르동 블루를 거쳐 프랑스 미슐랭스타 레스토랑을 섭렵한 실력파 윤화영 쉐프가 프랑스 유학 시절 만난 아내와 함께 운영하는 곳으로 3층 전망이 특히 좋으며 주말, 공휴일은 필히 예약을 해야할 정도로 인기. 연인들을 위해 발렌타인데이, 화이트 데이, 크리스마스에는 자체 개발한 세트 메뉴를 선보이고 있다.

• 051-731-9845

솔내음

달맞이에서 전망 좋은 한식집을 찾는다면 이 곳으로 갈 것. 탁 트인 해운대 앞바다를 보며 엄마가 차려주는 듯한 밥상을 만날 수 있다. 아이들과 함께 오는 손님을 배려해 코스메뉴에 탕수육과 떡갈비가 들어가 있고 퓨전식으로 즐길 수 있다. 점심에는 인당 15,000원에 점심특선을 제공한다.

• 051-746-8818

생 어거스틴

태국요리 전문점으로 일루아 호텔 1층에 오픈한 아시아 퀴진 레스토랑.
팟타이 쿵, 얌운 센, 뚬얌꿍, 푸팟 뽕가리등 매콤한 향신료 맛의 태국 음식을 즐길 수 있다. 이국적인 해운대 풍경과 더불어 다양한 아시아 음식을 맛볼 수 있다.

• 051-74/-0053

오페라

올해로 20주년을 맞이한 달맞이 초입에 위치한 프렌치 레스토랑. 벌써 12년전 영화가 된 <엽기적인 그녀>에서 차태현과 전지현이 다시 만난 장소였던 나팔꽃은 이제 사라지고 없지만 오페라는 달맞이에 남아 오래된 명맥을 유지하고 있다. 오페라는 올해 들어 20주년을 맞아 각 층마다 오페라의 특징을 살린 이름을 붙여 토스카, 하바네라 등 오페라를 상징하는 이름으로 리노베이션했다. 3층의 Tosca 레스토랑과 4, 5층의 Bar로 구성되있고 규모나 스케일이 큰 만큼 층별 선택이 다양하며 지하에는 노래방도 운영하고 있어 식사와 함께 단체모임 하기에도 좋은 레스토랑.

· 051-746-6673

오가닉 티 전문점 - 다나스 오가닉

베스타 온천 1층에 문을 연 유기농 차 전문점. 직접 패키징까지 해서 판매하고 있다. 서울 유명 백화점에서도 판매하고 있으며 아토피로 고생하는 딸아이를 위해 직접 유기농 허브티를 만들어 개발해 판매한 것을 계기로 저렴한 가격에 유기농 티를 판매하고 있다. 베스타 온천 1층에 있어 목욕하고 나오다 시원한 아이스티부터, 임산부에게 좋다는 루이보스 티까지 그날 기분에 따라 차를 추천해 주는 직원이 있어 기분이 UP 되는 곳.

· 051-743-4455

데미엘

홍차 및 다양한 과일차를 마실 수 있는 까페로 예쁜 가구와
소품, 빈티지 가구들로 가득한 예쁜 정원도 만날 수 있다. 가
족이 함께 운영하는 까페로 이 집에서만 판매하는 수제 밀
크쨈도 구매할 수 있다. (병당 18,000원)
싱가폴 카야 토스트 쨈을 연상시키는 달콤한 맛으로, 우유
와 선인장쨈을 섞어 만든 수제쨈으로 단골 고객들 사이에
입소문이 나서 많이들 찾는다고 한다. 다양한 브랜드의 홍
차와 과일차를 맛볼 수 있으며 동네 주민들과 단골들에게
사랑받고 있는 예쁜 빈티지 까페.

• 051-744-2656

꼴라 메르까토

신사동 가로수길 꼴라 메르까토의 부산 상륙. 한류스타 장
근석이 사랑하는 레스토랑으로, BIFF 기간에는 이곳에 들
른 스타 배우들의 모습을 종종 마주칠 수 있다. 탁 트인 해
운대 앞 바다를 감상할 수 있는 5층 레스토랑과 4층의 베이
커리 공간으로 나누어져 있는데 베이커리에서는 갓 구운 블
랙올리브 들어간 포카치아가 인기 메뉴. 이태리 와이너리
와 자체 계약을 맺어 수입하는 테이블 와인이 있어, 꼴라 메
르까토의 레이블이 부착된 직수입 하우스 와인을 (Glass당
14,000원부터)식사와 곁들여 마실 수 있다.

지하부터 3층까지는 키즈 컬렉션 상설할인 매장이 있어
Blue dog, Minkmui 등 유아아동복을 30~50% 할인 된
가격에 살 수 있으며 스텔라 매카트니 키즈 같은 명품 아
동복도 판매하고 있어 유모차를 밀고 온 키즈맘
들에게 원스탑 쇼핑의 재미를 더해주고 있
다. 프랑스 자크 페르게이의 테이블 디쉬
웨어도 할인판매하고 있어 트렌디한 쇼
핑족들의 인기도 끌고 있다.

• 051-744-5583

청사포

달맞이와 청사포는 뗄레야 뗄 수 없는 사이다. 달맞이 끝으로 가면 청사포로 이어지는 다리 가 하나 나온다. 청사포 주민들은 인심도 좋아서 미역을 넣어 말리는 날 지나가다 보면 운이 좋게 미역도 한보따리 얻을 수 있다. 청사포에는 거의 조개구이와 수산물 전문 식당이므로 식사를 다른 곳에서 했다면 2, 3차 하기 좋은 곳이다.

디아트

광복동 패션거리에 있던 드립커피와 케익이 맛있던 <까페 디아트>가 청사포로 옮겨 왔다. 광복동 디아트의 다양한 베 리에이션 커피와 디저트 케익, 그리고 '한라산의 겨울'로 유 명한 말차빙수 등 <디아트>만의 시그니쳐 메뉴에 2층에서 는 파스타와 식사류도 맛볼 수 있다.

<디아트>에서만 맛볼 수 있는 '오스트리아 아인슈패너'는 강배전한 스트롱 커피에 우유 휩크림을 올린 커피로 비엔나 커피의 원조라 할수 있다. 비엔나 커피는 커피위 크림을 올 리는 커피를 말하는데 19세기 오스트리아에서 추운 겨울 마 부가 주인을 기다리면서 마셨던 커피에서 유래됐다고 한다.

· 051-702-1253

향유재

문인들과 예술인들이 자주 찾는 청사포의 토속음식전문점 향유재. 추리문학관의 김성종 관장님도 이 곳 단골. 가끔 가 족들과 또는 문학관의 문학모임 제자들과 함께하고 있는 관 장님을 마주칠 수 있다. 고등어조림과 갈치조림, 해물파전, 소고기 국밥 등 전통 음식과 막걸리 한 잔이 그리울 때 찾으 면 좋은 곳이다. 싱싱한 고등어로 만드는 고등어조림과 갈치 구이와 조림이 이 집 인기메뉴. 평일에는 저렴하고 맛있는 국밥 손님들도 많이 찾아온다. 바쁘게 오가는 이모들이 내오 는 푸짐한 밑반찬이 맛있어서 자주 찾게 되는곳. 최근 전시 회와 음악회등의 포스터가 늘 붙어있어 부산의 공연소식도 이곳에서는 빠르게 접할 수 있다.

· 051-704-8668

바다와 하늘을 닮은
음식을 만들다, 메르씨엘

달맞이 언덕, 바다와 하늘이 맞닿은 그 곳에 메르씨엘이 있다.

세련되고 깔끔한 느낌의 외관을 보며 들어서는 순간, 지하 갤러리에서는 쿠사마 아요이와 데미안 허스트, 피카소와 마크 샤갈의 테이블 웨어 아트 콜렉션이 '이상한 나라 앨리스'의 한 장면처럼 눈 앞에 펼쳐지고 있었다.

오픈한지 3년 남짓한 시간동안 메르씨엘은 달맞이 언덕의 문화와 예술을 리드하는 파인 다이닝 프렌치 레스토랑으로 자리잡았다. 르꼬르동 블루를 거쳐 미슐랭 스타 레스토랑에 근무하며 경험을 쌓은 윤화영 쉐프가 프랑스 유학 시절 만난 아내 박현진 대표와 함께 운영하는 메르씨엘은 단순히 맛있고 보기좋은 음식을 제공하는데 만족하는 것이 아니라, 보고 느끼는 오감으로 영혼의 공백까지 채워주는 역할을 하고 있는 곳이다.

그동안 윤화영 쉐프가 선보인 독창적인 메뉴인 '청사포 꺄슐레'나 남해산 지리멸(아주 작은 볶음용 멸치)로 만든 피자 '삼천포 어귀', 너무 예뻐서 먹기 아까울 정도인 디저트 '동백섬 산책길', '개선문의 함박눈' 같은 반짝이고 신선한 이름들의 메뉴가 많은 사랑을 받았고 서울에서도 '메르씨엘 순례단'이 생길 정도로 미식가들과 와인 마니아들이 달맞이의 메르씨엘을 찾았다. 어떤 분은 윤 쉐프의 오리다리 꽁피 요리를 먹기 위해 KTX를 타고 내려와 식사를 하고 다시 돌아갈 정도의 열혈 마니아도 있을 정도이다. 얼마 전 'A Mad Tea Party' 기획전이 열린 갤러리는 지하 2층에 있으며 로비층은 8~10명 사이의

모임을 할 수 있는 별도의 독립 룸을 제공하고 있다. 기념일이나 특별한 날 코스요리로 진행되는 1층과 캐주얼한 분위기로 편하게 모임을 할 수 있는 공간인 2층과 2층의 야외 테라스는 해운대 앞바다가 보이는 시원한 전망과 함께 예식이나, 스페셜한 다이닝을 할 수 있다.

윤화영 쉐프와 박현진 대표를 만나며 느낀 점은 무엇보다 두 사람이 가지고 있는 해운대 달맞이 언덕의 문화예술에 대한 열정이었다. 메르씨엘 bis를 통해 선보이는 갤러리에서는 매년 2~3회 특별기획전을 전시하며 달맞이 언덕이라는 지역이 가지고 있는 문화적 특수성을 음식과 예술을 통해 표현하기 위해 공을 기울이고 있다고 한다. 창의성이 돋보이는 음식메뉴들과 함께 윤화영 쉐프가 신경을 쓰는 부분은 바로 주방과 홀의 위생문제. F&B 사업을 하면서 그가 가진 철학은 주방의 위생과 직원들의 서비스 마인드가 훌륭해야 한다는 것. 식사를 마치고 나면 바로바로 하얀 테이블보에 떨어진 작은 빵가루까지 치워주는 세심함과 바다를 닮은 파란 식기류의 정갈함에서 섬세한 주인의 마음을 읽을 수 있었다.

"음식은 만드는 것도 중요하지만 어떻게 주문하는가도 중요합니다. 어떤 음식을 어떠한 상태에서 접하고 만나고 싶은가가 쉐프에게 잘 전달되고 그 사람의 마음 속에 음식을 만든 쉐프와 서브하는 이들의 정성이 만나 화학적 작용이 일어날 때 그날의 음식은 최상의 기억으로 남게 되는 것이죠…"

문화는 하루 아침에 이루어지는 것이 아니라, 이렇게 꾸준히 자신의 길을 가는 사람의 걸음 걸음이 만들어내는 작은 오솔길일지도 모른다는 생각이 들었다. 바다와 하늘이 맞닿은 곳, 그 곳 메르씨엘에서 대자연에 대한 고마움을 담아 음식을 만드는 쉐프의 주방에서 오늘도 아름다운 꽃이 피어나기를 기대해본다.

와인마니아를 위한
Wine & Dine 레스토랑

영화 〈카사 블랑카〉에서 노란라벨의 뵈브 클리코와 함께, 등장한 명 대사 기억하는지, 와인 마니아라면 누구나 한번 쯤 읊조렸을 대사.
"당신의 눈동자에 건배(Here's, looking at you, Kid!)"
다이아몬드 브릿지로 불리는 광안대교의 야경을 마주 하며 와인잔 사이로 빛나는 당신의 눈동자. 부산은 와인 마니아들에게는 천국같은 곳이다.
와인 마니아들이 부산을 선호하는 이유는 서울이나 타지역과는 비교할 수 없는 해산물과 와인의 마리아쥬, 수려한 풍경, 음식의 풍미까지 더해져 잊을 수 없는 와인 여행지로 기억되기 때문이다.

와인과 잘 어울리는 파인 다이닝 레스토랑

송정 유기농 레스토랑 밈 (Meme)

송정에 데이트를 하러 왔다면 분위기 좋고 음식도 정직한 Meme 레스토랑을 추천한다. Organic Food & Sound를 표방하는 밈에 들어서는 순간 송정 앞바다가 펼쳐지는 시원한 전망과 잘게 부서지는 송정 앞바다의 사운드, 그리고 미각을 만족시키는 음식에 놀라고 만다. 스테이크는 한우 플러스 등급을 고집하며 한우가 듬뿍 들어간 토마토 한우 리조또도 추천메뉴이다. 스파게티도

굉장히 종류가 다양하며 식전빵으로 제공되는 빵 역시 오
가닉 레스토랑에 걸맞에 유기농 밀가루를 사용해 식감이 좋
다. 와인 리스트 셀렉도 뛰어난 편인데 Glass와인도 퀄리티
높은 등급의 와인을 서비스하고 있다. 서글서글하고 친절한
인상의 매니저와 잔잔한 음악과, 책이 있는 곳. 일주일간 내
안에 쌓여있던 세상의 먼지들을 털어버리고 송정의 파도,
그리고 연인과 속삭이고 싶을 때 밈의 공간을 들어선다면
후회하지 않을 것이다.

· 051 627 5658

엘 올리브 가든

인테리어 회사인 YIIN 그룹에서 운
영하는 파인 다이닝 레스토랑으
로 수영강변의 경치를 보며 여유
롭게 식사와 와인을 함께 할 수 있
는 곳이다. 기존의 엘 올리브 레스
토랑이 캐쥬얼한 단품류의 식사류와
코스를 제공한다면 엘올리브 가든은 와인
마니아들을 위한 그룹모임에 단체룸을 제공하며 한 단계 업
그레이드된 서비스와 코스 요리를 맛볼 수 있다. 한국소믈
리에협회 부산지회장인 이가람 소믈리에가 제안하는 와인
은 음식과 매칭시켜 마시기에 훌륭하다. 야외 가든에서는
BBQ도 즐길 수 있으며 요즘 한창 뜨고 있는 센텀지구와 가
까워 데이트하는 연인들과 직장인들에게 인기있는 레스토
랑으로 주목받고 있다. 와인의 종류와 가격대도 다양하고
가격대비 좋은 퀄리티의 와인을 추천받을수 있다.

· 051 750 2200

캐비넷

부산에서 드라이에이징 스테이크를 전문적으로 취급하는 레스토랑 캐비넷이 오픈했다. 고기 표면을 말려 숙성시키는 방법인 드라이에이징 기법으로 고기의 풍미는 더해지고 육질은 더 연해진다. 50여가지의 허브로 만든 고급 향신료를 가미해 고기 자체의 풍미를 즐길 수 있으며 와인 컬렉션과 함께 스테이크 마니아들의 기호에 맞는 다양한 스테이크를 즐길 수 있다. 1층은 파스타, 샐러드, 스테이크 위주의 단품을 즐길 수 있고 2층에서는 코스 요리가 제공된다. 하루에 3~4팀만 예약 후 진행되는 바 메뉴는 캐비넷의 모든 스테이크를 풀 코스로 즐길 수 있기 때문에 예약이 필수다. 와인을 좋아하고 스테이크를 즐긴다면 꼭 가볼만한 곳이다.

· 051 743 0095

기린과 함께 와인을 ~
해운대 센텀 와인샵 지라프 &뱅 (Giraff & Vin)

부산 해운대 센텀지역에 최근 근사한 와인샵이 오픈했다. 지라프 앤 뱅(Giraff&Vin). 멀리서 보이는 네온사인을 따라 들어갔더니 어른 키의 세배는 될법한 알록달록 노란 기린이 내부 매장에 자리잡고있다. 매장에 구비된 와인 목록과 규모를 보니 주인장의 내공이 보통이 아니다. 부산에서 오랜 기간 와인주류도매 업체에 10년 이상 몸담고 있던 대표

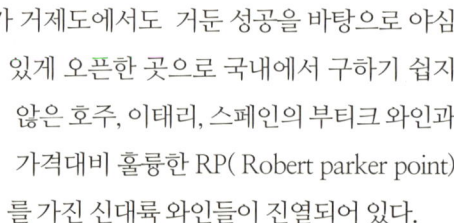

가 거제도에서도 거둔 성공을 바탕으로 야심있게 오픈한 곳으로 국내에서 구하기 쉽지않은 호주, 이태리, 스페인의 부티크 와인과 가격대비 훌륭한 RP(Robert parker point)를 가진 신대륙 와인들이 진열되어 있다.

퇴근후 가볍게 식사를 하고 들린다면 와인 한 병에 콜키지 만원만 내면 2층에 가서 치즈와 가벼운 안주와 함께 와인을 즐길 수 있다. 커피 대신 와인을 앞에 두고 비즈니스 미팅을 하는 사람들도 눈에 띈다. VIP를 위한 개별 와인셀러도 따로 준비되어있어 단골들을 위한 서비스도 제공하고 있다. 매장 내부와 셀러 안에는 고급숯을 벽면에 장식했고 히노끼 나무로 된 가구들은 고급스러운 느낌을 더한다.

만약 서울에서 캐리어에 와인 넣고 오는 것을 잊고 왔다면 지라프 & 뱅으로 가서 와인을 골라 바닷가앞 포장마차든, 바다가 보이는 숙소든 편하게 와인을 즐기는 것도 새로운 경험일 것이다.

· 051 744 8700

와인 마니아들을 위한 제안

와인을 미리 준비해왔다면 모르지만 부산에서도 와인을 저렴하게 구매할 수 있다. 대중적이고 저렴한 와인은 마트에서, 조금 금액이 나가더라도 음식과 매치시켜 좋은 와인을 경험하고 싶다면 백화점 와인 전문샵이나 주류 전문샵을 이용하자. 센텀 롯데와 신세계백화점 지하 와인샵에는 다양한 수입업체의 와인이 있으며 세일시기를 이용하면 좋은 가격의 와인을 구할 수 있다. 마린시티의 아이파크 2층에 위치한 SSG 와인샵에서는 신세계 L&B에서 직수입한 와인을 만나 볼 수 있다. 보르도 지역의 등급와인과 독일 화이트, 신대륙 피노누와 등을 좋은 가격에 구할 수 있다.

화이트 와인 마니아에게 추천하는 부산의 맛집

시원한 한 여름에는 소주나, 생맥주도 좋지만, 적당한 온도에 세빙되는 샤블리나, 상세르와 함께라면 기분 좋은 여름을 보낼 수 있다. 화이트 와인과 궁합이 잘 맞는 해산물과 싱싱한 회감은 부산이기에 가능한 최고의 마리아쥬를 선사할 것이다.

젠 스시

오래된 단골들에게 늘 변함없는 만족도로 스시 레스토랑 중 늘 상위권에 랭크되는 곳. 싱싱한 회감을 숙성시키는 기술도 기술이거니와 군더더기 없이 메인에 충실하면서 백선필 쉐프의 손맛과 아이디어가 감동을 자아낸다. 일본인들이 좋아하는 싱싱한 고등어를 숙성시켜 만든 사바 스시가 일품이며 제철 재료로 만든 신선한 스시는 서울 유명 블로거들에게 이미 회자되어 팬들이 생겨날 정도. 여름철 시원한 소비뇽 블랑이나 샤도네이를 들고 가 매칭시키고 싶은 No1. 스시 전문 레스토랑.

젠 스시

미포 선착장 가빈횟집

기격대비 최고의 회집인 가빈 횟집. 아이들이 있거나, 저렴한 횟집을 찾는다면 미포 선착장의 계단으로 올라가면 나오는 집 가빈 횟집을 추천. 곁들이 반찬도 적당하고 메인으로 나오는 회도 제법 통실하고 괜찮다. 메뉴는 인당 3만원, 4만원까지 있다. 4만원 메뉴에는 산낙지와 아나고, 계절 회가 추가된다. 관광객들이 많은 횟집은 아니지만 부산지역 토박이들이 인정한 회가 잘 나오는 집. 마지막으로 나오는 매운탕을 먹어보면 그 집 솜씨를 알수 있는데, 생선 육수와 뼈를 우려 만든 매운탕이 맛있다. 친절한 서비스도 가산점.
와인 동호회 사람들이 많이 다녀가서, 와인잔만 가져가면 가져간 와인을 마셔도 살짝 눈감아 줄 만큼 인심이 후한 곳.

미포 선착장 가빈횟집

기장 연화리 전복죽 포장마차촌

매번 내야하는 콜키지가 부담스럽고 미안하다면, 주말 낮 와인 한병과 함께 연화리 전복죽 포장마차 촌으로 가보자. 시간이 오레 걸리는 전복죽부터 주문하고, 해산물 한접시. 그리고 부산 소주 'C1'나 '예'를 일단 한 병 주문한 뒤, 가지고 온 와인을 같이해도 되냐고 물어본다면 인심좋은 아주머니들은 바로 오케이 할 것이다. 기장 바다에서 불어오는 비릿한 내음과 더불어 바다에 둥둥 떠있는 느낌을 주는 포장마차 안에서 토실토실한 살이 들어있는 전복죽 꼭 먹고 가실게요. 느낌 아니까~.

기장 연화리 전복죽 포장마차촌

이거 먹으러
부산까지 왔다구요!

부산에서 고기먹고 싶을 때!
_해운대 소문난 암소갈비

부산에 와서는 회만 먹어야 한다? 아니올시다. 뭐 별로 다를 것 없는 고기집에 웬 사람들이 바글바글… 대기하는 줄은 족히 50미터는 넘을 듯 싶고 국물이 자작자작하고 서울에서 보기 힘든 방식의 언양 불고기에 마지막에 감자사리 국물에 말아먹는 이 독특한 맛 때문에 부산까지 왔다고요~. 이 집만 고집하는 서울분을 취재한 바에 의하면 들큰한 국물에 감자사리 돌돌 말아 먹는 그 맛이 생각나서 부산오면 바로 이리로 직행한다고~~.

· 051-731-7700
· 00:00 ~ 24:00 연중무휴
· 추천메뉴
  양념, 숯불갈비 및 등심,
  갈비탕

여름 보양식 바닷장어 하모 전문_송도 미성식당

부산이 고향이고, 전라도와 목포 등에서 살다가 자식들 때문에 서울로 올라간 윤 할머니는 요즘 입맛이 통 없었다. 고향 음식을 생각하다가 먹고 싶은 게 떠올랐다. 크기는 손바닥 만한데 가시가 살벌하게 돋아있는 금풍생이, 다른 말로 딱돔 혹은 꽃돔, 너무 맛있어 샛서방 고기라고도 불리는 고기다. 숨겨놨다가 샛서방에게 몰래 준다는 고기라는데 그리도 맛날까. 그 생선은 여수나

목포등지에서 가을, 겨울철에 잠깐 잡히는 어
종이라 부산에서도 구하기가 쉽지 않다. 금
풍생이는 가을이 올 때까지 기다리기로 하
고 할머니는 부산으로 내려가는 짐을 꾸렸
다. 송도인지 남부민동인지 어디선가 이거
잘하는 집이 있다고 들은 것 같다. 할머니가
그토록 먹고 싶었던 것은 바로 갯장어 국이었
다. 예전엔 줄여서 깻국이라고도 한다고 했다. 깻국
깻국~~ 먹고 싶다고 암만 이야기해도 요즘 사람들이
알아들을리 만무하지… 결국 손녀딸은 할머니의 설명
을 듣고 하모 전문집을 찾아냈고, 할머니는 갯장어 샤
브샤브와 하모탕을 아주 맛있게 드셨다. 바다에 미끼
를 던져 낚시로 잡는 갯장어. 사나워서 가끔 물어뜯기

· 051-244-6143
· 10:00 ~ 22:00
· 추천메뉴
  하모회 ,하모 매운탕,
  하모 샤브샤브

도 한다는데 그래서 이름이 일본어로 물어뜯는다는 뜻의 '하모'다. 초여름 6
월부터 한여름에 잡히는 갯장어로 만든 깻국을 할머니는 너무나 먹고 싶었던
것이다. 결국 하모 샤브샤브와 하모 매운탕을 드시고 나서 꾸부정했던 허리
가 쑤욱 펴지고 입맛을 되찾은 할머니, 신나서 서울로 올라가셨
다는 이야기. 하모의 싱싱하고 통통한 흰 살과 어우러진
매콤한 국물, 한여름을 이기는 보양식이다. 회나 샤
브샤브가 부담스러운 분들은 매운탕을 주문할 수
있다. (1인에 15,000원, 공기밥 2,000원 별도)

국물이 없는데 맛있네?! 광안리 언양 불고기

"이 집 불고기가 시울식 불고기 하고. 뭐가 달라
요?"
미식가를 자칭하는 어느 분께 물어보니 숯향이 적당히

· 051-752-9922

밴 고기에 달지 않고 담백해서 좋단다. 감미료 들어간 국물이 없어서 포만감도 덜 생기고 말이다. 늦둥이였던 나는 일곱 살 때 둘째 언니가 시집을 갔다. 군인인 형부의 발령지를 따라 전국을 다 살아본 언니가 경북 영천에 살 때였다. 방학때 놀러가니, 언니가 종이에 고기를 구워주었다.

첨엔 무슨 고기를 종이에 구워주나 했지만, 종이가 노랗게 그을리며 향과 맛이 배어 너무 맛있었던 기억에 집에 돌아와 종이 꼬기, 종이 꼬기 해달라고 쫄라댔단다. 지금 생각해보면 언니가 해준 그 종이고기가 영천과 멀지 않은 언양에서 건너온 언양 불고기 스타일이었던 것 같다. (망구 내 생각이긴 하지만…) 달달한 서울식 불고기가 지겹다면 담백하고, 깔끔한 언양 불고기 한번 드셔보시길~ 아마 부산에 오면 회를 제치고 제일 먼저 달려갈지도….

서울 사람들이 좋아하는 No1. 일식당_아오모리

귀한 손님이 오거나 중요한 비즈니스 미팅이 있다면 일식당 아오모리로 가보자. 서울 사람들이 좋아하는 일식당에 늘 일순위로 꼽히는 이유가 있다. 힐튼호텔에서 근무했던 쉐프가 서울 사람들 입맛에 맞춰서 신선한 제철 재료를 공수해 만든 아구간, 복어껍질로 만단 복어젤리, 해삼내장, 고래고기 등 귀한 재료를 아끼지 않고 제공한다. 이곳은 방에서 따로 식사하는 것 보다, 주방과 가까운 곳에 스시바에 자리를 잡는다면 쉐프의 특별 서비스를 기대해볼만하다.

일식당_아오모리 · 051-720-8201

그래서인지 서울이나 타지역에서 아오모리를 찾아오는 손님도 꽤 많다. 단골 우대 서비스가 좋은 곳으로 가격대비 런치보다는 저녁코스가 나은 편이다.

일식당_가미 • 051-746-5252

쉐프 손맛 살아있네~ 가격대비 최고의 일식당 _가미

몇 년전 해운대 수비 교차로 굴다리 인근에 허름한 일식집이 하나 있었다. 단골과 몇몇 지인들만이 찾는 작은 집이었지만 신선함과 정성, 솔직함으로 승부하던 가미는 큰 스케일로 한번 옮겼다가 실패의 쓴맛을 본 주인장이 다시 심기일전하여 예전의 단골까지 돌아오게 만든 내공이 대단한 곳이다. 가격대비 최고의 일식당이라는 입소문이 퍼지면서 요리사의 오랜 지인들과 서울, 타지역 손님까지 꼬리를 물고 물어 찾아온다. 신선한 해산물 재료를 당일날 새벽 5시에 장을 봐서 요리하기 때문에 예약은 필수다. 코스 요리도 계절별로 계속 바뀌며 쉐프 아이디어가 들어간 메뉴들이 추가된다. 서글서글한 오너쉐프의 따뜻한 마음이 느껴지는 음식을 한입 넣고 나면 부산의 싱싱한 맛과 정을 느껴볼 수 있다.

거인통닭 • 051-246-6079 • 12:00 ~ 22:00(포장은 10:30부터 가능)

안 먹어보면 섭할 닭집_국제시장 거인 통닭

거인이 만들어줘서 거인통닭? 통닭이 거인처럼 거대해서 거인통닭? 뭐 어쨌든 둘 다 상관없다. 맛만 좋으면 되지. 시장통 통닭은 십중 팔구 맛있다. 통닭하면 목욕하고 나오면서 시원한 생맥주 한잔과 함께 들이키며 뜯는 그 맛이 제 맛인데… 거인 통닭 먹어보러 부산까지 오는 사람들도 제법 많다고 풍문으로 들었소~ 이 집 통닭 맛의 비법은 카레가루를 넣어 만드는 바싹한 튀김옷의 황금비율과 고온에서 두 번 튀기는 방법에 있다. 사실 비쥬얼만 보고 딱딱하고 퍼석할거란 편견은 저멀리 안드로메다로~ 그날 이후 거인통닭의 팬이 되버렸다. 양념, 튀김 1인분에 16,000원.

당신을 유혹하는
부산의 길거리 음식 Best 6

1 남포동 씨앗 호떡 3파전

1박2일 승기호떡 VS 무한도전 유재석 호떡 VS 식신 로드 정준하 호떡, 이 중 최고 승자는?

현재 스코어 〈1박2일〉의 승기 호떡이 〈무한도전〉의 유느님 호떡을 조금 앞서고 있다. 아니, 지금 1박 2일에서 승기가 나간지가 언젠데… 그래도 여전히 여행객들에게 사랑받는 승기 호떡. 세 집 중 줄이 제일 길다. 그리고 바로옆 집의 〈무한도전〉 호떡. 무한도전 멤버들 만큼 개성이 강한 맘씨 좋아 보이는 아저씨가 호떡을 구워주고 있다. 이 두 집을 사이에 두고 케이블 최고의 먹방 프로그램 정준하의 〈식신 로드〉 호떡이 승기 대 유재석의 틈새시장을 비집고 두 집의 매출을 치고 올라오고 있다. 그런데 정준하의 팬이라면 어느 집을 가서 사야하지? 〈1박2일〉 호떡집과 〈식신로드〉 호떡집 중 어디?

관광객이 많은 7, 8월에 가면 꽃청년들이 밀짚모자를 쓰고 열심히 호떡을 굽고 있고 호떡 사려는 사람들 줄 세우는 알바생이 있을 정도다.

노릇노릇하게 굽는데 마가린을 쓰고 있어 엄청나게 기름져 보였는데 한입 물어보니 느끼함보다는 달콤함과 견과류의 아삭아삭함이 먼저 느껴진다. 다 먹고나니 한 개 더 살걸 하는 아쉬움이 느껴질 만큼 중독성 있는 맛이다. 호떡집마다 맛의 차이는 크게 없고 아마도 씨앗을 얼마나 더 넣어주느냐의 차이는 있는 듯하다.

"씨앗 좀 많이 넣어 주세요" 했더니 호떡배속 씨앗 넣기의 달인이 된 언니가 무표정한 얼굴로 "너무 많이 넣으면 배 터져요"한다.

호떡 배 터진다는 소리에 뒤편에 줄 서있던 십대 소녀들이 빵 터진다.

남포동의 명물이 된 씨앗 호떡. 천원에 이렇게 빵빵하게 견과류 채워주는 정겨운 호떡이라니… 씨앗호떡과 함께 시작하는 부산 여행. 달달한 씨앗호떡과 함께라니 벌써부터 부산을 열심히 돌아다닐 힘이 솟는다.

2 장산역 꼬마김밥과 떡볶이

날치알, 스팸, 볶은 김치, 멸치, 소고기 맘에 드는 대로 골라, 골라봐~.

사실 김밥 안이 심플할수록 맛있는 건 몰랐지롱? 김밥 안에 딱 한가지 재료만 넣어 즉석에서 말아주는 꼬마김밥과 15센티는 되보이는 길고 통통한 오징어 튀김이 이 집 별미다. 11가지 속재료를 골라 주문하면 되고 크기는 작아도 4~5개만 먹어도 배가 부르다.

떡볶이, 오뎅, 튀김류와 쥐포 튀김 등 간식 백화점이라는 이름에 걸맞게 다양한 종류의 음식이 있어 입이 궁금할 때 가면 좋은 집.

3 어묵국물 속에 풍덩 빠진 물떡꼬치

오뎅처럼 생겼는데 하얗다. 떡을 오뎅처럼 막대기에 꽂아놓았다.

처음엔 이거 집어먹는 여고생들 보고 그걸 대체 무슨 맛으로 먹지? 심심할텐데~하고 집어들어 한입 베물고 든 생각. 이거 떡에다 뭐 집어 넣은 겨? 본래 이름은 물떡꼬치란다. 짭잘한 어묵국물 속에 푸욱 담겨서 익힌 보들보들한 떡은 의외로 삼삼하니 간이 배어들어 있어 괜찮다. 마치 이효리의 노래 〈미스코리아〉처럼 중독성 맛이다.

나는 물떡 꼬치야 누구나 한 번에 반할 떡이야~.
누구나 알면 놀랄 떡이야~~.

4 깡통시장 비빔당면 당면도 비비비 비벼보자~~

국제시장에서 약국 거리로 걷다가 세명약국 골목에서 나오는 '아리랑 거리'. 이 거리에서 가장 유명한 거리 음식은 비빔 당면. 멸치육수에 건진 따끈한 당면 위로 단무지, 부추, 오뎅을 넣고 양념장에 비벼먹으면 한끼 간식으로 최고다. 따끈한 당면발이 이렇게 맛있게 느껴질줄이야. 아마 그 맛의 비결은 더도 말고 덜도 말고 당면의 쫄깃 탱탱함을 맞춰 건져내는 사장님의 타이밍 센스인

듯. 그런데 사실 거리 음식치고는 살짝 비싸게 느껴지는 감도 없잖아 있다. 국제시장 별미인 거인통닭과도 가까운 거리. 깡통시장을 돌아볼 계획이 있다면 비빔당면 먹으러 가보자.

5 이거 먹고 부자 되세요~ 유부 보따리

거리음식의 천국, 부산 국제시장에 오면 한번쯤 먹어볼만한 유부 보따리.

주머니처럼 생긴 귀여운 보따리 안에 야채와 양념 당면이 가득차 있고 실파로 동여매 부산 어묵으로 끓인 시원한 국물과 함께 나온다. 두어 개 먹으면 배부를 정도로 부산 길거리 음식의 대표주자인 유부보따리.

• www.yubu.co.kr

최근에는 유부 보따리의 인기에 힘입어 깡통시장골목 할매유부전골 모듬 보따리라는 온라인 쇼핑몰도 오픈 했다.

6 노릇노릇 명갈비

깡통시장 먹자골목을 걷다보면 노릇노릇 지글지글 뭔가 맛있어 보이는 커다란 전을 지지고 있고 그 앞에 앉아 먹고 있는 사람들의 젓가락에는 정체불명의 뭔가가 들려있었다. 알고 보니 명태를 지져서 파는 명갈비. 어찌나 큰지 둘이 먹어도 배부를 정도. 계란에 부친 명태살을 발라먹는 재미가 쏠쏠하다. 고갈비에 이어 명갈비까지 있는 부산 깡통시장 먹자골목 최고~!

BnC 달맞이점

부산의 베이커리 열전
BnC vs OPS

얼마 전 부산시에서는 명품 빵집 27곳을 선정해 발표했다. 부산을 본사로 두고 있는 곳들로 많게는 30년 가까이 부산의 역사와 함께한 이름들도 보였다. 아쉽게도 그 옛날 하얀 풍차, 황태자 같은 이름은 없어졌지만 개인적으로 좋아하는 이흥용 제과가 있어 반갑다.

이 중에서 부산 사람들이 가장 사랑하는 빵집은 어디일까? 부산의 빵집 하면 제일 먼저 떠오르는, 외지인들에게도 유명한 OPS 베이커리와 90년대엔 주춤했지만 다시 사세를 확장시키고 있는 광복동 추억의 빵집 BnC 제과점을 소개한다.

한번은 제과제빵에 일가견이 있는 블로거 지인이 부산에 온다길래 일정을 물었더니 기차에 내려서 바로 광복동 BnC 제과점에 들러 '사라다 빵'을 사먹고 있을테니 그리로 오란다. 광주가 고향인 그를 감동시킨 비엔씨의 그 맛은 뭐였을까, 궁금하다 그 사연이.

여기서 첫 소개팅을 했을까. 사랑했던 여인이 거기서 아르바이트를 했을까? 어찌됐건 추억을 부르는 빵, 세월이 흘러도 생각나는 빵….

그것은 참 위대한 추억이다.

오래된 골동품처럼 정겨운 맛, BnC

서울에서 자란 내겐 광복동 비엔씨의 추억이 없지만 부산사람들에게 비엔씨의 존재는 서울로 치자면 강남구청 건너편의 거북당이나 십대시절부터 대학교 1, 2학년때까지 수없이 드나들던 강남역의 뉴욕제과같은 존재일 것이다. 그리고 지금까지도 그 명성을 이어가고 있는 전국의 유명한 골동과자점인 대전의 성심당(1956), 군산의 이성당(1945), 전주의 풍년제과(1951), 광주의 궁전제과(1973), 서울의 나폴레옹 제과(1968)처럼 그 지역의 역사와 식문화를 이야기해줄 수 있는 존재일 것이다.

얼마 전 집 근처에 해운대 비엔씨가 오픈했다. 며칠 뚝딱 뚝딱 하더니만 근사한 오렌지색 빵집이 들어섰다.

근처 달맞이에 들어선 고층주상복합건물이 입주를 얼마 안남기고 있기에 입지조건은 좋아보였다. 거주 주민의 연령대가 높은 달맞이 특성상 비엔씨의 명성을 기억하는 어르신들의 방문에 매장은 연일 북적거리고 있었다. 가고 싶어도 거리 때문에 추억에만 담아두었던 80년대 그리운 빵집 비엔씨가 집 앞에 생기다니… 허리가 굽고 하얀 서리가 내린 어르신들은 팥빵 하나, 크림빵 하나를 집어들고 계산대에 소리없이 줄을 서 계셨다.

처음 광복동에 1983년도에 오픈한 이후 같이 경쟁했던 추억의 빵집 하얀 풍차, 황태자 빵집등은 대규모 체인점에 밀려 자리를 잃어 자취를 감췄고 그 세월속에서도 명맥을 유지하던 비엔씨는 2006년 이후 1983년부터 비엔씨에서 재무를 담당하던 김준욱 대표가 맡게 되면서 다시 제 2의 도약기를 맞는다. 부산대 병원과 양산의 두 곳, 최근에 오픈한 해운대점까지 총 6개의 매장을 보면 그동안 비엔씨가 잘 나갈 때 우후죽순 무분별하게 지점 확장을 하지 않은 것을 보면 신중하면서도 동종업계와 상생을 배려한 오너의 경영철학을 알 수 있다.

오후 11시, 비엔씨 해운대점을 들러보니 갓 구운 밤식빵과 곡물식빵을 포장하고 있는 점원들의 손길이 바쁘다. 그중에서 내가 제일 좋아하는 야채 고로케를 두 개 집어든다. 고로케 크기가 어른 주먹 두 개 만하다. 그 안에 알차게 들어있는 감자와 야채는 한끼 식사가 될 만큼 푸짐하다. 금액도 2천원. 부드러운 감자와 야채가 아삭아삭 씹히는 맛, 부산지역 빵집 중 고로케는 단연 일등이다. 좀 달지만 새로운 시도인 계피향과 커피 맛이 나는 모카라떼와 무화과 호밀빵도 맛있다. 냉장고 한켠에서 팔리고 있는 사라다 빵은 여전히 인기

다. 한창 페스츄리가 유행일 때 한겹 한겹 구운 파이같았던 빵 몽블랑은 아이들이 있는 4, 50대들이 많이 사간다고 한다.

서양 골동양과자점이란 드라마처럼 비엔씨의 빵들은 골동이란 이름과 잘 어울린다. 오래될수록 가치를 발휘하는 골동품. 비엔씨의 효자상품이라는 사라다빵과 몽블랑, 쉐프의 빨간모자가 그려진 모닝빵은 어린 시절, 엄마가 구워주던 빵에서 나던 버터냄새가 스며들어있다.

새로운 시도가 돋보이는 OPS

비엔씨가 전통적인 스타일이라면 옵스는 현대적인 스타일이라고 할수 있다. 매장 인테리어며 주력을 하고 있는 빵과 케익이 지속적으로 나오는 스테디 상품 외에도 시즌별로 계속해서 바뀌고 아이디어를 넣어서 변화를 추구하고 있다. 한여름에는 먹음직스러운 블루베리 케익과 음료들, 겨울에는 독일의 크리스마스 시즌 빵인 '슈톨렌'을 옵스에서만 맛볼 수 있다. 올여름 블루베리 시즌에 블루베리로 만든 메뉴들이 유독 눈에 띄어 물어보니 블루베리 농장을 직접 운영해 신선한 재료를 수급한다는 설명이 돌아온다. 외국인들과 타지 사람들도 열광하게 만든 옵스의 성공비결은 어디에 있을까? 원래는 나전 칠기일을 했었던 김상용 대표가 서면의 명보제과에서 제과제빵기술을 익힌 뒤 1988년 남천동의 삼익제과를 인수하면서 오픈한 것이 부산 토종 베이커리 OPS의 시작이었다. 현재는 부산 시내 매장만 7군데, 안양과 울산 각 한곳씩 총9개 매장을 운영하고 있다. 풍요의 여신이란 뜻의 OPS답게 매장에는 다양하고 계절과일과 재료를 이용한 신선한 시도가 눈에 띈다. 고급 호텔처럼 다양한 케익과 수제 초콜릿, 과일 파이등 선택의 폭이 넓은 것도 옵스만의 장점이다. 비엔씨가 제빵이 더 강하다면 옵스는 제과쪽이 더 우수하다는 생각이 든다. 그렇다고 해서 옵스에서 전통적인 상품이 없는 것이 아니다.
어릴 적 엄마가 학교갔다 돌아오면 우유 한잔과 건네주던 카스테라가 생각나
는 학원전과 하얀 모찌는 옵스만의 추억의 상품이라 할수 있다.
매장에서 하루가 지난 빵들은 다음날 다시 팔지 않고 사회단체에 기부된, 그
철칙을 수십년간 지켜온 것이 오늘날 옵스를 만들었는지도 모른다.

부산의 명품 빵집 옵스와 비엔씨. 이들이 세월의 풍파속에서 거대자본의 기
업의 빵집의 아성에도 흔들리지 않을수 있었던 것은 그들만의 철학이 있었기
에 가능했을 것이다. 저가 재료에 타협하지 않고, 다음날이 되어 재고를 판매
하지 않는 오너의 철학의 오늘날 부산의 견고한 두 빵
집을 만들어낸 것이다. 참 다행이다. 빵 하나에
담긴 추억의 향기와 달콤한 기억이 없어지지
않고 부산에, 내곁에 있다는 것이….

오늘 한잔 어때?

최순대 BIFF 미술감독의 비오는 날,
술 한잔 하기 좋은 맛집 LIST

부산국제영화제의 상징이자 얼굴인 포스터부터 배너, 대형 현수막, 현판, 지면 광고물의 디자인까지 이 모두가 그의 손을 거친다. 언제부터인가 BIFF의 캘리그라피가 참 멋지다고 생각했는데 그것 역시 최 감독님의 작품이었다.

지금은 스타일이 살짝 달라지셨지만 얼마 전까지 뒤로 묶은 꽁지머리와 짙은 눈썹이 인상적이던 BIFF의 최순대 감독님. 멀리서만 봐도 예술가의 포스가 확 풍기는데 이 분이 예술가답게 숨은 맛집을 엄청 많이 알고 계시다는 첩보가 입수되었다. 살짝 귀띔해준 맛집들을 하나하나 뜯어보니 입가에 미소가 번진다. 맛집도 맞지만 술 한잔 하기 딱 좋은 곳들이다. 그래서 부제를 비오는 날 술 한잔 하기 좋은 맛집으로 정했다. 자, 그럼 BIFF 최순대 감독이 추천하는 지인들과 도란 도란 맛있는 안주에 한 잔 하기 좋은 비밀 아지트를 공개한다.

속 쓰린 날 들깨 두부탕
센텀 고가 다리밑 <토속집>

해운대 직장인들이 고민에 빠지는 오후 12시. 오늘은 또 뭘 먹어야 하나… 수비 교차로에서 송정으로 빠지는 고속화도로 방면으로 좌회전해서 고가 밑으로 조금 가다보면 왼편에 있는 토속집. 이런 시골집이 생각나는 음식점이 아직도 센텀에 남아있다니! 허름한 외관에 아직도 온돌방 그대로 정 겨운 모습이 심상치 않다. 두부 들깨탕과 닭백숙을 한번 드셔 보시라… 동동주 한잔에 오늘은 왠지 반차내고 낮술에 풍덩 빠지고 싶어질지도….

• 051-743-6805

부산역 영주시장 <시골장터>

비오는 날, 선지 해장국에 소주 한 잔 생각나는 곳이다. 코모도 호텔 아래, 시원하고 깊은 국물맛으로 입소문 났던 선지해장국집이 있었다. 몇해 전 자취를 감추어 단골들은 아쉬워했는데 영주 고가도로 아래 좁은 골목, 적산 가옥에 다시 문을 열었고 단골들이 반가와했다. 솜씨 좋은 안주인이 내주는 김치 종류만 해도 민들레 김치, 갈치로 속을 넣은 묵은지, 갓김치, 참죽김치등 예닐곱 가지는 될 듯하다. 메뉴엔 없지만 미리 연락드리면 준비해주는 수육은 10점 만점에 11점을 주고 싶다. 비 오는 날 낙숫물 떨어지는 소리와 함께 시끌벅적, 지인들과 부딪치는 먹걸리잔 소리. 시골장터의 밤은 깊어간다.

• 051-441-1913

범일동 바다장어 전문집 <장어미가>

민물장어보다 야들야들하고 더 감칠 맛나는 바닷장어가 먹고 싶은 날 출동하는 범일동 부산 은행 뒷 골목. 주 메뉴로는 구이와 장어탕이 있는데 고소하고 담백한 장어 속살을 느낄 수 있다. 다대포, 월전, 기장등 장어집 많이 다녀봤지만 도심에 있는 장어집 치곤 꽤 괜찮다. 그리고 마지막에 얼큰하게 끓여낸 장어탕으로 마무리한다. 점심에 가면 장어구이 정식이 만원 (장어구이 + 장어탕), 장어탕 7,000원으로 저렴한 가격에 구이와 탕을 함께 맛볼 수 있다.

• 051-638-9233

야들야들 문어숙회 <대남포차>

삶은 문어도 맛나지만, 문어랑 나오는 곁가지 반찬이 더 예술인 곳. 싱싱한 천엽과 간, 병어 무침, 미나리 초무침, 매생이국. 옆 테이블엔 휴가철 맞아 내려온 서울 사람들로 바글 바글. 야들야들 문어를 먹다보면 푹 삶은 문어 머리까지 나온다. 싱싱한 문어 숙회 제대로 먹어보려면 대남포차로 오라!

• 051-623-3075

남천 해변시장 <남천 전집>

바삭하게 구워 노릇노릇 지져낸 전, 목구멍에서 아주 난리가 난다. 바로 구워 그 자리서 먹을 때가 가장 맛있는 전~~따끈 따끈 바로 나온 동그리 전을 한 입 집어 먹고 느낀 건 이 집은 그냥 평범한 전 집이 아니여~ 특히나 생굴전, 달고기전은 음주를 부르는 안주 시리즈. 호박전의 두께와 부침의 정도가 가히 예술의 경지에 이른 전 전문가가 부쳐주는 전집. 역시 음식에선 신선한 재료가 진리!

• 오후 5시 이후 Open • 051-612-1181

중앙동 <동해 물회>

부산의 여름은 물회의 계절~~ 자작자작 살얼음 육수가 나오는 물회가 아니다. 이집 물회는 재료에서 나오는 수분과 양념만 넣고 식초 2 + 설탕 1의 비율로 비벼먹는 물 회라는 사실. 거기에 계절젓갈로 나오는 창란젓이나, 전어밤젓을 쌈 위에 올려놓고 같이 싸먹는 고소한 뒷맛이 일품. 물기 없이 묘하게 맛있는 이 집 물 회 한번 드셔보시길.

• 051-245-6583

<부산포>

동광동 용두산 아래 밥집골목 입구에 있는 작은 주막, 부산포. 20세기 말 질풍노도 같았던 '주당문화'가 여기서 끝자락을 보내고 있다. 골목마다 문화예술인들로 꽉 찼던 단골주막들도 하나둘 사라지고, 남은 건 그 시절 '구라'영웅들이 취기로 제 깨달음을 그려놓은 벽낙서들 뿐이다. 그리고 낡은 막걸리 막사발들, 그러나 비오는 날 꼭 들러 저 잔에 배인 그들의 노래와 힘을 한번 마셔보시길. 점심메뉴로 나오는 현미밥 '부산포 정식'에 온갖 쌈과 동동주 한잔!

• 051-246-5014

해운대 바보주막

특별한 추억을 나누는 곳

"잘 지내시나요. 모르겠어요. 왜 비가 오면 당신 생각이 나는지."
밀짚모자 아래 비를 피해 싹을 틔우는 새싹 일러스트와 문구가 있는
입구 간판에서 알아차릴 수 있듯이 대한민국 어느 대통령도 누려보지 못했
던 대통령에 대한 추억과 그의 정신을 나누는 곳이 있다.
바보 노무현… 퇴임 후 농사를 짓기 위해 내려갔던 고향 봉하에서 친환경 무농약으로 지은
쌀로 만든 막걸리를 전문으로 판매하는 곳이 바로 <바보주막>이다. 주막의 실내는 그 이를
추억하고 그리는 문구들로 치장되어 있다.

"강물은 바다를 포기하지 않습니다. 강물처럼!" "사람사는 세상"
강한 의지가 드러나는 어록들이지만 얼기설기 짜여진 실내장식과 벽
을 덮은 일러스트가 마치 동네 사랑방에 들어 온 듯 푸근하다. 글쎄
"바보"라는 어감 때문일까? 정치적이라는 느낌보다는 정
감이 어딘지 모르게 어려 있다. 낯선 풍경이 아니다.
전대통령을 주억하며 모여 이야기하고, 막걸리를
마시며 농담고저(濃淡高低)의 갑론 을박을 나누는
곳, 그런 멋과 맛이 있는 곳이다. 이런 곳, 세계에서 아마
최초가 아닐까?

봉하막걸리는 효모가 살아 있는 생주다. 그러다 보니 초기 숙성
때에는 청량감과 단맛이 좋아 젊은이들이나 여성 분들이 좋아
할 맛같고, 후기 숙성으로 갈수록 단맛은 덜해지는 대신 와
인처럼 시고 떫은 맛이 비치며 나이드신 분들이 좋아할 스
타일이다.
봉하막걸리에 어울리는 안주로 내놓는 종류가 10여가지 되
지만 다른 곳에서는 맛보기가 어려운 안주로 남해산 싱싱한
홍합과 부산오뎅으로 끓여내는 얼큰한 어묵탕을 강추한다.
해운대 인근을 여행한다면 사랑방 같은 분위기를 주는
<바보주막>을 꼭 한번 들러 보시길…

• 오후 5시 이후 Open • 해운대신도시 좌동재래시장 맞은편 051-701-9622

착한 가격으로 즐기는 할매 코스

부산에 가면 깜짝 놀랄 가격으로 소문난 맛집들 다 돌아볼 수 있다?

◆ 코스 제안

해운대역 **할매국밥** - 남포동 **할매 회국수** - 용호동 **할매빙수** - 미포 **할매 복국**
　　AM 9:00　　　　　　PM 1:00　　　　　　PM 4:00　　　　　　PM 7:00

국밥 3천5백원, 팥빙수 2천원, 회국수 5천원, 복국 1만원 이거 다 합쳐도 2만원이 좀 넘을락 말락 ~ 가장 먼저, 할매국밥 아직도 3,500원에 국밥을 먹을 수 있다. 세상에나. 콩나물이 이렇게 듬뿍 들어있고 고기도 더 달라면 이모가 국자로 한사발 더 퍼다 주는데? 게다가 입가심 요구르트까지 서비스. 내친 김에 할매 코스 투어를 해보기로 한다. 해운대역 건너편 할매국밥에서 국밥으로 배를 채우고, 남포동으로 나가본다. 남포동 PIFF 광장에서 가까운 곳에 있는 할매회국수 5천원에 통통한 횟감이 올라간 국수를 후딱 한그릇 말아먹고 다시 용호동 으로 복귀해서 할매 빙수를 먹으러 간다. 세상물가 다 올라도 이건 아직도 2,000원. 제발 앞으로도 쭈욱 이 가격 그대로이길.

할매 빙수 맛보고 남은 건 할매 복국. 미포 철길근처에 할매복국이란 이름이 붙은 집이 열군데도 넘는다. 그 집중 파란 간판의 미포할매복국집과 문탠로드 가는 초입 공영주차장 바로 옆건물 2층 할매복국집을 강력추천. 복국전문가 말로는 조미료 넣은 복국은 맛있다는 생각이 먼저 드는데, 이 집 복국은 처음엔 별로라는 생각이 들 정도로 밋밋하나, 먹을수록 담백한 맛이 특징이다. 할매가 끓여준 복국처럼 반찬도, 국물 맛도 소박한 것이 특징. 저렴한 가격에 기분좋게 즐기는 할매 맛집투어 끝~.

할매 빙수

할매 국밥

할매 회국수

할매 복국

부산의 3大 빙수 대전

이 3대 빙수는 가격대도 착하다. 전부 2~3천원 이내면 해결이다. 공통점이자 특징이라면 팥을 직접 삶아서 쓰고 전부 팥죽을 파는 집이라는 것. 그렇다보니 팥을 대량으로 받아서 쓰는 그런 수준이 아닌, 직접 만든 욕심 있는 팥이다. 용호동 할매빙수야 빙수와 우유, 사과조림 이 세 개가 끝인 심플하지만 가격대비 최고의 빙수이고 남천동의 보성녹차 빙수는 어르신들이 좋아할 맛이다. 할매빙수보다 덜 달고 녹차가루가 들어가 왠지 건강한 팥빙수 맛이랄까? 매장부터가 나무와 식물로 꾸며져 있어 자연친화적인 느낌이 든다. 마지막으로 이해인 수녀가 즐겨먹었다는 김혜주 양갱의 팥빙수는 원재료인 팥의 진하기가 가장 실한 빙수집이다. 가수 노영심씨가 부산에 내려오면 이곳에서 이해인 수녀님 드리려고 양갱을 꼭 사가지고 간다고 한다. 부산 3대 팥빙수집 빙수는 팥+얼음+우유의 조합이 전부인 본질과 재료에 충실한 빙수라고 할 수 있다.

용호동 할매 빙수

남천동 녹차 빙수

우동 김혜주양갱 팥빙수

그런데 몇해전 이 3대 빙수에 도전장을 낸 빙수가 나왔다. 남천동에서 '시루'라는 떡까페를 창업한 젊은 여사장이 개발한 인절미 빙수다. 곱게 갈은 우유 얼음 위에 팥 대신 콩가루를 얹어주는 '설빙'은 대박을 쳤고 부산의 빙수시장의 판도를 바꿀 정도였다. 기존의 싸고, 팥에 충실한 빙수를 찾던 어르신들도 우유 맛이 강한 팥이 없는 설빙을 즐기기 시작한 것. 코리안 디저트 까페란 간판처럼 일본인, 중국인 관광객에게 반응이 좋다고 한다. 서울이나 타지역 프랜차이즈가 아닌 메이드 인 부산의 빙수가 이렇게 많은 사랑을 받으니 왠지 기분은 좋다.

빛바랜 앨범 속 부산

추억 그리움의 부산

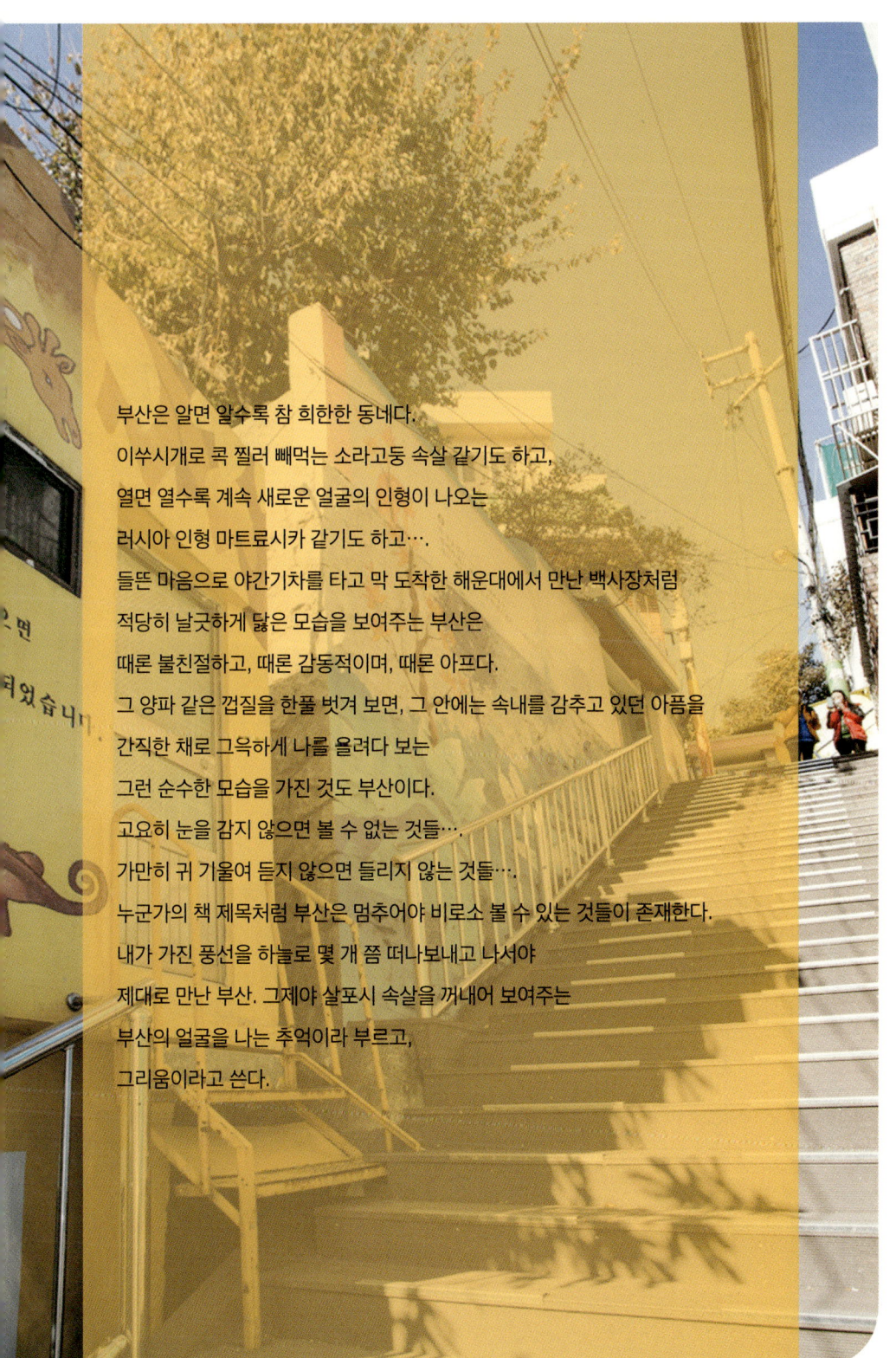

부산은 알면 알수록 참 희한한 동네다.

이쑤시개로 콕 찔러 빼먹는 소라고둥 속살 같기도 하고,

열면 열수록 계속 새로운 얼굴의 인형이 나오는

러시아 인형 마트료시카 같기도 하고….

들뜬 마음으로 야간기차를 타고 막 도착한 해운대에서 만난 백사장처럼

적당히 날긋하게 닳은 모습을 보여주는 부산은

때론 불친절하고, 때론 감동적이며, 때론 아프다.

그 양파 같은 껍질을 한풀 벗겨 보면, 그 안에는 속내를 감추고 있던 아픔을

간직한 채로 그윽하게 나를 올려다 보는

그런 순수한 모습을 가진 것도 부산이다.

고요히 눈을 감지 않으면 볼 수 없는 것들….

가만히 귀 기울여 듣지 않으면 들리지 않는 것들….

누군가의 책 제목처럼 부산은 멈추어야 비로소 볼 수 있는 것들이 존재한다.

내가 가진 풍선을 하늘로 몇 개 쯤 떠나보내고 나서야

제대로 만난 부산. 그제야 살포시 속살을 꺼내어 보여주는

부산의 얼굴을 나는 추억이라 부르고,

그리움이라고 쓴다.

우리 인생의 축소판,
문현동 안동네 벽화마을

파란 물통이 양철 지붕 위로 커다란 요구르트 병처럼 달려 있고 불과 오십보 거리에는 이 모든 장면을 담담하게 내려다보고 있는 고층 아파트. 지나가던 마을 주민들은 렌즈를 들이대는 이방인에게 이미 단련된 듯한 얼굴로 무심히 스쳐 지나간다.

문현동에서도 마을버스로 한참을 들어가야 나오는 문현동 벽화마을은 양지바른 곳에 비탈진 경사가 있는 동네로 벌써 알아차렸을 수 있겠지만 공동묘지 위에 세워진 마을이다. 그래서인지 몰라도 마을을 걷다보면 유난히 누군가의 무덤이 눈에 많이 띈다. 삶과 죽음은 늘 함께일까….

마을을 걷고 있으니 무덤가에서 이제 갓 태어난지 얼마 안 된 백구 새끼 두 마리가 이리저리 뒤엉켜 장난을 치며 씨름을 하고 있다. 이 척박하고 험난한 곳에서도 새 생명이 잉태되고, 꿈틀대며 살아 숨쉬고 있다. 그리고 마을 주민들의 빨래는 바람에 나부끼고, 아주 가끔 연탄배달 전화번호가 적힌 작은

트럭을 모는 아저씨가 지나가고… 허리가 구부정한 할머니가 마을 골목길을 지나가고 있다. 이렇게 시간이 멈춘 듯, 이곳의 시간은 소리없이 흘러가고 있다.

연탄을 가득 싣고 지나가던 아저씨의 차에는 연탄 주문이라는 노오란 글씨가 선명하게 보인다. 그 노란 글씨를 쳐다보는 순간, 뭔가 번쩍하고 스쳐지나 가는 것이 있다.

언제였던가, 초등학교 시절, 그때는 시간에 맞춰 연탄을 가는 게 학교숙제보다 더 중요했던 시절이었다. 잠깐이라도 한눈을 팔다 연탄불을 꺼뜨리면 여지없이 엄마의 잔소리와 함께 집 앞 구멍가게로 톱밥 묻은 번개탄을 사러 가야 했다. 번개탄 사러 가는 길, 동네친구 꼬임에 빠져 잠깐만 놀자고 했다가 까먹고 해지도록 놀다가 들어가 엄마에게 몽둥이 타작을 받았던 그 시절… 생각해보면 나도 참, 귀 얇은 피노키오처럼 온갖 유혹에 다 넘어가고 제페트 할아버지 속을 썩인 나무인형 피노키오처럼 유혹에 약한 말썽꾸러기 어린이였던 시절이 있었다니.

부엌에서 엄마가 끓이던 구수한 누룽지 냄새를 맡으며 연탄불로 따끈해진 아랫목에 이리저리 궁둥이를 지지면서 가지고 있는 것만으로 반 아이들에게 동경의 대상이 되던 1500원짜리 만화월간지 보물섬을 읽던 그 때, 참 행복했던 시절이었다. 가끔 연탄가스를 마셔서 어질어질했어도, 그 뜨끈뜨끈한 연탄불 속에 함께 온몸을 지질 수 있는 가족이 있어 행복했던 그 시절의 추억… 문현동 안동네는 내 어린시절로 돌아가게 해주는 신비한 타임캡슐 같았다. 마을 중간 쯤에 나오는 벽화 '희망의 나라로 가는 자전거'… 저렇게 열심히 달리다 보면 언젠가 희망의 나라에 닿을 수 있을까?

이 벽화마을을 방문했다면 한가지 명심해야 될 사항이 있다. 절대 지도에 있는 모든 벽화를 다 찾으려하지 말 것. 숨은 그림 찾기처럼 어떤 그림은 아무리 뒤져도 나오지 않고, 어떤 그림은 찾지 않으려 해도 어디선가 모퉁이에서 뛰쳐 나온다. 마치 우리 인생처럼 말이다. 저 멀리 마을 중앙에서 흔들리는 오색풍선은 희망의 솟대처럼 벽화마을을 지켜주고 있다.

문현동 안동네 벽화 마을. 재개발 구역으로 지정 된지 벌써 3년이 지났다. 그 사이 많은 사람들이 이곳을 찾았고 이곳을 스쳐 지나갔다.

이제 빛바랜 벽화가 어느 날 자취를 감추게 될 날도 곧 오겠지만, 그 존재 자체로 희망을 안겨주었던 기억은 이곳을 생존의 터전으로 삼았던 이들에게도, 그 곳을 스쳐지나갔던 이방인들에게도 잊혀지지 않을 것이다.

문현동 벽화마을 가는 법
주소 : 부산광역시 남구 문현동 산23-1 일대
지하철 2호선 문전역 하차, 마을버스 남구10번 버스 이용 10분 소요

문현동 벽화마을

2008년 400만원의 예산으로 시작된 문현동벽화마을은 이제 부산에서 감천동 문화마을과 수정동 산복도로와 더불어 부산을 대표하는 벽화마을이 되었다. 언제 마을이 헐리게될 지 모르지만 곧 철거를 앞두고 있는 것도 사실이다. 하지만 오늘도 이곳 주민들은 카메라 렌즈를 들이대는 이방인들에게, 빨래줄에 나부끼는 그들의 속살을 내보이면서 묵묵히 살고 있다.

이 곳에서도 누군가 벽화로 그리고 간 해바라기처럼 태양을 따라 뜨겁게 사랑했을 것이며, 그 시간들을 무덤 속에 잠재워 두고 있을 것이며, 이 순간에도 새로운 생명이 탄생하고 있다. 벽화마을의 그림처럼 민들레 홀씨는 날아가 어딘가에서 새로운 희망을 싹틔우고, 마을 아이들은 희망의 풍선껌을 불고 있을 것이다.

부산의 마을, 담벼락을 따라가는 힐링 여행 02

부산의 벽화마을
둘러보기

⭐⭐ 동대신동 닥밭골

닥나무가 많이 나는 곳이라 붙여진 이름으로
한국전쟁이후 피난민들이 많이 모여 살
던 곳이다. 주민자치위원회에서 2008
년 닥밭골 갤러리 프로젝트로 국비를
지원받아 만든 벽화마을로 아기자기
한 타일벽화가 눈에 띈다. 마치 이태리
카프리섬의 타일문패를 보는 것처럼 마
을 벽면에 타일로 만든 벽화와 설치물들
이 조성되어 있고 따뜻한 느낌의 벽화가 인상
적이다. 1호선 지하철 동대신동 5번 출구로 나가서
왼쪽 길로 가면 마을로 올라가는 길이 나온다.

⭐⭐ 범일동 매축지 벽화마을

벽화의 규모가 크지는 않지만, 영화 〈아저씨〉, 〈친
구〉를 촬영한 장소로 영화관련 벽화가 많은
곳. 담장 너머로 주민들의 목소리가 도란
도란 들릴 정도로 정겨운 곳이니, 보러
가서는 발 뒤꿈치 들고 살살 다닐 것~.
6, 70년대의 느낌이 묻어나는 마을 이
발소, 만화가게 등도 남아있다.

보여주기 위한 벽화가 아닌, 주민들의 일
상 속에 스며든 벽화로 생활이 되어버린 일
상을 느낄 수 있다. 가끔 주민들의 오토바이와 트

럭이 벽화를 가리고 있다하더라도 짜증 내지 말 것. 언제라도 또 오면 되니까…

안창마을, 조금 더 안까지 들여다 봐야하는 이유

한국전쟁 당시 피란민들의 모여서 살았던 안창 마을. 안창이란 마을 이름의 유래도 신발 안쪽 안창에 서 나온 말이다. 안창마을이 세상에 알려진 것은 가슴 아픈 이야기지만 이라크 무장 단체에 납치된 故김선일씨가 이곳 출신 이라는 것이 기사화되면서다.

'오리고기 먹는 동네'로 알던 안창마을 이 알려지게 된 계기는 2007년 공공미술 '안(安) 창 (蒼)고(庫)' 프로젝트에 의해서다. 안창고 프로젝트 이후 연제구 물만골, 서구 닥밭골, 문현동 무덤마을 등에 벽화마을이 조성되었으며, 동구 산복도로 망양로와 중구 대청로 거리등에도 벽화길이 꾸며졌다. 2007년부터 최근까지 자원봉 사로 만들어진 벽화거리까지 합치면 부산에만 40여곳이 넘는다.

그리고 6년의 세월이 지났다. 그 사이 부산의 마을 만들기 사업에서는 유행 처럼 벽화 그리기가 진행되었고, 안창마을은 어느 순간 관광객들이 코스가 되어버렸다. 이곳이 생활 터전인 사람들은 이제 그 사람들의 시선에 익숙 해져버렸는지도 모른다.

하지만 이곳을 방문하는 사람들은 알아야한다. 잠시 머물다 간 시간 뒤로 다시 이곳의 밤을 준비하는 이들의 낮은 한숨소리를…. 흐른 세월의 흔적을 말해주듯 길 모퉁이에 그려진 아이의 까진 볼과 헤어진 이마는 무심한 우리의 모습을 보여준다.

진정 중요한 것은 변화와 혁신이 아니라, 그것을 계속 보듬어주는 애정일지도 모른다. 평화와 상생, 관심과 애정만으로 안창마을은 조금 더 행복해질지 모른다.

안창 호랑이 마을과 우물 스토리텔링

앞서도 말한 안창마을은 2007년 시행된 안창고 마을 벽화 작업을 통해서 주목받기 시작했다. 그 후 많은 사람들의 발길로 마을은 알려졌지만 벽화가 훼손되기도 하고, 주민들은 어쩌면 낯선 방문객으로 인해 더 안쪽으로 숨어들었는지도 모른다. 그리고 유지보수가 절실한 순간이 다가왔다. 마을벽화들은 까지고 희미해져 다녀간 발길만큼 그 흔적이 고스란히 남았다.

안창마을 호랑이축제
사진제공 : 김정주 작가

최근 마을 만들기 예술작가 사이에서 안창마을을 호랑이 마을로 만들자는 스토리텔링 작업이 한창인데 범내골 안의 안창마을은 호랑이가 드나들며 놀았다는 호계천이 흐르고 있다. 범일동과 범내골의 범은 바로 虎狼(호랑)이 범자다. 옛날 범내골에는 호랑이가 자주 출몰했고 내려와 우물에서 물을 먹고 갈 정도로 호랑이가 많은 동네였다고 한다.

안창마을이라고도 불리는 범일4동에는 80년이 넘은 우물이 남아있다고 한다. 호랑이가 자주 마시고 갔다고 이름도 '호천샘'이다. 범일동은 이 호천샘을 가지고 '井(정)다운 마을 만들기' 프로젝트를 시작했다.

호랑이가 물을 먹고 갈만큼 생태가 아름답고 수려한 곳, 호랑이의 용맹스러움과 신비로움을 동시에 가직한 동네, 인간과 자연이 공존하고 상생하는 동네, 이렇게 호랑이 마을 프로젝트가 시작되었다.

범일 4동의 호천샘과 좌천동의 큰 새미, 작은 새미 이렇게 세 개의 우물이 복원되고 지역 공동체로의 정체성을 회복하는 사업이 될 것이다. 우물이 복원되면 우물 지키미를 파견하고 우물과 호랑이 벽화 사업, 호랑이 축제등 스토리텔링을 통한 지역주민과 관광객과의 연대를 통해 관광 자원화할 계획이라고 한다. 호랑이라는 친근한 캐릭터가 입혀진 범내골의 새로운 문화 콘텐츠가 탄생하기를 바란다.

부산의 마을, 담벼락을 따라가는 힐링 여행 03

부산의 서쪽바람으로
힐링하다, 감천문화마을

사진 조강재

감천 문화마을의 연 관광객 수는 30만명. 문화 해설사가 자랑스럽게 이야기를 한다. 어느 한 지역 방문사 수가 30만명이라는 통계는 과연 어느 정도의 체감수치일까? 쿠사마 야요이의 노란 호박으로 유명한 일본 가가와현의 나오시마는 연간 50만명의 관광객이 찾아온다. 그리고 3년에 한번씩 열리는 세토우치 트리엔날레 기간에는 전 세계에서 70만명의 관광객이 이 작은 섬을 찾아들어온다고 한다. 그에 비하면 물론 작은 수치지만 감천마을 30만명이란 숫자가 왠지 너무 감사해진다.

나오시마를 여행하면서 느낀 점은 기업가와 예술가가 구축해 놓은 예술이라는 거대한 틀안에 주민들이 생명을 불어넣고 있다는 것이었다. 마을을 가꾸고, 꽃을 심어 화단을 만들고 집집마다 벽에 걸어놓은 문패가 예술이 되고, 출입구에 쳐 놓은 발이 아트 프로젝트가 되는 것, 예술은 주민과 함께 꿈틀대는 삶 속에 녹아 있는 것이다.

감천문화마을이 어떤 누구의 주도도 아닌, 자발적인 주민들의 애정으로 지속되기를 바란다. 마을 안에서 길을 잃더라도, 길이 다 통해져 있어 다시 왔던 길을 찾을 수 있듯이 예술과 문화가 어렵고 거추장스런 이름이 아닌, 물 흐르듯 자연스레, 주민들의 삶속에서 녹아들기를 바란다.

잠시 사진기를 내려놓고 가슴으로 느껴보자. 부산의 마추픽추, 부산의 산토리니… 불리는 이름도 많고 애칭도 많은 감천 문화마을. 한때 태극마을로 불리던 이 곳은 작가들과 지역주민들의 애정어린 관심이 지역문화를 어떻게 발전시키고 문화예술 공간으로 승화시켜주는 지를 보여주는 좋은 예이다. 시나 구에서는 부산의 문화콘텐츠로, 도심재생 아이콘으로서 그 면모를 더 많이 부각시키지만 나는 사실 그곳을 찾는 이들에게 감천마을이 준 위안과 치유를 이야기하고싶다

어느 토요일 주말 오후, 혼자서 이곳을 찾은 듯한 여성이 엽서 한 장을 들고 감천마을 하늘의 구름을 보고 있었다. 아주 느리게 느리게 흘러가는 구름 밑에서 엽서 한 장을 오랫동안 바라보고 있는 그녀의 얼굴이 평온해보였다. 일어설 생각도 하지 않고 그는 계속 머물러 있었다. 행복해하는 그녀의 모습은 감천 마을 속에서 하나의 그림 같았다.

마을 풍경과 어우러진 설치물과 예술 작품이 주는 작은 느낌표들은 이 삭막한 현대인들의 가슴을 얼마나 적셔오는지 경험해보지 않은 사람들은 모를

것이다. 5월이면 열리는 감천문화마을 골목 축제는 축제 기간동안 골목 골목 인파로 붐볐고 3만명이 다녀갔다고한다.

부산이 만들어낸 최고의 문화콘텐츠이자, 히트상품이 된 감천문화마을. 그 빛나는 영광은 잠시 접어두고 이제부터 시작이라는 생각이 든다.

그 안을 어떻게 채워야 할지, 이 골목 골목을 어떻게 만들어갈지는 우리의 손에 달린 것이 아닐까…

그리고 이 공간을 여행하는 여행자들에게 한마디. 기념사진도 좋지만 멀리서 한 발짝 떨어져 지켜봐주는 것, 이곳을 가슴으로 느끼고 가는 건 어떨지 말이다.

감천 문화마을을 돌아본 사람들에게 가장 인상깊은 작품은 과연 무엇일까? 가장 많은 사랑을 받는 작품중 하나인 김정주 작가의 〈영원〉을 기억하는가? 향기는 좋지만 병을 여는 순간 자신의 기능을 다하고 버려지는 코르크 마개, 녹슬은 못, 헝겊과 종이. 일회용 캔과 플라스틱 옷걸이. 어쩌면 우리 인생과 닮아있다는 생각이 들어 조금 슬퍼지기도 했던 〈영원〉.

마을 주민과 함께 작업했다는 작품 〈영원〉은 어느날 길에 버려진 코르크 마개를 발견한 작가가 구상하게 되었고, 마을의 벽면은 버려진 부품들을 가지고 만든 작품들로 채워지게 되었다. 〈영원〉은 우리 삶에 있어 리사이클링의 개념에 대해서 생각하게끔 만든 소중한 작품이다.

감천문화마을 가는 법
지하철 토성역 6번출구 하차, 마을버스 1-1, 2-1, 2번 승차

버려지는 것들과의 대화

어느 날 길에서 우연히 버려진 와인 병의 코르크 마개를 발견했다.

와인을 위해 대단히 중요한 역할을 수행했음에도 이제는 소용없다고 버려지는 코르크 마개를 보고, 공무원으로 36년간 성실히 일하시다 퇴임하셨던 아버님이 생각났다. 그날 부모님에 대한 그리움으로 얼마나 울었는지 모른다.

그 후로 내 주변에 버려진 물건들에 대해 생각하는 시간을 갖게 되었고, 나만의 재해석이

진행되었다. 우리 주변에는 수많은 물건들이 제각각의 역할을 묵묵히 수행하고 있다. 그러나 어떤 이유에서 그 기능을 상실하게 되거나 파손이라도 되면 그대로 버려진다.

그날 이후 나는 버려진 물건들과 대화하는 버릇이 생겼고, 감사의 마음과 안타까운 마음을 작품으로 표현하기 시작했다. 나의 부모님과 세상의 모든 것들이 영원하기를 바라면서 'Forever'시리즈로 진행되었다.

이 작업은 주민들과 함께 버려진 부품들을 이용한 리싸이클링 아트 주민참여프로그램으로 실행되었다.

- 김정주 -

감천문화마을

A코스 골목길 미술작품
〈마주보다〉/〈나무〉/〈사진 갤러리〉/
〈어둠의 집 - 별자리〉〈하늘마루〉/
〈빛의 집 - 집에서〉/〈영원〉/〈희망의 나무〉/
〈평화의 집 - 그릇의 방〉/〈달의 방〉/〈향수〉/
〈북카페 - 흔적〉/〈문화마당〉

B코스 골목길 미술작품
〈달콤한 민들레의 속삭임〉/〈사람 그리고 새〉/
〈꿈꾸는 물고기〉/〈Good Morning!〉/
〈희망의 노래를 담은 풍선〉/〈가을여행〉/
〈내 마음을 풍선에 담아〉/〈우리가 가꾸는 꽃길〉/
〈하늘계단〉/〈무지개가 피어나는 마을〉

A코스

B코스

마을정보센터〈하늘마루〉

어둠의 집 - 별자리

아트숍

사진갤러리

부산대학병원
토성동방향→

아미동
〈비석마을〉

감천문화마을 입구

천마산
조각공원

북카페 - 흔적

빛의 집 - 집에서

영원

희망의 나무

감정초등학교

평화의 집 - 그릇의 방 / 달의 방

커뮤니티센터〈감내어울터〉

러성·송도방향

아미동 19번지 까치고개 비석마을 이야기

감천동에서 산복도로 고개를 넘어가면 아미산 까치고개가 나온다. 일제 강점기 시절, 이 곳은 일본 사람들의 화장터와 무덤터였다. 전국에 있던 일본인들의 유골을 모아 이곳에 화장장을 만들었고, 죽은 이들을 기리는 위령제를 지내면서 남은 음식찌꺼기 때문에 낮에도 까치가 음식을 찾는 소리가 들린다고 해서 까치고개라는 이름이 붙었다고 한다. 해방 후 일본인들이 빠져나간 이곳 유골함과 비석 위에 한국전쟁 피난민들은 생선상자를 얹고 살기 시작했다. 부산 KBS의 〈TV로 보는 부산의 역사, 부산 재발견〉팀에서 펴낸 책을 보면 아미동 산 19번지 비밀이 나온다.

사실 그곳이 일본인들의 공동묘지였다 보니 비석과 묘지의 경계석으로 지어진 주택이 많다고 한다. 사실 피란민들은 공동묘지에 대한 두려움을 느낄 여유도 없었을 것이다. 몸 누일 한칸 공간도 갖기 어려웠던 시절 지하의 유골함을 알고도 어찌할 수 없었을 것이다. 역사의 생채기가 깊게 패어있던 이곳도 새살이 나듯 상처가 아물고, 어느덧 세월이 흘러 사람들이 모여, 또 다른 삶을 살아가고 있다. 일본인들 중에도 아미동에 묻혀있는 조상의 묘를 찾아 온 경우도 있다고 한다.

마을 재생 작가들 사이에서는 이 아미산이 가지고 있는 이야기를 예술로 풀어보고자, 일본 작가들과 공동작업과 전시회를 통해 아미산 동네를 다시 조명해보자는 계획도 세워지고 있다. 일본인들의 혼령을 위로하고, 외면하는 것이 아닌 우리 스스로 상처를 어루만지는 노력… 유골 위에 집을 짓고 살아야만 했던 피란민 세대와 유골조차 품에 안고 가지못했던 일본인들의 고단했던 인생을 돌이켜볼 프로젝트가 진행되고 있는 것이다. 이제 아미산 19번지는 역사의 아픔을 딛고, 까치가 전해 줄 기쁜 소식만을 기다리고 있는 곳이 되리라 믿는다.

스토리텔링 인 부산
이바구보따리를 풀다

부산만큼 이야기가 구구절절한 사연이 있는 도시가 또 있을까? 매년 가을이면 부산국제영화제를 핑계대며 부산으로 떠나는 나에게 누군가가 그랬다. 너 혹시 최치원 선생이 환생한 거 아니니?

가야산으로 가려다 해운대의 경치에 반해 동래 해운대에 눌러 앉아 해운대의 경치를 즐기며 은둔하다가, 자신의 호 해운을 바위에 새겨넣은 해운 최치원. 그리고 인어의 나라 나란다국에서 무궁국 은혜왕에게 시집와서 매일 보름달에 황옥을 비쳐보며 향수병을 달랬다는 황옥공주 이야기까지 부산의 스토리텔링은 무궁무진하다.

그래서인지 한때 부산의 문화관광해설사의 경쟁률이 엄청나다는 이야기도 있었다. 문화관광해설사가 되려면 부산의 역사, 설화와 민담이 모두를 줄줄 꿰고 있어야 할 터, 연륜이 있는 어르신들이 한다면 이야기가 참 맛깔스럽겠다. 부산의 옛 이야기를 들려주는 할배, 할매와 함께 동백섬을 걷다보면 저 멀리 인어상이 갑자기 스르르 움직여 바다로 풍덩 뛰어들어가버릴 것 만 같다.

부산 스토리텔링협의회 탄생

부산시에서는 2012년 부산시, 국제신문, 동서대학교가 추축이 되어 스토리텔링협의회를 발족했다.
부산스토리텔링협의회는 부산시의 문화 콘텐츠를 발굴하는 데 역점을 두고 있으며 첫 사업으로 부산시
스토리텔링 공모전, 걷고 싶은 부산, 창의리더 아카데미, 집단 창작스쿨등의 사업을 수행하고 있다.
스토리텔링협의회 : 051-505-2030

기장 오감도로 떠나는 오감 여행

부산지역의 다양한 스토리텔링 창작사업을 이끌고 있는 사)부산스토리텔링

협의회는 부산대 한국민족문화연구소와 함께 '기장 오감도'를 개발해서 관광콘텐츠화하고 있다. '기장 오감도(五感道)'라… 듣는 순간 벌써부터 오감이 슬슬 작동하기 시작한다.

천혜의 기장 해안길에 이야기를 입혀 감성을 충전하고 생활 속의 힐링이 가능하게끔 해놓은 탐방로 '오감도'는 천재시인 이상의 시 '오감도(烏瞰圖)'에서 따온 것이지만, 기장에서는 다정다감한 다섯가지 벗으로 변신한다고 한다. 이 길과 대부분 중첩되는 부산 갈맷길과 해파랑길(강원도 고성~부산 오륙도)이 미처 발견하지 못한 이야기를 엮어 코스로 재설정했고 앞으로 제주올레길, 지리산 둘레길 못지 않은 관광자원이 될 전망이다.

기장 오감도는 해안길 5개, 강변길 2개 모두 7개 코스다.
• 임 만나는 길(길천항~동백, 6.5킬로)
• 낭만노래길(동백~일광~기장군청, 7.8킬로)
• 윤선도 유배길(기장군청~죽성~대변, 7.0킬로)
• 봉대산 둘레길(기장군청~남산봉수대~죽성~대변, 10킬로)
• 용궁가는 길(대변~공수~송정, 9.5킬로)이 이어진다. 두 개의 강길은
• 장안천 원효길(장안사~은진사~월천교, 10킬로)
• 좌광천 백로길(모전교~좌천역~임랑, 11킬로)

 기장 오감도에는 가는 곳마다 이야기 보따리가 펼쳐진다. '임 만나는 길'을 나서면 가장 먼저 임랑(林浪) 해수욕장을 만난다. 임랑은 수풀림(林)과 물결랑(浪), 두 글자가 합쳐져 물결이 수풀처럼 우거지듯 다가온다. 옛 지명은 '임을랑(林乙浪)'이라고 했단다. 부산에 8년전에 정착했을 때 속상한 일이 있거나 울고 싶을 때 혼자서 달려가 울곤했던 바닷가가 바로 임랑의 바다였다. 해변엔 철강왕 故박태준 회장의 생가가 있는데 요즘 TV조선에서 철강왕 박태준의 일생을 그린 드라마 〈불꽃 속으로〉에서 방송중이기도 하다. 〈불꽃 속으로〉를 제작하는 제작사 대표님과의 오랜 친분 때문에 기

기장포구 100리길

강변길 1코스
장안천 원효길

장안사
화장안 연꽃단지
은진사
포천교
월천교
정관신도시

강변길 2코스
좌광천 백로길

좌광천
게저 · 유채꽃단지
임랑해수욕장
좌천장

해안길 1코스
임 만나는 길

신평소공원
웃단대
동백항

해안길 2코스
낭만 노래길(청각)

이동항
오영수 갯마을
일광해수욕장
학리항

기장차성가비
국수당해송
드림세트장
남산봉수대
어사암

해안길 3코스
윤선도 유배길(촉각)

대변항

해안길 4코스
봉대산 둘레길(시각)

해안길 5코스
용궁가는 길(후각)

해동용궁사
시랑대(원앙대)
송정해수욕장

사진_조강제

획 당시부터 기장과 임랑에 남겨져 있는 故박태준 회장의 흔적들에 대해서 이야기해드리곤 했었다.

박창희 기자가 '오감도'에 대해 국제신문에 쓴 글을 보면 인근의 묘관음사는 故성철 스님이 출가 전 두었던 딸 수경이 찾아오자 "만날 필요 없다"고 일갈했다는 일화가 전해지는 곳으로 그 딸은 이후 교사생활을 하다 출가하여 비구니가 되었는데, 법명을 불필(不必)이라고 했다고 한다. 아버지가 불도를 얻는데 필요없는 딸이라는 뜻으로 이후에도 아버지의 수도에 방해가 되지 않도록 항상 행동을 조심하였다고 한다. 묘관음사는 나에게도 의미가 있는 곳으로 남편에게 프로포즈를 받았던 장소이다. 당시 좋은 곳 다 놔두고 왜 절에서 프로포즈를 할까 의아했지만… 어디선가 사온 꽃 한다발과 함께 밝은 대낮도 아닌 컴컴한 차 안에서 소나무 향을 맡으며 찰싹대던 파도소리가 들리던 그날 밤의 기억이 지금도 생생하다.

낭만노래길로 접어들면, 오영수의 소설 '갯마을'의 무대로 알려진 이천과 학리를 만나고, 가수 최백호의 '낭만에 대하여'의 배경이 되었다는 삼성리 소라다방을 볼 수 있다. 소라다방은 '그야말로 옛날식 분위기'를 간직한 동네 사랑방 같은 곳. 최백호는 일광초등학교 34회 졸업생으로, 입대 전까지 일광

등지에서 기타를 치며 젊은 시절을 보냈다고 하는데 최백호 특유의 보헤미안 같은 낭만적 끼가 일광에서 탄생한 것이라 믿고 싶다.

윤선도 유배길은 정철, 박인로와 함께 조선 3대 가인으로 불리는 고산(孤山)의 자취와 문학혼을 따라걷는 길이다. 요즘 유배문학과 유배 캠프같은 '유배'를 소재로 한 콘텐츠 개발이 교육계에서는 눈에 띄기도 한다. 제주도에서는 실제로 아이들이 유배캠프를 경험하며 '나 자신과 만나는 체험'을 한다고 한다. 윤선도 유배길을 걸으며 명상의 길로 삼아봐도 되겠다. 용궁 가는 길로 들어가면 적선대와 죽도, 오랑대, 해동용궁사, 시랑대 등 명소들을 만난다. 시랑대는 1733년 이조참의였던 권적이 좌천되어 기장현감으로 재직하던 중 이곳 바위에 시랑대(侍郎臺)란 글과 시를 새긴 이후 시랑대로 불리고 있다. 이곳엔 용왕의 딸인 용녀와 스님의 '이루어지지 않은' 사랑 이야기도 전해진다. 기장의 남단 공수마을은 짚불 꼼장어로 유명한 곳. 짚불로 구워낸 짚불곰장어는 처음 봤을 때는 탄 듯한 새카만 모양새 때문에 기겁하지만 한번 맛을 보면 고소하고 담백한 맛에 또 사달라고 조르게 되는 묘한 중독성이 있는 맛이다.

요즘 주말에 해운대에서 송정~기장을 거쳐 임랑, 멀리는 간절곶까지 돌아오는 데이트 코스는 말 그대로 전쟁이다. 차가 무지하게 밀릴뿐더러 송정에 생긴 갤러리 까페와 맛집들, 기장 길에 생긴 커피의 거리, 대기업에서 세운 아울렛몰까지 볼거리 즐길 거리가 다양하기 때문에 늘 나들이 인파로 북적인다. 그런 시점에서 기장의 오감도가 만들어졌다는 소식은 반갑기 그지없다. 구슬이 서말이라도 꿰어야 보배라 했다. 우리 주변에 반짝이는 보석을 하나하나 꿰는 작업은 힘이 들지만 그 결과물은 이렇게 아름다운 보석 목걸이가 되어 우리를 기쁘게 한다. 입안에 침이 고이고, 몸안의 활력 에너지가 살아나는 감각의 다섯 개의 길. 이번 주에 다시 한번 제대로 만나봐야 겠다.

힐링이 필요해? 그럼 <부산 힐링대장정!>

부산힐링대장정은 부산의 정체성을 담고 있는 산복도로의 매력을 알리기 위한 예술가들과 함께하는 힐링 여행으로 2013년 여름에 시작되어 부산시민과 여행객들에게 좋은 반응을 얻고 있다.

부산의 설치미술가, 문학가, 생태환경 운동가, 리사이클링 작가등 각분야 전문예술가가 참여해 예술과 부산의 지역적 가치를 나누고 체험해보는 프로그램이라 할 수 있다. 부산시가 주최하고 사) 슬로산복 커뮤니티, 주)창조와 소통이 주관하는 산복도로 스마트폰 푸른 영상제의 사전 홍보성격인 프로그램이다. 8월에 개최된 아트힐링, 문학힐링, 생태힐링, 리사이클링 힐링에 이어 가을에는 영화힐링도 진행되었다. 스마트폰으로 영화를 만들고, 내가 직접 만든 영상을 송도 부산항 빛축제 기간동안 대형 스크린에서 상영도 한다.

앞으로 명상 힐링도 계획 중이다. 예술가들과의 부산 마을여행, 힐링 이야기 콘서트가 계속될 예정이다. 부산의 마을 탐방과 갈맷길 여행, 치유와 위로가 필요한 여행을 계획중이라면 <부산힐링 대장정>에 몸을 맡겨보자.

문의 : 02-3667-5425 창조와 소통 www.k-healing.net

이야기 할매, 할배와 떠나는 5色 찬란길

부산에 오면 이야기 들려주는 할매, 할배가 있다?
이런 재미있는 발상이라니… 물론 유럽에서 연세 지긋하신 가이드가 유적지와 지역예술에 대해 설명하는 투어를 해보기도 했고 일본 나오시마에서는 家(いえ) 프로젝트 중 미나미데라에서 할아버지 안내원의 설명을 듣기도 했지만, 왠지 부산에서 진행되는 할매 할배 투어는 더 정겹게 느껴진다. 그 이유는 아마도 할매 할배가 같이 걷다가 내 이야기도 들어주는 길동무 역할도 해줄 것 같은 느낌이 들어서다.
부산관광공사가 마련한 스토레텔러와 함께하는 5色 찬란길을 소개한다

> **이야기 할배할매 투어** · 시간 : 매주 토,일요일 오전 10시 · 지역 : 부산 시내 5개 코스 운영
> · 문의 : 부산관광공사 www.bto.or.kr

1 해운대 기차소리길

동백섬웨스틴 조선 호텔 앞 >> 해운대 해수욕장 >> 미포 >> 문탠로드 >> 해월정

해운대 솔밭의 솔향을 맡으며 할배의 재미난 설명을 듣다보면 왠지 솔향기에 취해, 말솜씨에 취해 잠이 솔솔 올 듯~.

2 기장 등대길

해동용궁사 앞 >> 부산 수산과학관 >> 동암 마을 >> 젖병 등대 투어 >> 대변항

할매와 떠나는 등대길 투어, 옛날 옛적에 그랬답니다~~.
아, 옛날 이야기 해주며 배 쓸어주던 우리 할매 보고 싶다….

③ 이기대 갈맷길

용호동 종합상회
복지관 앞 ▶▶ 동생말 ▶▶ 어울마당 ▶▶ 오륙도

가장 다이나믹 한 코스로 체력이 요구되기도 한 코스이다.
힘들고 숨차더라도 이야기 해주는 할매, 할배의 열정을 보면 힘이 불끈 솟아오를지도 몰라요~.

④ 중구 근대역사탐방로

40계단 앞 ▶▶ 근대역사 ▶▶ 국제시장 ▶▶ 용두산 공원

연세 지긋하신 관광객들이 가장 좋아하는 코스.
부산의 근대 역사에 대해 꼼꼼히 설명해 주시고 피란민들의 삶에 대해 설명해주실 때는 고개를 끄덕 끄덕~ 우리도 부산 피난 시절 그랬었지….
오늘 저녁에 돼지 국밥 한그릇 어때? 임자. 국제 시장 가서 냉채 족발도 먹자고요.

⑤ 초량이바구길

초량 차이나타운
상해문 입구 ▶▶ 168 계단 ▶▶ 이바구 공작소 ▶▶ 장기려 더나눔
기념관

근래에 가장 많은 인기를 얻고 있는 코스.
할매, 할배들이 가장 이야기할 만한 거리가 많은 여행지라 신이나서 설명하는 모습이 보기 좋다. 스토리텔링과 지역 문화를 결합시킨 동구청의 적극적인 노력으로 탄생한 이바구 공작소에는 일년 365일 상설 전시가 열리고 장기려 박사 기념관, 1년 뒤에 도착하는 청마 유치환의 느림보 우체통 등이 볼거리이다.

경상도 말로 "내캉 이바구 좀 하제이"하면 나랑 이야기 좀 하자란 뜻이다. 수정동 산복도로에 이바구 길이 생겼다니, 왠지 무언가 풍성한 이야기가 쏟아져 나올 것도 같다. 이바구길을 걷기 전에 산복도로가 가진 역사성에 의미를 두어야 하는데 산복도로는 일제시대 노동자들의 거주지이자, 해방 후 귀환과, 한국전쟁 후에는 피난민들이 정착해 살았었던 부산 역사의 산 증인이라고 할 수 있다. 뿐만 아니라 경제 부흥기시대에 밀려난 서민들의 애환이 담겨있는 곳으로 부산의 또 다른 얼굴이기도 하다.

이바구길을 걷다 보면 부산 최초의 근대식 건물인 백제병원을 지나 시인 김민부를 기리는 전망대, 이바구 공작소를 지나, 부산의 슈바이쳐이자 행려병자들의 아버지, 장기려 박사의 기념관 '더 나눔'을 둘러 볼 수 있고 청마 유치환 시인의 우체통에 엽서를 써서 누군가에게 보낼 수 있다. 마지막으로 마을 까페에 들러 차 한잔 하면서 이바구 길여행을 마무리한다.
중간 중간 올라오다 보니 완전 합체를 앞둔 북항대교도 보이고 저 멀리 부산국제영화제 남포동 시절 자주 갔었던 코모도 호텔도 보인다.
산복도로-10, 생선장수… 강영환 시인의 시를 생각하며 남긴 나의 일기장에 남긴 메모…

언젠가 비가 쏟아져 내리는 날 갔었던 산복도로…. 정말 내장까지 다 젖을 듯 비가 온 날이었다. 왜 그렇게 사나운 비를 산복도로 위에 뿌려댔을까…. 고단한 삶에 부대끼는 아우성같은 비가… 후두둑 후두둑 타닥타닥…. 우산이 있어도 한 쪽이 다 젖었다. 걷다가… 문득 눈앞이 시원해져서 그 곳을 바라보았다. 부산의 바다다. 고단한 삶 끝에서 만나는 한줄기 위안.

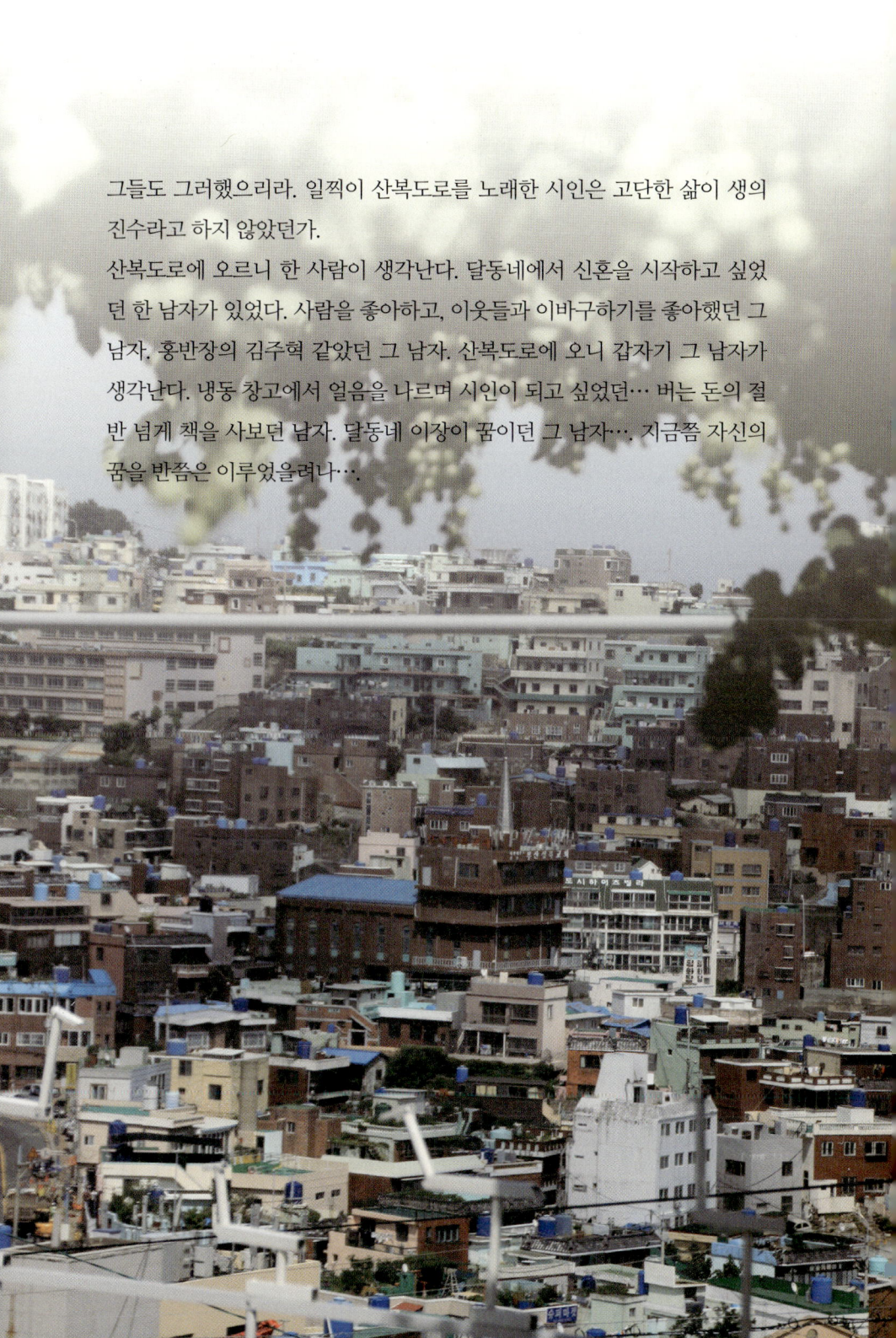

그들도 그러했으리라. 일찍이 산복도로를 노래한 시인은 고단한 삶이 생의
진수라고 하지 않았던가.

산복도로에 오르니 한 사람이 생각난다. 달동네에서 신혼을 시작하고 싶었
던 한 남자가 있었다. 사람을 좋아하고, 이웃들과 이바구하기를 좋아했던 그
남자. 홍반장의 김주혁 같았던 그 남자. 산복도로에 오니 갑자기 그 남자가
생각난다. 냉동 창고에서 얼음을 나르며 시인이 되고 싶었던… 버는 돈의 절
반 넘게 책을 사보던 남자. 달동네 이장이 꿈이던 그 남자…. 지금쯤 자신의
꿈을 반쯤은 이루었을려나….

내가 부산의 한류 스타, 초량 초등학교 담벼락

이바구길을 걷다보면 재미있는 전시물을 볼 수 있다. 초량초등학교 건물담장을 이바구길로 활용해 초량초등학교를 졸업한 인물들로 꾸며놓았다. 개그맨 이경규, 가수 나훈아, 뮤지컬 감독 박칼린, 극작가 이윤택. 초량초등학교가 배출한 스타들이자, 문화예술계의 보물. 고개가 끄덕여지는 재미있는 이바구였다.

아, 이 사람도 부산 사람이었어?
생각해보니 앞으로 부산이 배출한 유명스타들이 더 많이 아로새겨질 것 같다. 지하철에서 일본인을 살린 이수현씨, 톤즈의 기적 이태석 신부, 개인적으론 씨엔블루의 정용화도 추가요~.

이바구길 주전부리 하기 좋은 할매 레스토랑

금수사 앞에서 슈퍼마켓을 운영하던 사장님이 창업한 산복도로 커뮤니티 제 1호인 작은 식당으로 동구청 사람들, 관광객, 마을 주민들로 북적이는 마을의 사랑방 역할도 하고 있다. 메뉴는 할매국수와 주먹밥. 동구청에서 주관하는 '달빛 인문학을 말하다' 강의에 참석하면 할매 레스토랑에서 식사하기도 한다. 주먹밥은 포장해서 산복도로를 다니며 출출할 때 간식으로 먹으면 좋다.

• 주소 : 동구 초량동 841 (금수사 밑 금수상회 옆) • 전화 : 051-468-4014

산복도로 속 나폴리, 산만디 레스토랑

노오란 해바라기색이 칠해진 건물 외경만 보면 마치 무슨 이태리 남부에 본 듯한 이국적 풍경의 레스토랑 산만디. 교회를 리모델링해 만든 산만디는 경상도말로 산비탈, 산꼭대기란 뜻. 이태리 유학파 출신의 성악을 전공한 주인장이 맛깔스럽게 요리하는 이태리 가정식 요리와, 국내에서 만나보기 힘든 체코, 헝가리 등 동유럽의 희귀 맥주을 맛볼 수 있으며 다양한 와인까지 갖추고 있다. 수정동에서 한 눈에 내려다 보이는 북항대교의 야경을 바라보며 하는 데이트

코스로도 좋을 듯. 문화예술에 다양한 식견을 가진 오너쉐프 넉분에 한달에 한번씩 하우스 콘서트나 영화 상영을 하며 식사를 하는 특별한 모임이 자주 열린다. 단골 손님들의 예약이 많으니 가기 전 예약은 필수.

• 주소 : 부산 동구 수정5동 508-14 • 전화 : 051-638-6641

숨어놀기 좋은
부산 골목 여행

사진·강지영 다가로 보는 부산 시리즈 부산의 골목 2011

대연동 부산예술대 가는 골목

지하철 대연역, 또는 못골역에서 내려 부산예
술대 방면으로 나와 걸어보자. 대연역에서
내렸다면 대연초등학교 가는 길 오른 쪽
에 돼지그림이 그려진 히트 돈까스에
서 손바닥만한 돈까스를 시켜먹고 천
천히 걸어올라갈 것. 왼쪽으로는 양갱
과 팥빙수로 유명한 맛집 미누재 양갱
도 있다. 못골 시장통이랑 연결되어 있
어 시장 구경하며 골목을 누빌 수 있고, 학
교 근처에 이르면 최근 들어 많이 생긴 북까
페와 정원을 개조한 레스토랑도 만날 수 있다. 혼
자 놀기 딱 좋은 길이 펼쳐진다. 시원한 아이스 커
피 한잔 사들고 계속 올라가 보자.

요즘 핫한 오빠들, 장미여관도
부산예대 출신!

동천고등학교로 들어서는 골목까지 올라오면 동천고를 빛낸 인물 '동천의 자
랑 개그맨 김원효'의 플래카드가 한동안 붙어있던 골목이 나온다. 아쉽게도
지금은 사라졌다. 동천고등학교 골목길로 가기 전 좌회전 하면 부산 예술대
로 올라가는 길이 나오고, 조금만 경사진 길을 걷다 보면 터널이 하나 나온다.
그 좌측엔 부산예술대 졸업생인 개그맨 허경환과 요즘 '나혼자 산다'의 귀여
운 싱글남 배우 김광규, 영화 〈친구〉의 정운택, 가수 길건 등의 사진이 걸린
플래카드가 보인다.

학교에 도착해 예술동으로 올라가 5층에서 창문으로 내려다 보면 학교 뒤편
으로 풍성하고 소담스런 밤나무에 가을이면 밤이 주렁주렁 탐스럽게 열린다.
학교 뒤편으로는 산을 뚫어 만든 터널 번영로가 지나가서 인적이 드물다 보니

BOOK CAFÉ DAM
북카페 담 636-1257
book & coffee

가끔 개울 물을 마시고 있는 고라니를 볼 수 있다. 한 때 어린이영화제 사무실이 있었던 부산예술대에서 퇴근 하다 눈이 초롱초롱한 새끼 고라니를 마주친 적이 있다. 순간 동작 그만하고 그 신비로운 눈에 매료되어 있었는데, 고라니는 바로 싱긋 윙크를 한 뒤 사라져 버렸다.

이 이야기를 회사동료들에게 해주었더니 아무도 믿지 않는다. 그래, 고라니는 착한 사람 눈에만 보이거든…
난 분명 천사같은 아기 고라니를 봤다구.

⭐⭐ 보물 찾기 만덕 레고 마을

레고 마을이라고 들어봤니?

형형 색색 너무 이쁜 지붕만 봐도 기분이 좋아지는 레고 마을.

레고 블록처럼 오색찬란 생기발랄한 지붕은 정말 말로는 표현이 안되는데… 벌써 유명 출사지가 되가면서 전국의 관광객들이 오고 있는 골목이다. 여기는 사실 많이 알려지면 곤란한데… 아 ~ 이건 진짜 비밀인데… 쉿~! 레고 마을 골목의 비밀은 직접 돌아다닐 때 그 진가를 발휘한다. 하나같이 다 같은 사이즈의 레고 주택이 실제로는 다 각각 다른 집이라는 반전~. 멀리서 오셨더라도, 촬영은 조용히~. 렌즈 보다 맘에 담아 가고 싶은 골목!

만덕 레고마을 가는 법

지하철 3호선 만덕역 1번 출구로 나가서 걷다보면 알록달록한 레고 마을 지붕이 보인다. 조금 더 걸어가 유림 아파트 101동 5, 6 라인 꼭대기 층에 가서 보면 더 잘 보인다. 내려와서 마을로 직접 가서 보면 아기자기한 집들을 볼 수 있다. 골목 사이사이로 걷다가 지붕뿐 아니라 정원이 예쁜 집도 발견할 수 있다.

우암동 동항성당 골목에서 감만 창의촌까지

꼭꼭 숨어라 머리카락 보일라~. 부산은 항구의 기능이 쇠퇴한 곳에는 물류
창고가 남아있고, 그곳에는 뭔가 남다른 느낌이 있다. 우암동 동항성당 인근
의 골목은 사진출사를 나온 아마추어 작가들이 많이
찾는 곳이기도 하고 미술작가들 사이에서는
유휴창고를 개조해 아트 프로젝트의 일환
으로 만들고자 하는 움직임도 있는 곳
이다. 근처에 위치한 학교를 개조한
건물 부산문화재단도 가볼만 하다.

한번 숨으면 찾기 힘들만큼 미로같은
골목. 멀리서 바라 본 허치슨 부두불빛
에 비친 부산의 리오데자네이루라 불리
는 동항 성당의 예수상이 이국적인 풍경을
지이내며 골목길을 구석구석 비춰준다.

 지하철 2호선 못골역에서 내려 마을 버스 남구 3번 승차 우암시장에서 하차.

 ## 부경대학교 문화골목

남구 대연동 부경대학교 골목길에 위치한 문화골목. 골목 대장이라 불리는
건축가 최윤식 대표가 만든 문화복합공간으로 LP판을 보유하고 있어 오래된
음악을 들을 수 있는 노가다, 비오는 날 운치있는 전통주와 막걸리 한잔 생각

날 때 들리면 좋은 **고방**, 와인을 마실 수 있는 **다반과
석류원** 등 다양하게 취향대로 선택할 수 있고 소
극장에서는 공연도 볼 수 있다.

그 중에서 심야족들을 위한 **부엉이 집**에서는 마
크니카레(매콤한 맛)와 부엉이 맥주
를 파는데 독특한 공간과 체험을
원하는 분들에게 추천한다. 골목 구
경뿐 아니라, 맛있는 음식과 공연, 문화를 체
험할수 있는 복합예술공간으로 사랑받고 있는 곳이다.

용두산 공원 고갈비 골목

아마 영화 〈친구〉의 네 명이 자주 모여서 술한잔 했다면 분명 고
갈비 골목에도 소주 한잔 하러 자주 갔을 거다. 용두산 공원 아래 옛 미화당
백화점 뒤편 고갈비 골목. 7080세대들이 좀 놀던 고등학생 오빠 시절 술 한잔
하러 야자와 독서실 제끼고 많이 갔던 곳이란다.

그 고갈비 골목의 추억이 아련한데 지금은 많이 사
라지고 할매집과 남마담집 딱 두 집 남았다니…
너무 아쉽다. 아마도 전국에 고갈비란 음식
을 소개한 건 부산 고갈비 골목의 공이 클텐
데 말이다. 싱싱한 부산의 고등어로 만든
고등어 타운이 들어서기를 기대해본다.
영화 〈써니〉나 〈품행제로〉처럼 학생시절
아련한 추억으로 남아있는 고갈비 골목. 당장
이라도 달려가보고 싶은 추억의 골목이다.

동광동 인쇄골목

80년대부터 90년내 사이 부산의 인쇄출판경기가 한창 좋을 무렵, 동광동 일대는 주변의 헌책방골목, 보수동에 있는 인쇄소들과 함께 하루 종일 프레스기가 돌아가는 가장 바쁜 골목이었을 것이다. 지금은 인쇄출판 물량들이 적어져 그 분위기가 많이 가라앉긴 했지만 아직도 그 시절 향수를 느끼기에 부족함이 없다. 더구나 얼마 전 새롭게 단장한 골목은 그 옛날 이 골목과 거리를 뛰어다니며 자랐을 3040 세대들에겐 더할 나위없는 추억을 안겨 준다.

부산의 골목이 무분별한 벽화로 뒤덮이기보다, 좀 더 지역의 주민, 상인, 창조물들이 모두가 행복할 수 있는 느낌있는 골목이 되어 주기를 바라며… 동광동의 골목을 걸어본다.

산다는게 다 그런거지,
부산의 시장

5살, 엄마 손을 잡고 갔던 시장통은 경이로운 신세계 그 자체였다. 아주 잘 기억 나지는 않지만, 입천장이 다 벗겨지도록 물고 다닌 눈깔 사탕, 이 썩는다고 엄마가 별로 좋아하지 않던 오리 모양 달다구리 뽑기. 그리고 엄마가 장을 볼 때면 난 소금집에 가서 소금을 한웅큼 집어 먹곤했다. 왜 그렇게 그때 굵은 소금이 맛있었는지는 지금도 의문이다. 하여튼 난 소금을 엄청 집어먹고 다녔다.

그리고 자주 가는 쌀집에 가서 그 집 까만 고양이가 무사한지도 확인하는 건 일상이었다. 하루는 그집 고양이가 쌀가마니 뒤로 숨어버렸는데 도통 나오지를 않더란다. 주인 아주머니는 엄마에게 말해 나한테 부탁을 했고 나는 대단한 일을 부탁받은 양 의기양양하게 가서 불렀다.
"나비야 ~~ 나와라…" 그때 마치 〈TV는 사랑을 싣고〉의 한장면처럼 The Power of love가 흘러나오고 까만 나비는 먼지를 뒤집어 쓰고 등장했다. 시장하면 떠오르는 나의 추억들이다. 그뿐인가. 내 어릴적 방과후 특별 수업은 시장 한쪽 공터에 있던 덤블링과 쪽자뽑기였다. 다른 아이들이 피아노와 태권도에, 미술학원을 다닐 때 나는 덤블링이라 불리던 트램플린 사각의 링에서 하늘로 솟아 올랐다.

하늘로 팡팡 튀어오르던 그 짜릿한 쾌감. 그렇게 하늘로 튀어 오르면 내발 밑에 우리반 반장이 지나가고, 저 멀리 우리 학교 운동장도 보였다. 아마 그때 난 태양의 서커스처럼 하늘로 날아 오르는 꿈을 꾸었는지도 모른다. 그리고 내게 집중과 선택을 가르쳐준 쪽자 뽑기. 거의 다 성공했어도 한치의 방심으로 부서지고 마는 설탕 예술, 결국 침을 살짝 바르는 꼼수를 쓰고 나서야 득템에 성공했던 내 어린 시절 시장통의 추억…. 아, 그 시절 그립다.

다른데 이리 마이 안준데이, 정이 있는 구포시장

부산에 남아있는 시장 중 규모가 꽤 큰 구포시장. 여기도 5일장이 열린다. 규모도 규모지만 단골 인심 때문인지 시장 명칭도 '정이 있는 구포시장'이다.

30년 전만해도 구포국수를 받아서 부산 전역에 국수를 파는 할머니들이 참 많았는데, 지금은 그 자리에 남은 구포국수 간판만이 그 옛날 명성을 대신하고 있다. 울릉도 특산물 명이도 팔고, 머위대를 손 크게 쑤욱 담아주는 아지매의 인심이 넉넉하다. 다른데 가면 이래 마이 안 준다카이~.

구포시장에 가면 시장통 명물과 함께 닭, 오리, 토끼, 고양이, 강아지 등 가축장도 선다. 성남의 모란시장에서 어린 시절 그 파닥거리던 것들이 돈으로 환치되고, 인간의 먹거리가 된다는 것을 알게 된 후 나는 조금 슬펐다. 하지만, 아무리 내가 부정해도, 그것은 순리일지도 모른다. 유기적인 우주의 순환. 그래도 어디론가 팔려가기 만을 기다리며 새 주인을 기다리는 그들의 눈동자가 너무 말개서 눈을 못 마주치겠다. 다음 세상엔 부디, 좀 더 고급한 영으로 태어나렴.

소머리표 깡통 우유의 추억 - 깡통시장

부산의 국제시장 보다 더 유명한 깡통시장. 부산항을 통해 들어온 미군 부대에서 지급되던 군수물자와 통조림이 알게 모르게 부평 시장으로 유통되게 되면서 그 이름이 깡통시장이 되었다. 그땐 어떤 깡통이 유행이었을까…. 부대찌개에 넣는 빨간색 콩 통조림, 초록색 거인이 그려진 옥수수 통조림, 과일 통조림, 그리고 노란 소머리표 탈지분유 통까지….

어린 시절 양말 공장을 해서 성공한 아빠 친구 집에 가면 그 집 아주머니가 노란 분유통에 빨간 소머리가 그려진 통을 꺼내어 내게 우유를 타주곤 했다. 노란 분유통 소머리표 우유… 아직도 그 노란 가루의 진한 맛이 기억난다. 한때 배를 탔던 시아버지께서 남편에게도 이 깡통 분유를 사다 먹이셨단다. 알고 보니 우리 부부 깡통분유 동기다.

혹시나 하고 깡통시장을 기웃대보지만 그 노란 분유통은 찾기가 영 힘들다. 내겐 천사표 모리나가 캬라멜과 함께 어릴 적 추억의 간식 양대산맥인데… 그대신 열심히 발품을 팔고 다닌 결과, 이사오며 깨뜨린 노리다케 토토루 커피잔을 아주 말 안되는 저렴한 가격에 구했다! 할렐루야 ~.

최근에 깡통시장은 오후 6시부터 야시장이 열리며 그 홍보가 한창이다.

⭐ 이리 오시게 빨리 오시게~ 구서 오시게 시장

이리 오시게~ 다 샀으면 그만 가시게~~. 이름만 가지고 놀아도 참 재밌는 시장 오시게 시장. 금정구 노포동 지하철역 건너편에 2일, 7일에 열리는 5일장이다.

인근 지역 상인들이 제철 농산물을 팔기도 하고, 이제 제법 보기 힘든 물건들이 나와 상인들끼리 물물교환도 이뤄진다. 뻥튀기 장수도 있어 뻥이요~ 하고 귀막고 도망가고, 구수한 뻥튀기 냄새가 진동한다. 드라마〈넝쿨째 굴러온 당신〉에서 어릴 적 시장통에서 엄마를 잃어버린 귀남이가 생각난다.

'저를 데려가세요… 잘 키워주실거면 데려가고 개장수 아저씬 사절이에요' 말하는 것 같은 초롱초롱 눈망울의 백구, 황구도 자꾸 눈에 밟힌다.

옛날 과자, 건어물, 보양식품, 꽃무늬 장화까지 없는거 빼고 다 있는 오시게 시장… 시장 어귀를 돌다 출출해지면 시장통 바닥에 앉아 얼큰한 돼지국밥과 산성 막걸리 한 잔에 목을 축인다. 남편은 늘 말한다. 주부는 재래시장에서 장을 봐야한다고… 마트를 가는 나에게 늘 잔소리하는 이 남자. 오늘 신이 난 걸 보니 이 분, 오시게 장에 앞으로 자주 오시겠다.

디카로 보는 부산 시리즈 부산의 시장 2010
권기현

디카로 보는 부산 시리즈 부산의 시장 2010
서수봉

디카로 보는 부산 시리즈 부산의 시장 2010
정근업

디카로 보는 부산 시리즈 부산의 골목 2011
권만주

디카로 보는 부산 시리즈 부산의 골목 2011
배성우

디카로 보는 부산 시리즈 부산의 골목 2011
신영주

디카로 보는 부산 시리즈 부산의 포구 2012
박동진

디카로 보는 부산 시리즈 부산의 포구 2012
조연지

디카로 보는 부산 시리즈

(사)문화도시 네트워크에서 매년 시행하는 디카로 보는 부산 시리즈. 부산에서 활동하는 아마추어 작가들이 각자 정해진 주제로 사진을 찍어 에세이와 함께 만드는 부산의 포토 에세이집이다.

2010년에는 부산의 시장, 2011년에는 부산의 골목, 2012년에는 부산의 포구 이렇게 세 편의 책이 완성되었고, 2013년은 부산의 산복도로, 2014년 부산의 타임캡슐이라는 주제로 부산의 속살을 사진으로 남기는 작업을 하고 있다.

문화도시네트워크 : www.cupu.net

아빠, 우리 부산가?

부산을 여행하는 10가지 특별한 방법

부산여행의 新코스 제안!

오물오물 뭐든지 맛있게 먹는 귀여운 사랑이,

추성훈 부녀가 함께 떠난 제주도 여행을 보며

아이들에게 어린시절 부모와 함께하는 시간의 추억을 안겨준다는 것이

얼마나 소중한 선물인지 느껴졌다.

얼마 전 부산역에서 커피를 사려고 줄을 서있는데

캐리어가방을 밀고 가는 꼬마와 아빠의 대화.

"아빠, 우리 어디 가는거야?"

이제 <아빠, 어디가>와 <진짜 사나이>처럼 극한의 상황에서

함께 하는 소통과 나눔의 시대가 온 것이다.

아이들과 함께 하는 행복한 여행을 꿈꾸는 엄마와 아빠,

그리고 아무리 먼 곳이라도 씩씩하게 잘 따라오는 아이들을 위한

부산의 새로운 코스 여행과 달콤한 로맨스 여행지로

부산을 선택한 연인들을 위한

부산의 新코스 여행 제안!

전 국민 여행시대의 새로운 개막!

이번 주, 부산을 우리 어떻게 여행해볼까?

신나게 뛰어놀 수 있는 **아이들을 위한 가족여행**

아빠, 어디가?

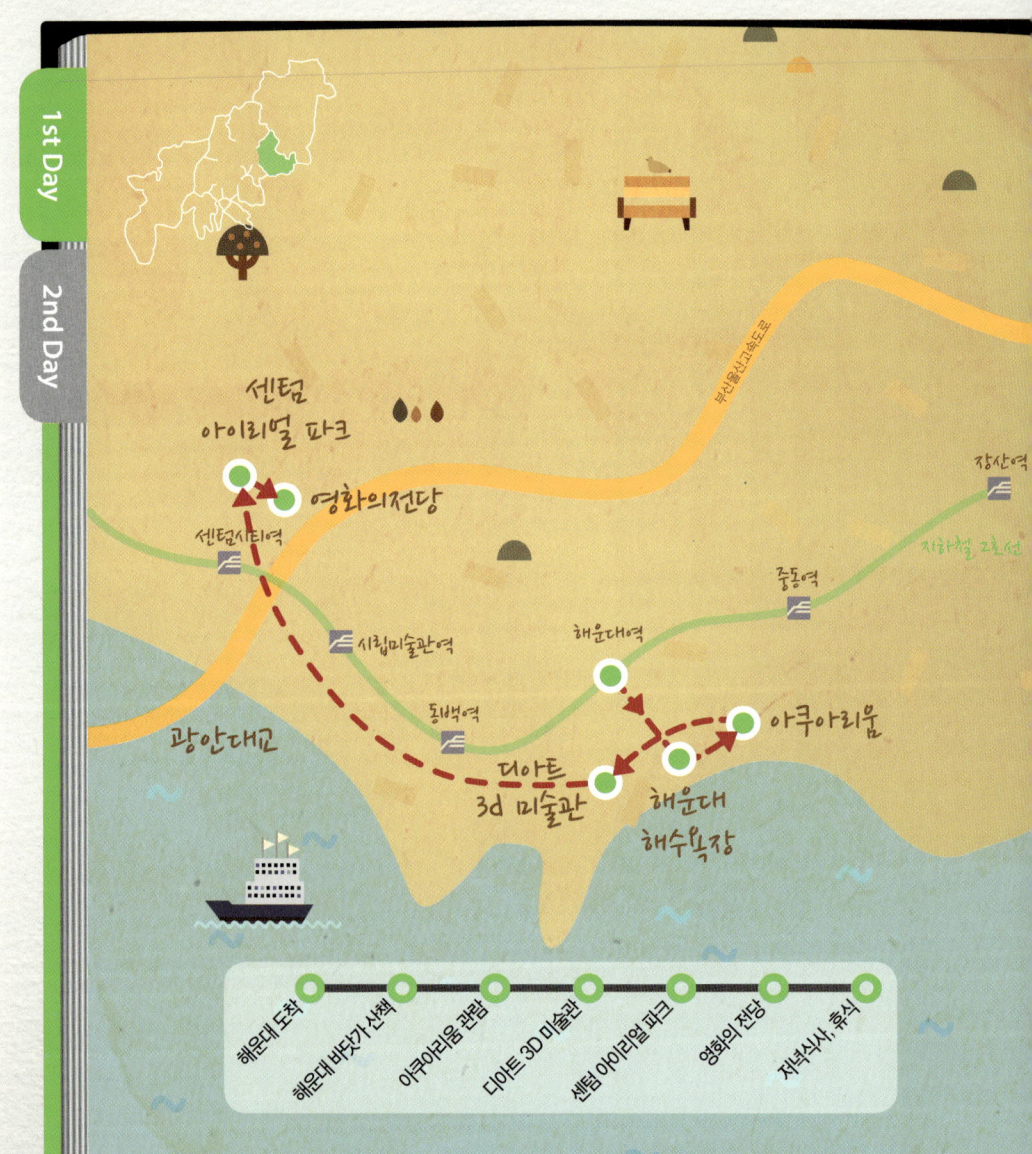

1st Day

2nd Day

센텀
아이리얼 파크

영화의전당

센텀시티역

부산울산고속도로

장산역

지하철 2호선

중동역

시립미술관역

해운대역

아쿠아리움

광안대교

동백역

디아트
3d 미술관

해운대
해수욕장

해운대 도착 · 해운대 바닷가 산책 · 아쿠아리움 관람 · 디아트 3D 미술관 · 센텀 아이리얼 파크 · 영화의 전당 · 저녁식사, 휴식

짧고 알찬 주말 1박 2일

첫 날은 해운대권, 이튿날은 남포동과 서면 일대를 여행하는 코스.

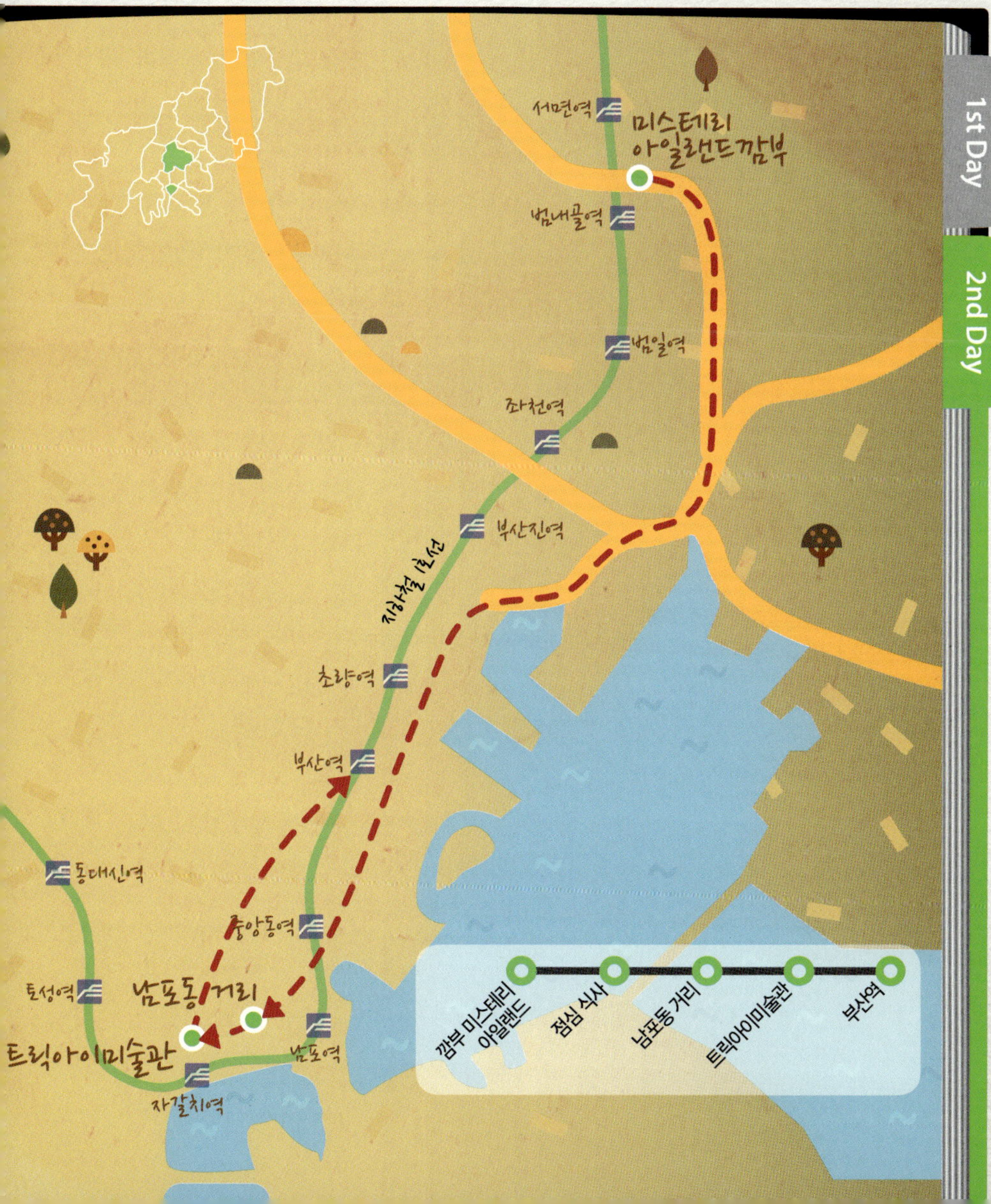

서면역 미스터리 아일랜드깜부

범내골역

범일역

좌천역

부산진역

가야선 경전선

초량역

부산역

동대신역

토성역

남포동 거리

남포역

트릭아이미술관

자갈치역

중앙동역

깜부 미스테리 아일랜드 ──── 점심 식사 ──── 남포동 거리 ──── 트릭아이미술관 ──── 부산역

아이들이 좋아하는 테마파크 in 부산

바다 속 특별한 수족관
해운대 아쿠아리움

부산 아쿠아리움은 영국 회사인 멀린 엔터테인먼트그룹이 운영하는 테마파크 수족관으로 365일 다양한 이벤트와 체험 프로그램으로 가족 관람객들의 사랑을 받고 있다. 상어 투명 보트, 샤크 다이브, 입체영상 체험 놀이기구 3D 라이더 같은 체험 시설부터 멸종 위기종인 상괭이 특별전부터, 딱한 거북촌 이야기 같이 재미있는 이벤트를 열고 있어 아이들과 함께 즐거운 시간을 보낼 수 있다. 1년 전 통영에서 어망에 걸렸던 아기 상괭이 '누리'와 '마루'를 회복될 때까지 아쿠아리스트들이 잘 돌보다가 얼마 전 다시 통영 앞바다에 풀어주어 화제가 되기도 했다.

- www.busanaquarium.com
- 부산 해운대구 해운대해변로 266
- 월~목요일 10:00~19:00
  (성수기 9시 ~ 21시까지)
  금~일요일 09:00~21:00
  공휴일　　09:00~21:00
  연중무휴

세계 명화 3D미술관 **디아트 뮤지엄**

살아 움직이는 명화를 해운대에서 볼수 있다고? 트릭아트미술관처럼, 명화나 유명작품을 이용한 입체 체험은 많았지만 이번엔 본격적으로 3D안경을 끼고 돌아보는 미술관이다. 작품을 느끼고, 만지고, 이야기까지 나눌 수 있는 특별한 체험이

- http://blog.naver.com/dart_
  museum
- 부산 해운대구 해운대해변로 217 .
  해운대그랜드호텔 4층 레저동
- 오전 10~오후 10시
  (티켓팅은 오후 8시까지!)

될 듯. 특히 머리 넘기고 윙크하
는 모나리자와 재밌는 대화를 나
눠볼 수도 있다. "이름이 뭐에요?"
"아줌마 몇 살이에요?" "전화 번호
뭐에요?" "떽! 아줌마라니, 나는 그 유
명한 모나리자다. 다 봤음 옆 부스로
가거라~"

나는 미래의 영상 콘텐츠 전문가!

센텀 아이리얼 파크

센텀 아이리얼 파그는 캐릭터 테마파크
라기보다는 디지털 체험학습관이란 표
현이 더 맞는 체험학습 공간이다. 영화영
상 혁신도시라는 센텀지구의 명성답게 아
이들에게 뉴스앵커나 기상 캐스터등의 직업
을 체험해볼 수 있는 3D 스튜디오와 3D 영상제
작실, 얼리 모션등 놀이와 교육이 합쳐진 인터랙
티브 콘텐츠를 제공하며 단체로 즐기는 스포츠와
게임, 5D 어트랙션과 원형 5D 체험관 등 볼거리
등이 다양하다.

- www.irealpark.co.kr/
- 부산광역시 해운대구
  센텀서로 30 KNN 타워
- 평일   09:00~20:00
  (마지막 입장 가능시간 오후7시)
- 주말   09:00~21:00
  (마시막 입징 가능시간 오후7시)
- 공휴일   09:00~21:00
  (마지막 입장 가능시간 오후8시)

신나게 뛰어놀 수 있는 **아이들을 위한 가족여행**

아빠, 어디가?

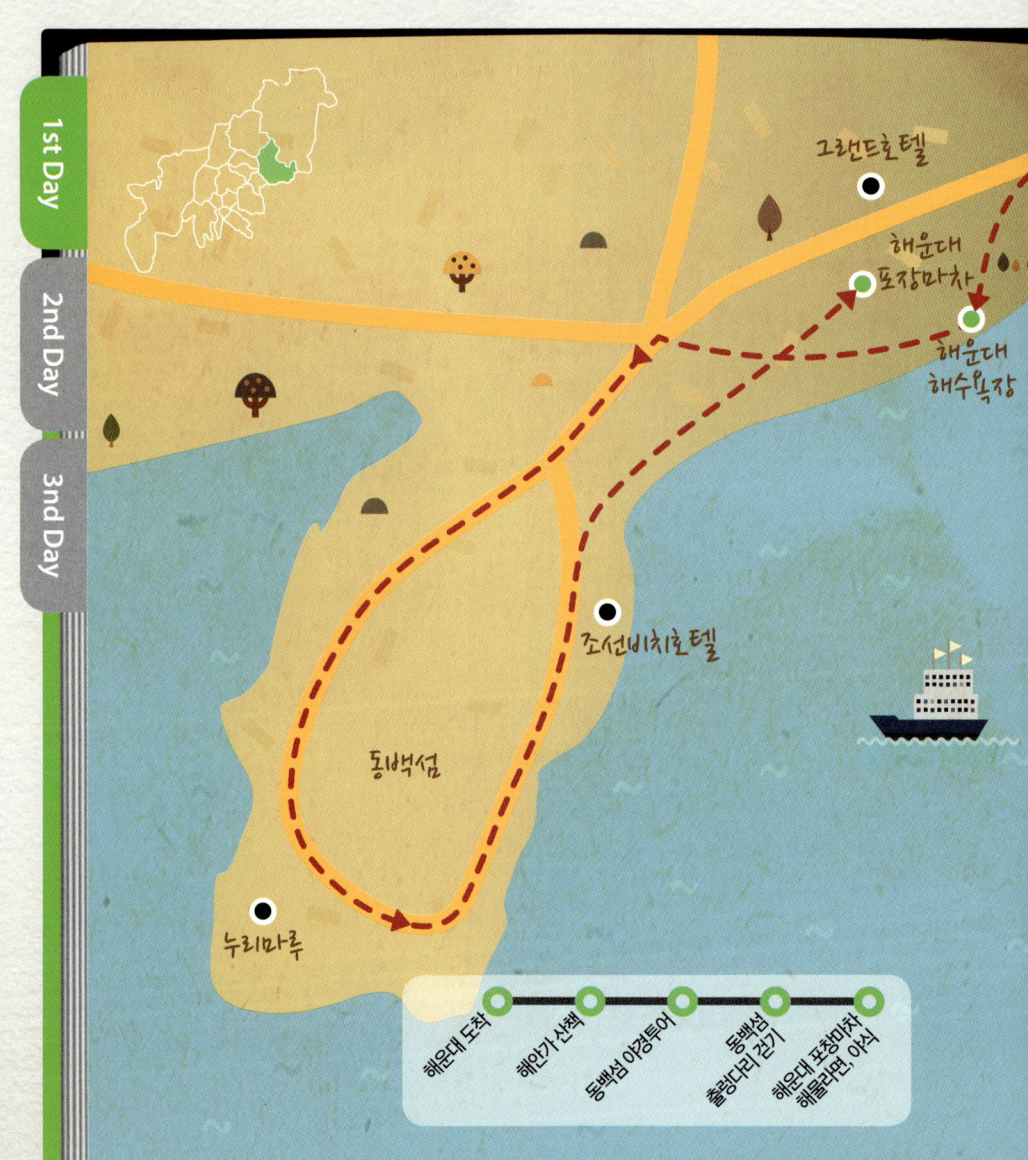

여유있는 금, 토, 일 **2박 3일**

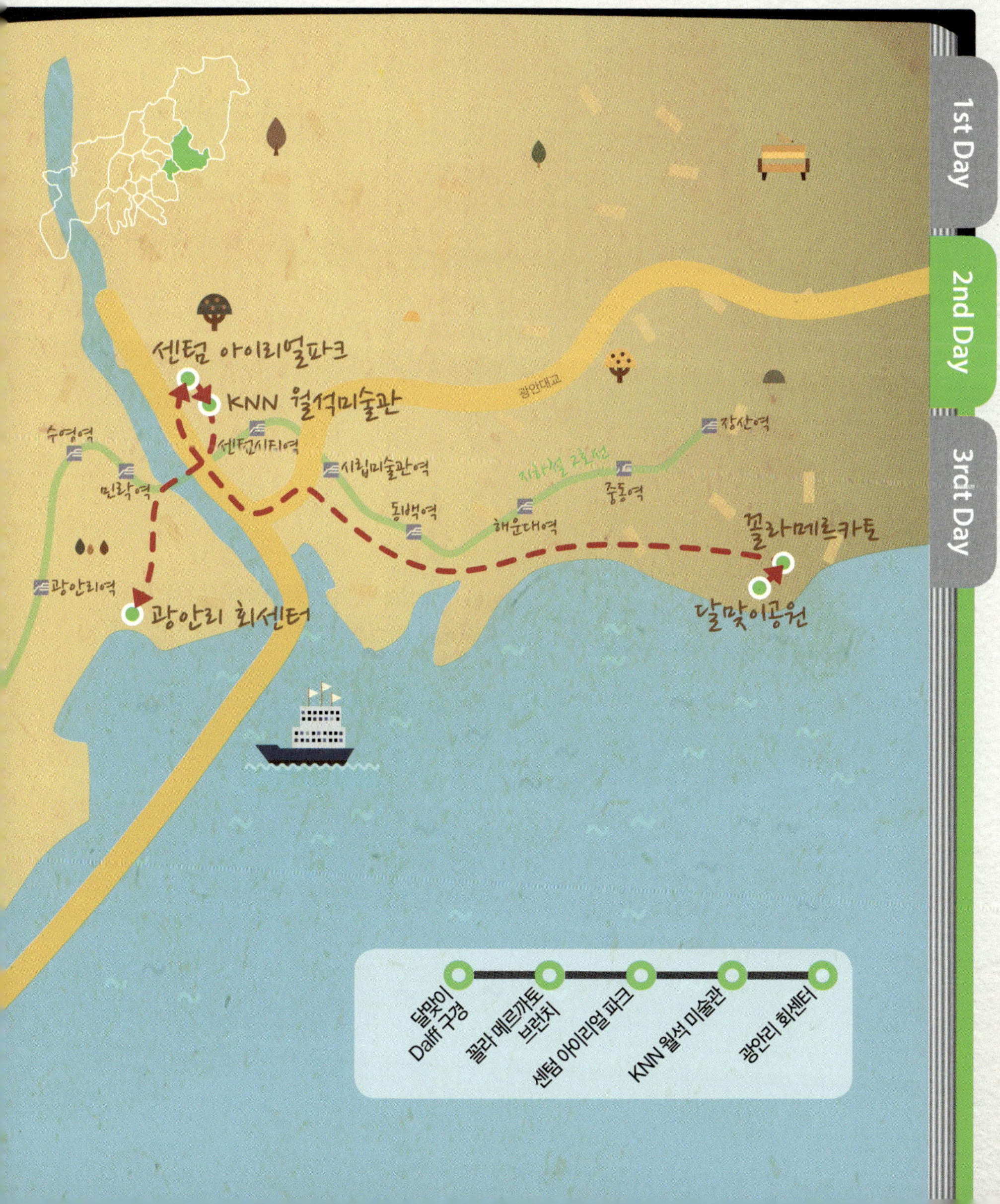

1st Day

2nd Day

3rdt Day

센텀 아이리얼파크
KNN 월석미술관
센텀시티역
수영역
민락역
시립미술관역
동백역
광안대교
장산역
지가철 2호선
중동역
해운대역
꼴라메르까토
광안리역
광안리 회센터
달맞이공원

달맞이
Daiff 구경
꼴라 메르까토
브런지
센텀 아이리얼 파크
KNN 월석 미술관
광안리 회센터

신나게 뛰어놀 수 있는 **아이들을 위한 가족여행**

아빠, 어디가?

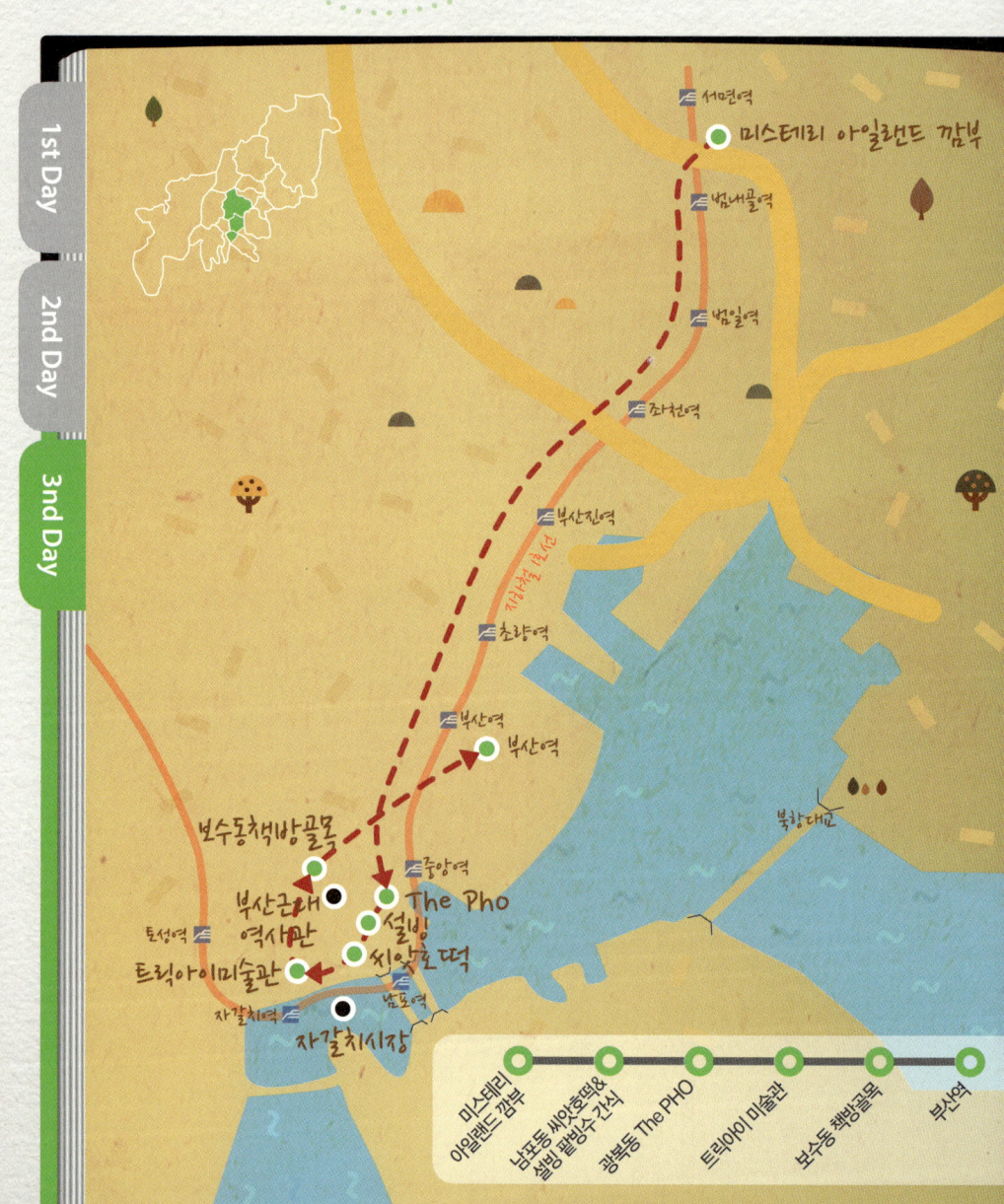

1st Day

2nd Day

3nd Day

서면역

미스테리 아일랜드 깜부

범내골역

범일역

좌천역

부산진역

부산신항선

초량역

부산역

부산역

불항대교

보수동책방골목

중앙역

부산근대
역사관

The Pho

토성역

설빙

쇠약한 떡

트릭아이미술관

자갈치역

남포역

자갈치시장

미스테리
아일랜드 깜부

남포동 씨앗호떡&
설빙 팥빙수 간식

광복동 The PHO

트릭아이 미술관

보수동 책방골목

부산역

아이들과 가볼만한
부산의 미술관 & 테마파크 Zone

센텀 KNN **월석 아트홀**

센텀 KNN 방송국 바로 옆에 오픈한 갤러리
및 공연전시관으로 주)넥센에서 운영하는
곳이다. 개관이래 〈앤서니 브라운의 일
러스트 원화전〉 및 〈세계 팝업아트전〉등
아이들과 어른들을 위한 다양한 전시를
소개하고 있다.

홈페이지 : www.knnart.com
문의 : 1577-7600

남포동 **트릭아이 미술관**

지루하고 따분한 미술관에 흥미를 잃은 아이들이
라면 〈트릭아이 미술관〉에서는 재미있게 뛰
어다니면 놀 수 있다. 자신이 주인공이 되는
〈트릭아이 미술관〉. 상상만으로 재밌어지
는 체험을 할수 있다. 동래 농심호텔 지하
에서 최근 남포동 BIFF 거리로 이전했다.

홈페이시 : www.trickeye2.com
문의 : 051-557-1577

미스테리 아일랜드 깜부

서울에 뽀로로 파크가 있다면 부산엔 〈깜부〉가
있다! 깜부는 일자눈썹과 수염구멍이 인상적인
강아지로 깜부 아일랜드에서 우체부로 일하는 캐
릭터이다. 바다코끼리 투티와 원숭이 팩키와 아
기새 붐이 깜부의 친구들. 뽀로로처럼 국내 토종
브랜드로 깜부라는 이름에는 '친구하자'란 뜻이
들어있다고. 〈미스테리 아일랜드〉라는 공간으로
깜부가 우체국 배달을 하며 만나는 여러 친구들
과의 환상의 세계들로 꾸며져 있다.

홈페이지 : www.kambupark.com
문의 : 051-932-2200

아이들과 함께
식사하기 좋은 레스토랑

달맞이 S+ 빌딩 **꼴라 메르까토**

1,2층엔 키즈 의류 편집매장이 있고 3층
엔 베이커리, 4층엔 이태리 레스토랑
〈꼴라메르까토〉에서는 키즈 메뉴도
따로 있어 아이들과 함께 식사하기
좋다. 주말엔 창가 자리가 꽉 차므로
미리 예약하고 가는 것이 좋다.
문의 : 051-744-5583

오이시 함바그

아직도 햄버거가 최고의 메뉴인 아이들이 좋아
할만한 수제 햄버거 전문식당. 철판에 지글지
글 겉만 살짝 익혀 나오는 햄버거를 돌판에 익혀
먹는 독특한 방법으로 소리까지 맛있게
들린다. 계란 함바그와 오리지널 함
바그 2종류, 샐러드, 참치마요, 주
먹밥등 사이드 메뉴도 있다.
문의 : 051-757-5242

부산 Bexco 지하 **파티 앤 플레이**

아이들이 좋아할만한 놀이기구부터 체험공간까
지 한 번에 즐길 수 있는 공간인 키즈랜드에 위치
한 뷔페 레스토랑. 아이들을 위한 생일, 친구초대,
가족모임 등의 공간이 필요하다면 아이들이 좋아
할만한 공간에 뷔페 음식까지 원스탑으로 준비된
키즈랜드 뷔페를 이용해보자. Bexco의 특별전시
회나 시립미술관 유아 프로그램 등 연계시설등이
가깝게 있어 아이들과 함께 하는 나들이에 좋은
장소이다.

문의 : 051-710-2222

전복죽 집

해운대에서 전복죽을 먹으려면 〈원조 전
복죽〉(팔래드시즈1층),미포의 해녀분들
이 운영하는 〈전복죽 포장마차〉로 가거
나 차량이 있어 움직이기 쉽다면 해운대
에서 15분 거리인 기장 연화리의 〈해물 포
장마차촌〉을 추천한다.

원조전복죽집 : 051-742-4690

동백섬에서 바라본 해운대 해수욕장의 야경.
저녁시간 동백섬 산책은 낮과는 또다른 해운대의 모습을 보여준다.

등대를 찾아 떠나는 **보물찾기 드라이브 여행**

1st Day

2nd Day

간절곶
소망우체

가자미등대
갈매기등대
야구등대

일광 만두

일광해수욕장

일광 아구찜

죽성
드림세트장

등대 4종세트
(닭벼슬등대/젖병등대
월드컵등대/장승등대)

연화리

해운대역

청사포
부부등대

해운대
해수욕장

- 해운대 도착
- 기장 연화리 전복죽 점심
- 등대 4종 세트
- 기장 칠암 야구등대
- 간절곶 소망우체통
- 일광 만두 간식
- 일광 아구찜 저녁
- 기장 죽성리 성당 드림세트장

부산 등대,
어디까지 가봤니?

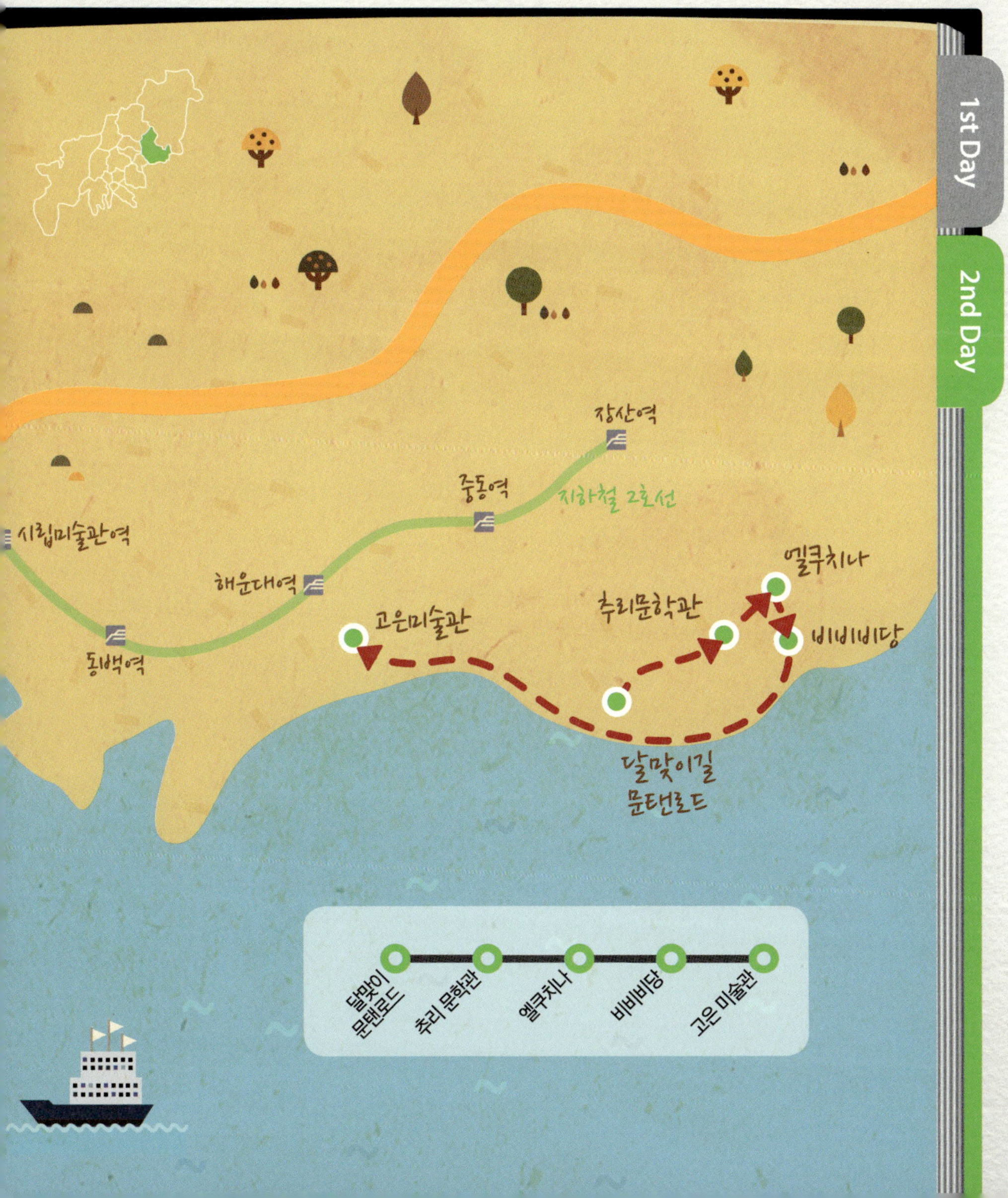

1st Day

2nd Day

장산역

중동역

지하철 2호선

시립미술관역

해운대역

엘쿠치나

추리문학관

비비비당

동백역

고은미술관

달맞이길
문텐로드

달맞이
문텐로드 — 추리 문학관 — 엘쿠치나 — 비비비당 — 고은 미술관

등대 여행 코스

청사포 부부등대 — 연화리 젖병등대 — 닭벼슬 등대 — 월드컵 등대 — 장승 등대 (마징가제트 등대) — 칠암 야구 등대 — 갈매기 등대

부산 해운대 근교 여행을 계획하는 분들에게 추천하는 코스로, 숨겨져 있는 등대를 하나 하나 찾아가는 재미가 있는 코스이다.

부산 바다의 상징인 귀엽고 이색적인 등대들을 만날 수 있다. 마징가제트 등대부터 시작해 엄마젖병, 아기젖병 등대를 세트로 볼수 있는 젖병 등대, 조금 더 올라가면 닭벼슬 등대와 월드컵 등대도 있다. 칠암에 있는 야구 등대는 2008년 베이징올림픽 금메달 획득을 기념으로 만들어진 등대로 글러브와 야구공, 배트 모양의 등대가 한 세트로 부산 사람들의 야구 사랑이 느껴진다. 현재 기장에는 야구 박물관과 명예의 전당 건립이 확정되어 야구를 사랑하는 부산시민들을 설레게 하고 있다.

첫날은 등대와 함께 송정-기장-일광을 여행했다면 둘째날은 해운대 달맞이 인근에서 쉬면서 문화공간을 찾아보는 것도 좋을 듯.

문탠로드를 거닐다 달맞이고개의 추리문학관에서 최근에 나온 추리소설을 읽으며 향긋한 커피한 잔을 할 수 있는 여유를 가질 수 있다. (음료를 포함한 입장료가 1인 5,000원) 아이들을 위한 아동용 추리문학전집도 골라볼 수 있다.

추리 문학관 051-743-0480

2, 3층 자료실에 가면 최근에 나온 신간 추리소설을 빌려 볼 수 있으며 〈여명의 눈동자〉의 원작과 영화 '흑수선'의 원작인 〈최후의 증인〉도 볼 수 있으며, 김성종 관장의 최근작 추리소설 〈후쿠오카 살인〉도 볼 수 있다. 여행을 좋아하는 김성종 관장의 유럽 문학기행 사진전도 상설로 전시되고 있다. 헤르만 헤세 문학관 방문기와 사진을 감상할 수 있다.

비비비당 051-746-0705

점심은 바다전망이 멋진 엘쿠치나에서 머리가 하얀 쉐프가 정성껏 만들어주는 파스타뽀모도 마레나 퓨전 메뉴인 동파육으로 식사를 마친 뒤 같은 건물 4층에 있는 전통찻집 비비비당에서 대추차나 첫물 녹차 한잔 하며 해운대 바다를 바라보며 평온한 시간을 보내보자. 왠지 명상을 해야할 것 같은 편안한 느낌이 들지도 모른다.

시간이 여유가 있다면 달맞이언덕에서 내려와 해운대구청 맞은편에 위치한 사진갤러리 고은미술관에서 사진전을 보는 것도 괜찮다.

고은미술관 051-746-0055

별도 보고 달도 보고 **야외캠핑족 코스**

우린 럭셔리 캠핑
글램핑 한다!

부산에서 캠핑하기 좋은 곳은 어디?

삼락공원 캠핑, 구덕 야영장, 금련산 청소년수련원과 금정 청소년수련관의 야외 캠핑장 등 이미 많이 알려진 곳도 있고 기장부터 송정까지 이어지는 해변가 기암절벽 안쪽에 텐트를 치고 캠핑 하는 자연 속 캠핑 고수들의 모습을 여름철에는 쉽게 만나 볼 수 있다. 캠핑하기 좋은 장소, 부산에서 한번쯤 시도해봐도 좋을 듯한 캠핑지를 몇 군데 추천한다.

☆ 바다 위에서 럭셔리 글램핑 - 조선호텔 글램핑

화려하다는 뜻의 글러머러스(glamorous)와 캠핑 (camping)의 합성어인 글램핑은 필요한 장비와 캠핑용품이 다 갖춰진 편안하고 안락한 캠핑을 뜻하는 신조어로 전국적인 캠핑 열풍과 함께 신세대 가족 여행자들의 인기를 얻고 있는 여행 트렌드다.

글램핑은 주로 캠핑장비 업체나 캠핑 전문용품 브랜드에서 체험이 가능하며 부산에서 글램핑을 할 수 있는 곳 중 하나인 웨스틴 조선 호텔이 있다. 조선 호텔의 한식당인 셔블의 캠핑 프로그램인 〈캠핑 앤 그릴〉을 이용하면 찰싹 찰싹 파도

시간
런치 타임 12:00~15:00,
디너 타임 18:00~22:00

메뉴
6만5천원(돼지고기목살), 7만 5천원(해산물,소고기립아이), 8만5천원(전복, 장어 추가), 11만원(계절 해산물 추가)이 있으며, 현대카드에서 실시하는 꼬메 위크 때 예약하면 50%에 이용 가능하다. 단 텐트가 6개 밖에 없으므로 사전 예약은 필수.

문의
웨스틴조선호텔 한식당 셔블
051-749-7437

소리를 들으며 밤바다 별을 바라보면서 운치있고 럭셔리한 캠핑을 경험할 수 있다.

고급소재의 텐트안에서는 야전 침상이 있어 잠시 눈을 붙이고 휴식을 취하거나, 영화나 음악을 들을 수 있게 전기 콘센트도 제공된다. 동백섬 야경을 즐기며 밤안개 속 운치있는 캠핑을 즐길 수 있으며 3층 높이의 호텔가든에 위치한 텐트는 마치 바다 위에 떠 있는 듯한 느낌을 주는 최상의 글램핑 장소이다.

⭐ 저렴하게 즐기는 캠핑& 식사 -재송동 **캠핑 락**

부산국제어린이영화제 스탭 출신인 젊은 사장이 앞으로 캠핑 인구가 늘어날 것에 착안해 창업한 〈캠핑락〉은 도시인들이 쉽게 캠핑을 즐기며 식사를 할 수 있게 만든 캠핑 전문 음식점이다.

캠핑 전문용품이 구비되어 있고, 앞으로 특정지역 특산물로 만든 메뉴와 함께 캠핑락 실내에서 1박 2일을 지내는 야영 체험 이벤트도 할 계획이라고 한다. 캠핑도 즐기고, 가족들과 함께 캠핑음식을 즐기고픈 사람들이라면 이곳이 딱 일 듯. 해운대 센텀과 가까운 거리라 해운대 바닷가에서 피서를 즐기고, 센텀에서 아이스링크나 스

위치
재송1동 1094-28. 해운대 경찰서 뒤편 (효성시티병원 뒤편)
문의 : 051-625-7710
메뉴
와규,돼지목살, 새우,소세지 세트 메뉴 2만8천~4만4천원, 대나무 통훈제, 비어캔 치킨

파를 즐기고 난 뒤 캠핑 음식을 체험해 보고 싶은
캠핑족들에게 추천한다.

⭐ 캠핑 장비가 필요하다면 이 곳으로 ~

럭셔리 캠핑 글램핑을 하려면 우선 캠핑 장비가
필요한데 어디서 캠핑장비를 살까 고민된다면
집근처 마트도 괜찮지만 기장에 있는 신세계 프
리미엄 아울렛으로 가보자 .
신세계 사이먼 아울렛에는 캠핑용품인 Coleman
을 40~70% 가격에 구매할수 있고 캠핑 테이블,
의자, 바비큐 장비등을 시중보다 저렴한 가격에
구할 수 있다.   최근 중국인 관광객을 위한 셔틀
버스가 해운대 각 호텔 (파라다이스, 웨스틴 조선)
등에서 운행중이며 해운대에서 울산부산 고속도
로를 이용하면 15분이면 도착하는 거리에 위치해
있다.

기장 프리미엄 아울렛
(신세계사이먼 아울렛)

⭐ 캠핑 느낌 가득한 텐트 속 영화제
부산국제어린이영화제(Biki)의 텐트 영화관

매년 7월에 열리는 부산국제어린이 영화제에서는
아이들을 위한 텐트 속 작은 영화관을 운영한다.
5~6인용 텐트 속에서 아이들이 좋아하는 애니메
이션과 단편영화를 감상 할 수 있으며, 인솔교사
나 부모들과 함께 자신이 좋아하는 영화를 취향에
맞춰 선택해서 볼 수 있다.

문의 : 051-743-7652
홈페이지 : www.biki.or.kr

쉿! 조용히 손잡고 걸어봐~

시작하는 연인들을 위한
갈맷길 산책

이제 막 시작하는 연인을 위한 가장 좋은 데이트 코스는 아마도 자연 속에서 걷거나 산책을 하면서 보기만 해도 눈부신 연인의 미소를 보는 게 아닐까… 자전거를 타고 함께 가는 연인들의 모습이 싱그럽다. 부산에는 자전거 길보다도 더 좋은 갈맷길이 있으니, 이제 용기를 내어 사랑하는 사람의 손을 잡기만 하면 된다.

갈맷길 700리 추천코스

부산의 갈맷길은 총 21개 코스로 8개의 숲길, 6개의 해안길, 3개의 강변길, 4개의 도심길이 있다. 그 중에서 연인들이 걷기에 좋은 코스를 추천한다.

★ 회동 수원지 사색길 (18.7km 5시간 소요)

3개의 강변길 중에 부산 시민들에게 가장 많은 사랑을 받은 코스로 부산의 10대 히트 상품에 선성되기도 한 길이다. 45년만인 2010년 개방된 회동 수원지 사색길은 강과 호수와 숲이 스토리가 되고 자연과 사람이 공존을 꿈꾸는 길이며 여러 갈맷길 중에서도 천혜의 자연경관을 지니고 있어 걷는 동안 지루하지 않고, 자연 속에서 치유와 사색을 체험할 수 있는 길이다. 조선시대 이곳에서 오륜을 공부하던 사람들이 경치에 반해 불렀다는 오륜대, 그리고 길 중간 중간에 생태 숲과 연꽃 소류지가 있어 7월이면 백련과 홍련이 만발하는 장관을 연출하며, 마지막 수영강으로 이어지는 길은 연인들에게 소중한 추억이 될 것이다. 바다를 끼고 걷는 해안 길과는 또 다른 숲과 강이 선사하는 건강한 걷기를 체험해 볼 수 있다.

숲과 강변, 도심과 해안이 어우러진 회동 수원지 사색길은 전국의 걷기 동호회인들과 지역 주민들의 폭발적인 호응을 얻고 있으며, 꼭 한번쯤 체험해 볼 만한 코스이다.

연인과 함께 부산을 방문했다면 늘 가는 바닷가의 해변 데이트 대신 부산의 또 다른 모습인 신선한 강바람과 숲에서 부는 건강한 에너지를 듬뿍 받고 걸어보자. 아마 인파에 시달리는 바닷가와 또 다른 한적한 시간이 선물해 주는 잔잔한 여유와 기쁨을 맛볼 수 있을 것이다.

APEC 나루공원에 도착해 한 숨 돌리고, 걷기에 지친 연인과 함께 영화의 전당에서 영화를 보거나, 신세계 아이스링크에서 시원한 스케이트를 타는 것으로 데이트를 마무리한다면 몸과 정신이 다 충전되는 기쁨을 누릴 수 있다.

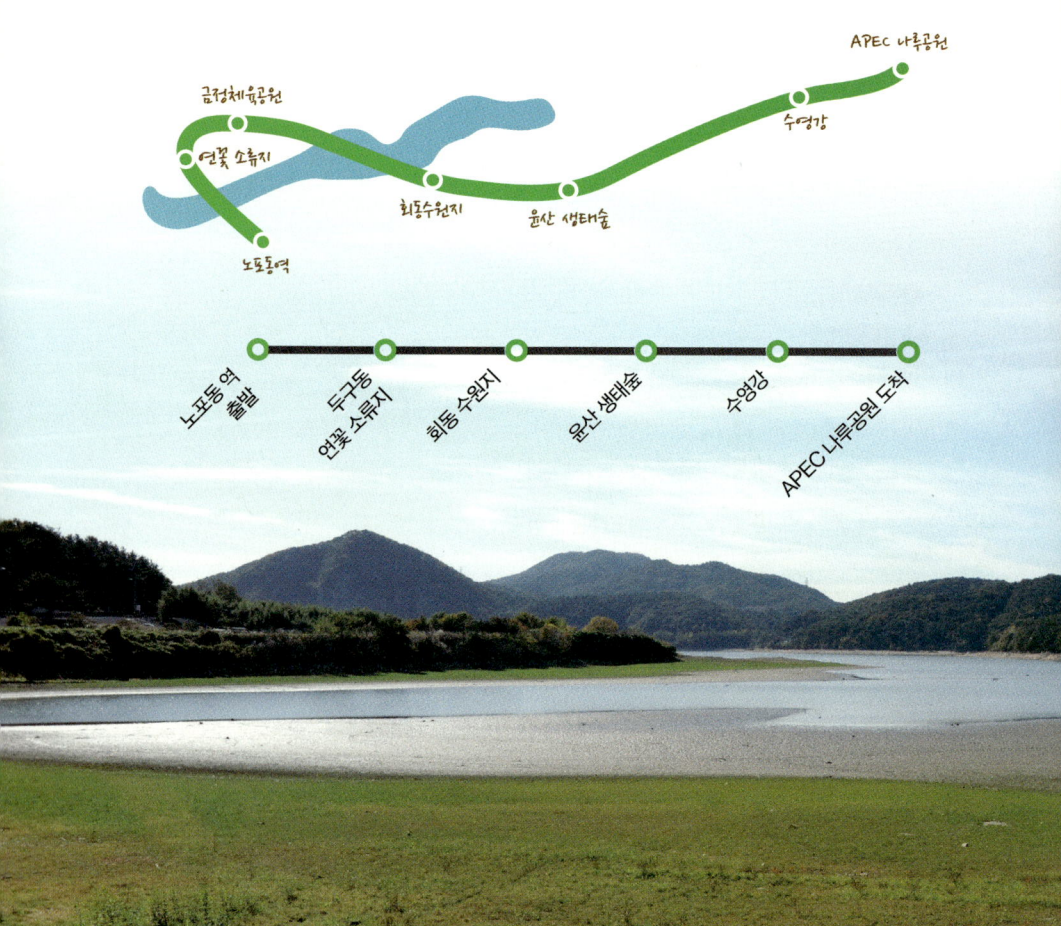

★ 수영강 온천천 길 (15.5km 4시간 소요)

비교적 난이도가 어렵지 않은 길이다. 산책로 조성이 잘 되어 있고 길은 우레 탄이 깔려 있어서 걷는데 부담없다.

봄에는 벚꽃, 가을에는 단풍과 갈대가 만발하는 걷기 좋은 길로, 다시 복구 된 온천천 생태계를 보면서 각종 새들과 꽃과 식물 등 자연을 만날 수 있는 길이나. 온천친에 이르면 요즘 세병교 주변으로 주택을 개조해 예쁜 까페로 변신하고 있는 주택가 까페거리도 만날 수 있다. 여기서 착한 가격의 커피 한 잔 하면서 쉬어 가도 좋다. 자연과 도심에서의 산책, 두 가지 느낌을 다 받을 수 있다.

★ 금정산 숲길 (19.8km 6시간 소요)

강변길과 함께 가장 많은 사랑을 받는 갈맷길인 숲길 코스이다. 금정산 범어
사 입구에서 출발해 향토순례코스로 금정산성의 성곽을 비롯한 3개의 성문
을 거치며 주능선을 답사할 수 있는 부산의 대표적인 숲길이다. 원효봉에서
북문, 의상봉, 동문을 거치다 보면 부산의 전경을 조망할 수 있다. 산정상에서
만난 습지를 지나, 구민의 숲을 지나 성지곡 수원지를 따라 내려오면 마지막
도착점에 도달하게 된다.

부산의 구도심, **옛 추억을 찾아 떠나는 문화 여행**

문화도시 부산
컬쳐 마니아

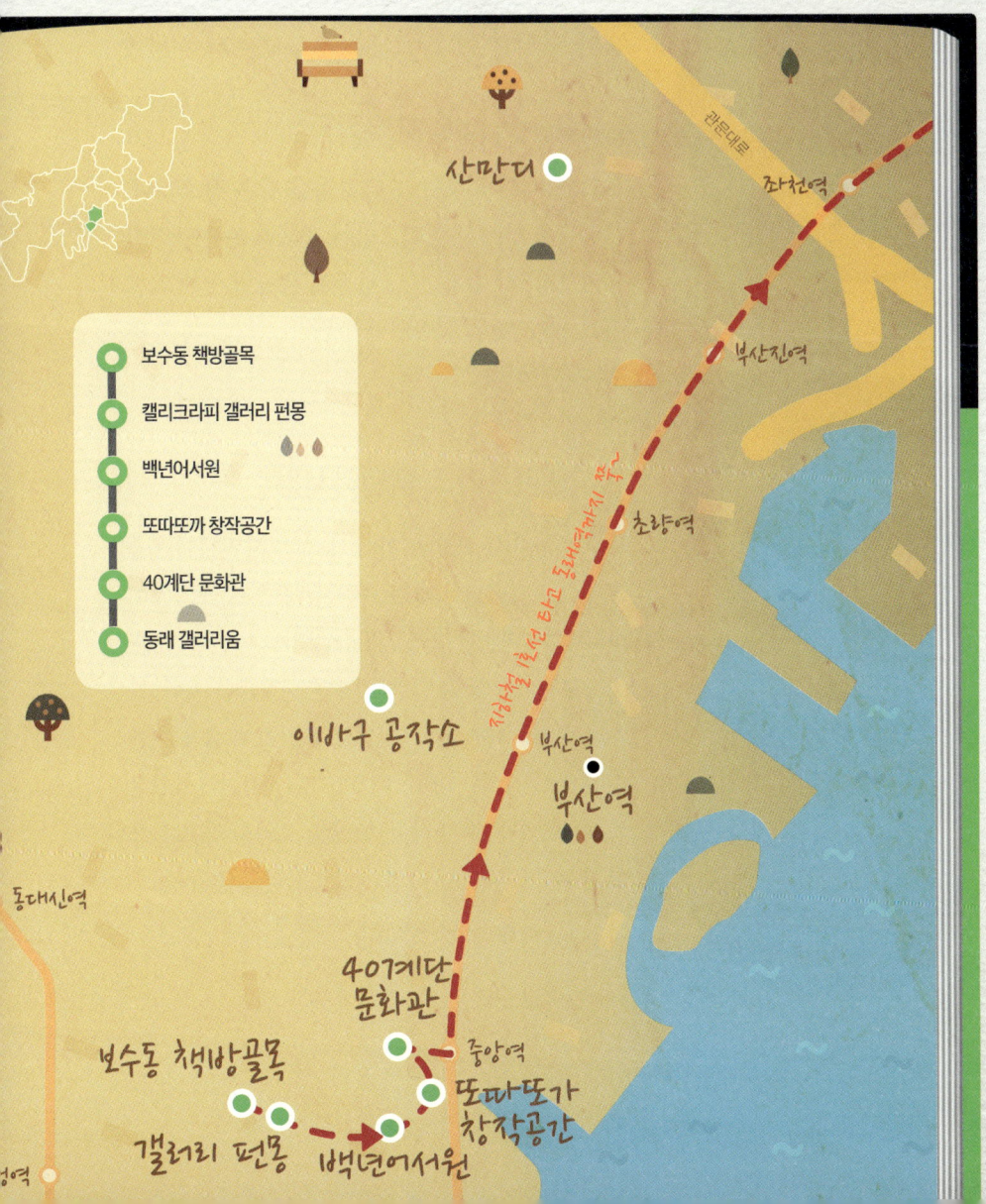

- 보수동 책방골목
- 캘리크라피 갤러리 펀몽
- 백년어서원
- 또따또가 창작공간
- 40계단 문화관
- 동래 갤러리움

산만디

좌천역

부산진역

관문대로

초량역

이바구 공작소

부산역

부산역

동대신역

40계단
문화관

중앙역

또따또가
창작공간

보수동 책방골목

갤러리 펀몽

백년어서원

떠나볼까? 부산 원도심 문화 여행

☆ 보수동 책방골목

보수동 책방골목을 다니다 보면 구석구석 낡은 느낌의 그래피티가 눈에 띈다. 문을 닫은 날, 셔터에 그림을 그려 놓은 곳도 있다. 보수동책방 골목은 한번쯤은 우리를 골목을 쏘다니며 놀던 골목대장으로 돌아가게 해주는 타임머신 같은 장소이다. 책방골목 안에서 캘리그라피 갤러리 펀몽도 잠시 들려보자. 저 수 많은 글씨들이 생명력 있게 꿈틀대고 있다. 낯선 이방인에게 많은 생각을 하게 해주는 공간이다.

백년어서원

☆ 또가또가 & 백년어서원

보수동을 지나 또따또가에서 하는 시민문화예술 교육 프로그램인 비타민C에서는 좋은 강좌를 많이 하고 있다. 미술강좌와 인문학 강좌를 들을 수 있다. 소라고둥처럼 돌돌 말린 40계단 문화관을 지나, 근처의 백년어서원에 가면 잠시 책을 보며 숨을 고를 수 있다. 김수우 시인이 대표로 있는 백년어서원은 독서회나 인문학 강좌, 문화예술 모임을 하고 있으니 관심이 있다면 미리 알아보고 들러도 좋을 듯.

또따또가 원도심 창작공간 www.tttg.kr
또따또가 비타민C 강좌 문의 051-469-1978

또가또가

동래의 문화예술공간 갤러리 움

언젠가 부산의 예술하는 분들 사이에서 '요즘 동래 갤러리 움 가봤어?' 하는 이야기가 심심치않게 돌고 있다. '새싹이 움을 트다'의 그 '움'이기도 하고 우리 모두를 줄여 '움' 같기도 한 예쁜 이름의 이 새로운 문화공간은 그동안 문화예술의 새로운 만남에 목말라하던 부산의 시민들과 지역 문화예술을 꽃피울 예술가들에게 반가운 공간으로 자리잡고 있다. 상설 전시와 공연 뿐 아니라 움 아카데미에서는 공예작품 만들기 등의 문화예술 교양강좌도 들을 수 있다. 갤러리 움에서는 정기적으로 지역 내 역량있는 아티스트를 섭외해서 공연과 전시를 기획하고 있으며 미래의 문화예술인들을 발굴, 후원하고 있다.

남들이 다 가는 루트의 여행보다는 여유있게 문화도시 부산의 향기를 느껴보고 싶으면 동래로 가는 지하철에 몸을 실어보자. 움에 내려 향좋은 커피를 한잔 마시고 부산에서 가장 핫한 예술인들의 전시회나 공연을 보고 돌아간다면 부산의 지역예술문화를 몸소 체험한 뜻깊은 여행으로 기억될 것이다.

부산시 동래구 명륜로 106 혜준빌딩 1F ・ 문의 : 051-557-3369
www.spaceum.kr

우리, 달달한 로맨스가 필요해

달콤한 연인을 위한
달맞이 산보 로망스

임랑해수욕장
고스락

반지마을
해운대점

갤러리
이듬

살롱 드 끌로에

디아트

동백섬 산책길

달맞이
프리마켓

달맞이 살롱 드 끌로이
브런치

갤러리 이듬

달맞이 프리마켓

청사포 디아트 커피

임랑 해수욕장 고스락
(방갈로 레스토랑)

코티지레스토랑, cafe lasso,
핸드드립까페 해오라비

우리, 달달한 로맨스가 필요해

여자친구가 그림을 좋아한다면, 혹은 남자 친구가 사진찍기를 좋아한다면 주말 오후 달맞이 언덕으로 가보자.

오륙도가 멀리 보이는 고즈넉한 수평선을 보면서 달맞이길을 걷다보면 베스타 온천을 끼고 좌회전하면 동네 골목골목 위치한 갤러리 거리를 만나게 된다. 그 중에서 최근 오픈해 주목받고 있는 몇 군데 갤러리들을 소개한다.

☆ 오션어스 아트홀

오션어스는 해양 엔지니어링 전문업체로 최근 바다가 보이는 달맞이 언덕에 신사옥을 증축하면서 오션어스 갤러리를 함께 오픈했다. 샐러리에 들어서면 두 눈앞에 푸른 해운대 앞바다와 광안대교의 전망이 파노라마로 펼쳐진다. 기업을 이끌고 갈 인력으로 '창의적인 인재'를 우선시하는 회사로 최근 월드 300에 선정된 만큼 해양분야에서 인정받고 있으며 기업오너는 다양한 문화예술활동 지원으로 문화예술경영에도 힘쓰고 있다.

사옥 1, 2층에 들어선 갤러리에서는 기획전이 열리며 신진작가 발굴 및 지역의 아티스트들의 작품활동을 지원하고 있다. 최근 전시를 했던 '이건희' 전에서는 한지를 이용한 작품들을 선보였으며 부산, 경남지역을 무대로 활동하는 작가들의 다양하고 폭넓은 작품전을 기획하고 있다.

사진제공_오션어스아트홀

☆ 해운 갤러리

갤러리의 이름만큼이나 푸르른 장소가 돋보이는 해운 갤러리는 온통 하얗고 파란 공간이 눈에 띈다. 그리스의 산토리니에 와 앉아있는 기분이 들 정도로 청량한 이 곳에서 오픈한지 얼마되지 않은 시간동안 아프리카 쇼나 조각전, 부산 여류작가전, 부산현대작가전, Today Artist 전 등 활발한 전시를 하고 있다. 그동안 잠시 침체되있던 달맞이 언덕 갤러리 골목의 새로운 활력소가 되어주기를 기대해본다.

갤러리 이듬

사실 올해 들어 센텀과 마린시티 쪽으로 많은 갤러리들이 이전을 했지만 아직도 달맞이만의 고즈넉한 분위기와 풍경을 담고 있는 갤러리들이 많이 있다. 아직도 몇몇 갤러리들은 기획전을 열며 활발하게 그 분위기를 이어가고 있다. 이듬 갤러리를 빠져 나와 오른쪽으로 20미터쯤 내려가다가 좌회전해서 언덕을 올라가다 보면 핸드드립으로 유명한 까페 해오라비와 메르씨엘이 나온다.

맥화랑

☆ 해오라비 핸드드립 카페

갤러리 이배

날씨가 덥다면 해오라비에서 헤밍웨이가 즐겨 마셨다는 라임 모히토를 한잔 하고 가도 좋다. 상큼하고 프레쉬한 애플민트를 으깨어 라임 퓨레와 섞어 만든 해오라비표 모히토는 사랑하는 연인과 함께하는 주말 오후의 기분을 에너지 업시켜준다.

⭐ 청사포 **디아트**

주말이라면 달맞이 프리마켓을 한번 둘러 보고, 청사포로 넘어가 디저트와 팥빙수가 유명한 디아트에서 말차 빙수와 오스트리아 아인슈패너를 맛보자.

오스트리아 아인슈패너는 비엔나커피와 또다른 느낌의 우유 생크림이 올라간 폭신한 커피다. 진하게 핸드드립한 스트롱 커피에 우유거품이 들어가 입안을 감도는 향긋한 커피향이 여운을 남긴다. 말차 빙수는 일본에서 공수한 말차 가루로 만든 빙수로 사상님이 고심 끝에 '한라산의 겨울'이라는 예쁜 이름을 붙여서 내놓은 디아트의 대표 상품이다.

늘 좋은 재료를 고집하는 사장님 덕분에 단골들은 감동을 받는다.

⭐ **고스락** 방갈로 레스토랑

어머, 여기 몰디브 같아!
청사포를 나와 기장, 일광을 거쳐 임랑까지 해안길 드라이브를 간다면 연인들이 들르면 좋을 장소인 고스락 방갈로 레스토랑을 추천한다. 각각 독

해오라비 핸드드립 카페
051-742-1253

청사포 디아트
051-702-1253

고스락 방갈로 레스토랑 051-728-8866

채로 되있는 방갈로식 음식점이며 프라이버시도
보장 되니 커플 데이트 하기엔 안성맞춤. 물위에
떠 있는 듯한 느낌으로 몰디브 수상방갈로에 와있
는 듯한 착각이 든다.

☆ 잠시 영혼을 눕히는 공간
북까페 Kumuda

Kumuda 051 701-7559

송정 해변가를 좀 걷다가 커피한잔 하
면서 쉬고 싶으면 바닷길 안쪽 북까페
Kumuda 로 가면 된다. Kumuda는 산스크리
트어로 '하얀 연꽃'이란 뜻. 까페 안 테이블에 연
꽃양초가 이쁘게 세팅되어 있다. 같은 건물에 있
는 조계종 대연사와 관련된 분이 운영하는 쿠무다
에서는 여스님이 내리는 향 좋은 커피를 마실수 있
고 책을 낸 작가들의 북 콘서트가 주기적으로 열린
다. 혜민스님, 안도현 시인도 쿠무다에서 독자와
소통하는 시간을 갖었다. 2014년에는 조각보 전
시회나 작가들의 기획전이 열렸으며 조용히 연인

과 함께 이야기 나누거나 혼자서 책을 읽고 싶을
때 가면 좋은 공간이닷.

☆ 기장 바닷가 까페 Rosso

연인과 함께라면 기장 바닷가를 드라이브 하다가
송정부터 기장까지 이어지는 레스토랑길에 새로
들어선 Rosso 까페에 들어가 보자. 눈앞에 시원하
게 펼쳐진 기장 바다가, 때로는 해무에 낀 로맨틱
한 장관을 연출하기도 한다. 야외 테라스 자리에
서는 선선한 바람을 맞으며 직접 블렌딩한 핸드메
이드 커피와 짭조롬한 바닷바람의 조화를 느낄 수
있다. 바로 옆에 있는 Cottage 레스토랑에서는 분
위기 있게 파인 다이닝 코스요리를 즐길 수 있다.

기장 까페 Rosso • 051-721-6788

☆ 갤러리 까페같은 핑크&블루 Table4

몇해전 달맞이 언덕 길 초입에 와인 마니아들 사이
에는 '스테이크와 오징어 먹물 스파게티'의 여신 쉐
프가 떴다는 이야기가 돌만큼 많은 사랑을 받았던
Table4가 송정으로 자리를 이전해서 새롭게 태어
났다. 핑크 현수막과 고급스러운 블루 간판으로 외
장을 단장하고 아기자기한 갤러리 까페같은 인테
리어로 넓어진 공간에서 단골들을 만나고 있다. 평
일 점심시간에 가면 런치 메뉴를 착한 가격에 만날
수 있으며 쉐프의 손맛이 들어간 오일 스파게티와
먹물 스파게티는 꼭 먹어보기를 권한다.

송정 Table4
070-7808-9679

연인끼리 반지 만들기 체험

해리포터의 마법 학교도 아니고 반지 학교는 뭐지? 반지학교는 연인끼리 커플링을 제작하고, 만든 후 가져가는 체험형 데이트 코스이다. 똑같은 개성없는 반지 보다 본인들이 디자인 하고, 직접 만들어 나누어 가지는 커플링이라면 연인들의 사랑이 더 깊어지지 않을까? 반지학교, 반지마을 등의 이름으로 제작 업체가 늘어나고 있다. 소중한 커플링을 함께 만들며 즐거운 시간을 보낼 수 있다면, 이것도 굉장히 의미있는 시간일 것이다.

문의 : 해운대 반지학교 051-741-7383 • 부산대 반지학교 051-512-2328

달맞이 고개 초입의 전망대에서 본 광안대교와 해운대 마린시티의 마천루.

화끈하게 놀다가는 우정 여행코스

친한 여자친구끼리
응답하라! 7942

클럽 TAO

엘룬

팔레드시즈
Sector 510

스페인클럽

센텀시티역

수영역

민락역

시립미술관역

해운대역

광안역

동백역

블루오프드
커피&와인

해운대해수욕장

금련산역

광안대교

남천역

경성대, 부경대역

H&J 스튜디오
우정 사진 촬영

해운대역 도착 | 601 guesthouse | 해운대 해수욕장 | 스페인 클럽 | 팔레스시즈 Sector 510 | 엘룬, 클럽 TAO | H&J 스튜디오 우정 사진 촬영(대안동) | 블루 오프니 커피 & 와인바 | 미스터 로시

케이블 TV 최고의 시청률을 기록한 〈응답하라 1997〉. 울산 출신 서인국과 부산 가스나(여자) 정은지의 입에 짝짝 달라붙던 부산 사투리와 우리 모두에게 남아있는 영원한 우리의 오빠들, HOT와 젝스키스. 그 감성으로 어디 한번 놀아볼까? 부산에서. 〈응답하라 1997〉이 아닌 영원한 친구 사이끼리 함께 부산에서 엮어보는 1박2일. 올여름 해운대 바닷가의 Hot Spot은 어디? 해운대 역에서 내리는 밀짚모자, 선글라스 쭉쭉 빵빵 언니들은 다 어디에서 노는 걸까? 다행히도 매년 해운대 백사장 근처에는 휴가철 시즌을 노린 핫이슈를 담은 플레이스가 매년 생겨난다.

부산 해수욕장의 핫이슈는 2013년 7월 5일 오픈한 클럽 TAO. 예전 클럽 막툼 자리에 새롭게 오픈하는 타오는 DJ KOO(구준엽), DJ HANMIN, Ditto, Limzi 등 막강한 DJ들의 라인업으로 무장하고 오픈했다. 여자친구들과 함께 해운대 백사장에 도착했다면 해변의 클럽파티, 머리부터 발끝까지 핫이슈 장소로 나가보자.

☆ 스페인 클럽

클럽이 별로인 언니들에게는 밤바다 바람 맞으며 이국적인 분위기에 수다떨 수 있는 장소를 추천한다. 바닷가 바로 앞에 위치한 고급 콘도미니엄 팔래드시즈 1층에 스페인 음식 전문점 스페인 클럽이 오픈했다. 스페인 쉐프가 요리해주는 해물 빠에야, 타파스, 스페인 전통음식과 함께 샹그리아, 스페인 와인 등 이국적인 음식이 가득하다.

스페인 클럽
051-746-1164

✩ H&J 스튜디오

H&J 스튜디오
051-900-6688

휴가철 전국의 젊은 청춘들이 모여드는 바닷가에서 놀기가 지쳤다면 부산에서 새로운 바람을 일으키고 있는 '우정사진 촬영하기' 놀이를 해도 된다. 물론 연인끼리의 촬영도 가능하다. 여자 작가가 사진을 세심하게 잘 찍고, 촬영소품과 스튜디오가 예뻐서 이미 블로거들 사이에 소문난 스튜디오인데 가격도 거품을 쏙 빼서 착하기까지 하다. 친구들 두서너명과 함께 부산의 대학가 스튜디오에서 남긴 한장의 사진. 앞으로 몇 년 뒤, 그리고 한참 세월이 흘러서 본다면 분명 젊은 날의 소중한 추억이 될 것이다.

기억하라, 그리고 응답하라 7942.

⭐ 주머니가 가벼운 청춘을 위한
스시바 **미스터 스시**

부산에 왔으니 스시는 맛봐야겠는데 정통 일식집 스시는 너무 부담스럽고~ 이런 고민이 생길 때 최고의 장소인 미스터 스시. 해운대 두 곳과 남천점은 벌써 11시 반부터 북적거린다. 런치에는 만원에 여덟 피스 스시와 냉모밀(냉모밀과 우동중 선택가능)이 함께 나오는 메뉴가 인기 있으며 푸짐한 양을 제공한다. 14,000원이면 길다란 적삼목 접시에 열두피스짜리 스시가 나오는데 퀄리티가 꽤 높은 편이다. 스시의 대중화를 선언한 만큼 합리적인 가격대로 많은 사랑을 받고 있다. 비슷한 상호가 많으니 간판의 이정모 쉐프의 로고를 확인할 것.

미스터 스시
중동본점 051-747-1237
남천2호점 051-612-1261

코스
08

마음과 몸이 편안한 여행
부모님과 함께
효녀심청

해운대온천센터

금수복국

송도탕

파라다이스
노천 온천

베스타온천

아저씨 대구탕

향유재

범일동 할매국밥

대연동
진주냉면

쌍둥이국밥

○━━○━━○━━○
향유재　대연동 쌍둥이국밥　범일동 할매국밥　대연동 진주냉면

○━━○━━○━━○
베스타 온천 or 할매탕 　　타이 마사지　솔마루
or 송도탕
할매복국 or 금수복국

부 모님들과 부산에 왔다면 젊은이들이 많이
가는 곳 보다는 추억의 장소나 옛모습이 남
은 곳을 보여드리는 게 더 좋을지 모른다. 해운대
온천도 최신식 시설이 갖춰진 곳보다는 조금 낡은
느낌이 들더라도 원류가 더 좋다고 평가받는 송
도탕이나 온천수질이 좋기로 소문난 해운대 온천
센터(구 할매탕), 달맞이 언덕에 있어 경치도 좋은
베스타 온천으로 부모님을 모시고 가보자. 해풍
을 맞고 자란 소나무에서 솔솔 불어오는 솔내음과
짭조름한 바닷바람이 시원하게 얼굴을 식혀주는
베스타 온천의 야외 노천탕도 훌륭하다.

온천욕을 마치고 달맞이에서 내려오다 미포에 위
치한 할매복국이나 금수복국에서 복국 한 그릇이
면 효녀, 효사 소리 듣는 건 시간 문제. 여유가 되
다면 복 사시미나 복 샤브샤브까지도 도전해 볼
만하다. 숙소로 돌아가기 전 마지막으로 타이 마
사지를 부모님과 함께 받는다면 부산여행의 피로
를 풀 수 있을 것이다. 부모님과 나란히 가족 룸에
서 마사지를 받으며 그동안 맘속에 담아두었던
이야기도 나누고, 어느새 부모님과의 여행은 무
엇과도 바꿀 수 없는 소중한 시간을 선사할 것이
다. 야식이 먹고 싶다거나 출출하다면 달맞이 언
덕 초입에 있는 솔마루에서 해물파전을 테이크
아웃해 숙소에서 부산 탁주 생탁과 함께 하는 재
미도 솔솔하다.

베스타 온천
051-743-4455

할매복국
051-741-4114

금수복국
051-742-3600

진주냉면
051-623-2777

화로화
051-743-3352

⭐ 부산을 찾은 고기파들이 가면 좋은 집
화로화

부산왔다고 회만 먹고 가라고? 우린 철마한우와 경남김해에서 공수한 질좋은 한우먹고 갈꺼다 ~ 부모님이 고기를 좋아하신다면 온천욕을 끝내고 달맞이 오페라 레스토랑 건너편의 〈화로화〉로 가 보자. 오래된 단골들과 달맞이 토박이들이 꾸준하게 〈화로화〉를 방문하는 이유는 정직한 음식과 주인장의 밑반찬 손맛 때문이다. 제주도에서 공수한 묵은지를 씻어 멸치육수에 볶아 맛을 낸 묵은지 볶음은 최고의 밑반찬이며 고깃집마다 나오는 흔한 반찬이 아닌 두릅장아찌 같은 음식들은 손님들에게 엄마밥상의 향수를 자극한다. 한우모듬스페셜이나 세트를 주문하면 가격대비 훌륭하게 먹을 수 있다. 점심에 찾으면 육개장, 차돌된장, 콩국수등 가볍게 식사하기도 좋은 곳.

부모님이 돼지국밥을 좋아하신다면 대연동 쌍둥이 돼지국밥이나 범일동의 할매국밥도 가볼만하다. 피난시절 부산의 음식이 된 돼지국밥을 드시면 정성껏 우린 뽀얀 국물에 그 시절 기억이 되살아날지도 모른다. 부산을 떠나기전 점심은 세수대야만한 사발에 육전이 올라가있는 대연동 진주냉면을 한 그릇 하고 돌아오면 부모님과 함께 한 부산여행은 몸과 마음이 넉넉하게 채워질 것이다.

눈내린 동백섬. 부산은 눈 보기가 참 힘들다. 그러나 간혹 눈이 와 쌓이면
바다와 어우러진 그 정취가 세상 어디에서도 볼 수 없는 서정을 만든다.

부산, 느낌아니까~ 럭셔리하게 가실게요

Show me the 부산!

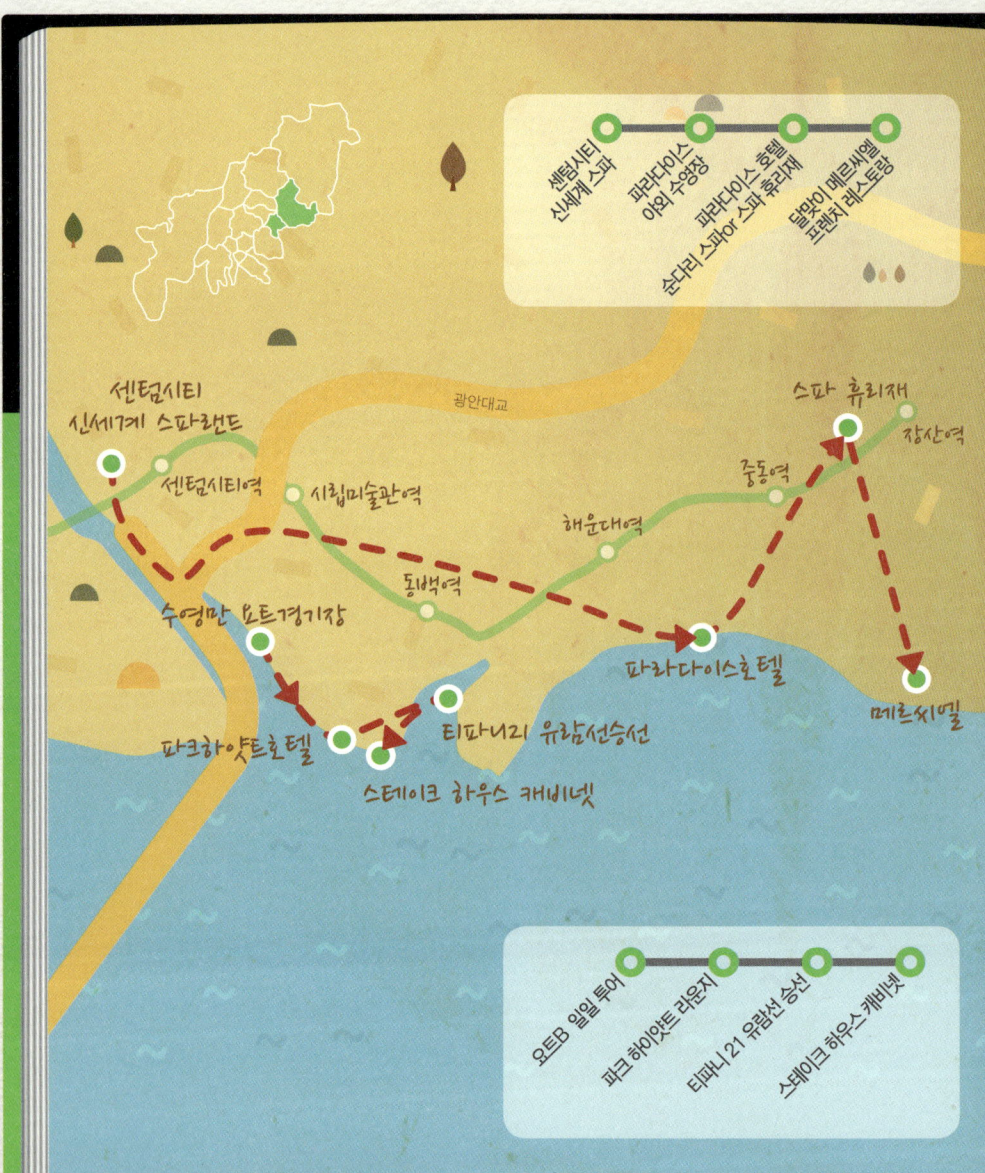

센텀시티
신세계 스파 — 파라다이스
야외 수영장 — 파라다이스 호텔
순다리 스파or 스파 휴리재 — 달맞이 메르씨엘
프렌치 레스토랑

센텀시티
신세계 스파랜드

광안대교

스파 휴리재

장산역

센텀시티역

시립미술관역

중동역

해운대역

동백역

수영만 요트경기장

파라다이스호텔

메르씨엘

파크하얏트호텔

티파니21 유람선승선

스테이크 하우스 캐비넷

요트B 일일 투어 — 파크 하이얏트 라운지 — 티파니 21 유람선 승선 — 스테이크 하우스 캐비넷

나에게 환타스틱 부산을 보여줘~

영화 〈마린보이〉에서 늘씬한 비키니 미녀 박시연과 잠수부로 위장한 마약운반책 김강우의 고급 요트 씬을 기억하는지? 저 멋진 곳의 배경이 어딜까 궁금했는데 그 아름다웠던 요트 장면이 해운대 앞바다에서 촬영된 요트 위에서였다니… 어쩌면 부산에서의 하루쯤은 고급 요트를 빌려 근사한 시간을 보내보고 싶은 욕심이 날 법도 하다.

해운대 요트 정박장에서 출발해 서너시간 해운대 앞바다를 돌아보는 럭셔리 요트투어와 최고급 호텔에서의 스파, 레스토랑에서의 이벤트, 모든 것이 가능한 곳이 부산이다. 굳이 동남아시아 휴양지로 떠나지 않아도, 해외 리조트 3박4일 여행비용보다 저렴하면서 충분히 호사스럽게 부산여행을 멋지게 보낼 수 있다. 도심 속에서 기친 몸과 마음을 치유해 줄 완벽한 럭셔리 힐링 코스를 체험 해보자.

해운대에서 스파를 즐기려 한다면 두 가지 방법이 있다. 특급호텔과 신세계 센텀시티 스파 같은 대형시설을 선택할 것인지, 해운대 구도심에 위치한 할매탕이나 송도탕, 해운대 온천 같은 원류를 이용한 재래식탕을 이용할 것인지다. 둘 다 장단점이 있지만 먼저, 초특급 시설과 다양한 부대시설을 선택했다면 신세계 센텀시티 스파로 고고~.

센텀 스파에서 사우나를 마친 후 맛사지나 전신 스파관리를 받기 원한다면 파라다이스 호텔 내에 위치한 순다리 스파나, 해운대 신도시의 스파 휴리재를 추천한다.

스파 휴리재에는 임산부 마사지 프로그램과 커플 스파 프로그램이 잘 되있으니 상담 후 결정하면 된다. 스파 휴리재의 경우 정기적으로 소셜 커머스 사이트에서 행사를 하고 있으니 좋은 가격에 서비스를 이용할 수 있다.

순다리스파

순다리 스파

세계적인 슈퍼 모델 크리스티 털링턴이 론칭한 스파 브랜드로 천연제품을 이용한 고급스파로 파라다이스 호텔 신관 5층에 입점해 있어 파라다이스 스파 패키지를 이용하면 합리적인 가격에 이용할 수 있다.

바닷가 전망이 예술인 Big 3 특급호텔

파라다이스 호텔

해운대 앞바다가 정면으로 보이며 구관, 신관 발코니가 딸린 객실이라 밤에 파도소리와
바닷바람이 시원하다. 아웃도어 야외풀 시설이 잘 돼있어 아이를 동반한 가족 관광객이
선호하며 호텔 주변 레스토랑, 커피전문점등 다양한 편의시설이 잘 돼있는 점이 장점.

웨스틴 조선

달맞이를 바라보는 초생달처럼 흰 해운대 백사장을 감상할 수 있는 바다전망을 가지고 있는
특급 호텔로 발코니는 없지만, 야경이 아름다운 객실을 보유하고 있다. 요즘은 바닷가 쪽
객실 이외에 동백섬 방면 광안대교 전망도 선호하는 편. 호텔 내 숙박시 <캠핑 앤 그릴>
패키지를 신청할 수 있어 해운대 바닷가에서 가족들과 오붓한 글램핑을 즐길 수 있다. 아침
조깅시 산책로가 잘 조성된 동백섬에 위치하고 있어 외국인들이 선호하는 호텔이기도 하다.
www.SPG.com(starwood preferred guest) 세계적인 리조트&호텔 체인인 스타우드
계열사의 호텔로 멤버쉽 가입 후 SPG 프로그램에 참여할 수 있다.

파크 하이얏트 호텔

지난 2월 오픈한 6성급 호텔로 광안대교뷰가 가장 잘 보이는 자리에 위치하고 있다는 점과
하이얏트의 특급 서비스가 제공된다는 점에서 오픈 이후 많은 관광객이 다녀가고 있다.
호텔내 부대시설을 이용해 조용하게 휴식을 취하려는 중장년층, 커플고객들이 많이 찾으며.
레스토랑이 한식, 일식, 중식 섹션별로 나뉜 것이 아니라, 한 공간 안에서 오픈키친 스타일로
구성돼있다. 캐쥬얼한 메뉴의 31층 리빙룸에서는 비빔밥, 떡갈비, 육개장, 스테이크등의
단품 메뉴를, 좀 더 클래식한 분위기의 32층 다이닝 룸에서는 파인 다이닝 코스 요리와
스테이크, 스시 요리를 주문할 수 있다. 호텔 프론트 데스크가 있는 30층의 라운지에서는
파티쉐 스페셜 빙수를 맛볼 수 있는데 그 중 부드러운 수제 초콜렛과 열대 과일맛이 사르르
녹는 망고빙수를 강력 추천.

웨스틴 조선 호텔의 체험관광 프로그램 Fun+Story

힐링과 편안한 휴식을 위해 부산을 찾았다면 바닷가에 위치한 특급호텔에서 누리는 하룻밤을 당신에게 선사해도 좋을 것이다.

조용한 바다를 보면서 푹 쉬었다 가려고 온 부산. 편안한 휴식도 잠시, 뭔가 액티브한 볼거리가 생각날때쯤 객실내 헤븐리베드 위에서 이리저리 리모콘을 돌리다 발견한 영상, 바로 부산 웨스틴 조선호텔의 관광체험 프로그램이다. 부산에 온 김에 요트도 타보고 싶고 황홀한 야경을 자랑한다는 황령산 전망대의 야경도 가보고 싶고, 이승기와 이대호가 소주잔을 기울이던 태종대 자갈마당도 궁금하다면 고민하지 말고 바로 Let's Go ~

생각보다 저렴한 금액대로 투숙객에게 제공하는 체험프로그램을 이용할 수 있다. 조선호텔은 프로그램을 전담하는 팀인 FaCe(Fun Activity Cool Entertainer)도 구성하여 이름도 재미있는 체험 프로그램을 기획해 좋은 반응을 얻고 있는데 그 중에서 많은 사랑을 받았던 몇 개의 프로그램을 소개한다.

오륙도 상륙작전

이기대 절경을 따라 오륙도까지 이어지는 시원한 바닷길 트레킹 코스로 FaCe팀의 전문해설가의 설명을 들으며 멀리서 눈으로만 보던 오륙도까지 직접 배를 타고 들어갈 수 있다는 점이 매력적이다. 이기대의 전망대와 치마바위, 농바위 등 포인트별로 상세한 설명도 곁들여들을 수 있으며 산책과 운동을 겸할 수 있는 체험 코스로 인기가 많다.

왕의 정원을 찾아라!

영도 태종대 안을 누비는 다누비 열차를 타고 태종무열왕이 사랑했던 태종대 명소와 영도의 절경들을 둘러보는 코스. 부산 해안가의 정취가 남아있어 영화 촬영지로 각광받는 영도의 흰여울 마을등도 돌아볼수 있다.

달을 향해 하이킥

부산에 왔다면 호텔방이나 맛집에서 보내지만 말고 부산 전체를 내려다볼 수 있는 야경좋은 황령산 투어인 '달을 향해 하이킥'을 추천한다. 한눈에 들어오는 부산의 광안대교 야경과 센텀지구의 불빛, 바다와 도시가 조화를 이루고 있는 아름다운 도시의 야경을 만끽할 수 있는 프로그램이다.

이 외에도 용두산 공원과 광복동 패션거리와 박물관 등 부산의 구도심을 돌아보는 '용을 타고 시간여행'과 아이들 가족을 위한 요트 투어 프로그램등이 있다.

웨스틴 조선 파노라마 라운지의 '애프터눈 티 SET'

조선호텔의 또 하나의 즐길 거리는 여유있게 해운대 바다를 바라보며 즐기는 애프터눈 티 세트이다. 여자친구들끼리의 여행이거나 엄마와 온 여행이라면 우아하게 애프터눈 티를 즐겨보자. 서울보다 훨씬 저렴한 가격대에 같이 곁들여져 나오는 스콘, 티라미슈 케익, 쿠키등은 차와 함께 먹기에 제법 다양하고 많은 양이 제공된다. 해운대에 위치한 특급 호텔 애프터눈 티 세트를 비교하자면 퀄리티가 뛰어난 편이다.

티 마니아들에게 중요한 척도인 티 팟과 티웨어는 영국산 웨지우드를 쓰는데 웨지우드의 외일드 스트로베리, 쿠쿠티스토리, 플로랜턴 터콰즈 세 가지 중에서 선택해서 주문할 수 있다. 애프터눈 티 세트의 금액은 49,000원(2인 기준, VAT 포함)
주중에만 이용할 수 있다. (토, 일, 공휴일 제외)

• 파노라마 라운지 051 749 7435

요트투어 프로그램 ✗*

요트비 (yacht B)

부산 전시컨벤션센터 벡스코에서 운영하는 요트 투어
프로그램으로 요트 내 선상낚시, 요트 컨벤션(선상 비즈니스
미팅)등 다양한 프로그램을 제공한다. 요트 단독임대는 한 시간
기준 50만원부터 하루 9시간 임대는 300만원 전후로 가능하다.
요트 투어는 최소 6인 이상 출발하며 승선인원은 26명 정원으로
간단한 바비큐와 다과, 애프너눈 티를 제공하며 성인 1인당
6만원에 이용가능하다.
요트 B는 매주 월요일을 제외하고 매일 오후 1시, 2시
30분, 4시, 6시 30분, 8시 등 하루 5차례 해운대구
수영만요트경기장에서 출항한다. 단독 사용을 원할 경우
벡스코 측과 운항 시간을 별도 협의하면 된다.

• 홈페이지 : www.yachtb.co.kr
• 문의 : 051-740-7959

부산 요트 학교

바로 부산을 떠나야하는 여행객이 아닌 부산 거주민이라면 부산 요트학교를 방문해 요트를 체험해
볼 수 있다. 아이들을 위한 원어민 요트 체험 스쿨 프로그램도 운영하고 있고 요트 자격증을 가지고
있는 강사진들로부터 딩기 세일링 강습부터 크루즈 세일링까지 요트체험 실습도 해볼 수 있다.

• 홈페이지 : www.bsaf.or.kr • 문의 : 051-747-1768

누리마루호 범선

요트 승선 비용이 부담스럽다면 보다 저렴한 방법으로 바다를 누빌 수 방법이 있다. 범선 <누리
마루호>를 이용하면 해적선 모양의 배를 타고 동백섬과 오륙도, 광안대교등을

바다위에서 감상할 수 있다. 연인들의 프로포즈 이벤트나
기념일에 이용한다면 실외 갑판에서 부는 시원한 바람을
맞으며 부산의 바다를 느낄 수 있다.

• 홈페이지 : www.tezroc-busan.com

티파니 21

해운대 마린시티 선착장에서 출발하는 유람선
<티파니 21>은 라이브 공연과 뷔페식사를 즐길 수 있는 1층의 라이브
홀과 2층의 컨퍼런스룸, 야경을 보며 F&B를 즐길 수 있는 오픈 데크로 이루어져있으며 10월달
불꽃축제 기간에는 불꽃을 보며 유람선을 탈 수 있는 프로그램도 운영한다. '사랑의 유람선'처럼 좀
더 스케일이 크고 다양한 부대 시설과 함께 부산의 바다와 야경을 즐기고 싶다면 <티파니21>을
승신헤보자

• 홈페이지 : www.coveacruise.com

팬스타 국내 크루즈

선상위의 호텔-팬스타 크루즈 Panstar Cruise는 대한민국 최초의 국적사 크루즈로서, 경제, 쇼핑,
문화의 중심 하버시티 부산 부두항에 위치하고 있으며, 스위트룸을 포함하여 총 130실의 넓고 세련된
객실을 제공하고 있다.
중앙동 국제여객터미널-조도-태종대-몰운대-동백섬-광안리(광안대교)-중앙동국제여객터미널을
주요 운항 경로로 하고 있다.
원나잇 크루즈는 부산의 연안을 1박2일로 운항한다.
부산연안과 환상적인 야경을 무대로 진귀하고
남다른 경험을 제공한다.

• 홈페이지 : www.panstar.co.kr

活·氣·贊 여행

All about 부산!
외국인 한류체험 코스

사진_부산관광공사 제공

시티투어 버스

'**와**~ 뚜껑 없는 하얀 버스다!' 시원하게 천정을 오픈한 버스를 타고 부산 도심을 가이드하는 시티투어버스는 외국인들과 내국인 관광객들에게 인기많은 이동수단이다. 시원한 부산의 바다와 도심을 달리는 시티투어버스를 타고 자갈치 시장과 태종대를 돌아보고, 해운대로 돌아올 수 있다. 티켓 한 장으로 태종대와 해운대 코스가 둘 다 탑승가능하며 요금은 15,000원이다. 버스 노선은 크게 순환형, 테마형으로 운행하며 순환형은 태종대 방향과 해운대 방향으로 계속 순환하는 버스이다. 단체 10인 이상은 12,000원, 소인 및 청소년 8,000원, 소인 단체 10인 이상은 6,000원으로 할인이 가능하다. 테마형은 역사문화탐방코스, 해동 용궁사코스, 을숙도 자연생태코스, 야경 코스 4가지 코스를 운행한다. 사전 예약이 필요하며 부산 곳곳을 탐방하려는 관광객들에게 추천하는 코스이다. 자, 이제 부산역에서 출발하는 지붕이 시원하게 뚫린 루프탑 2층 버스를 타고 부산을 달려보자.

• 홈페이지 : www.citytourbusan.com

범어사 템플스테이와 불무도

범어사 템플 스테이의 가장 큰 특징으로는 불무도를 만날 수
있다는 것인데 불무도란 수련의 일종으로 휴휴정사
앞 넓은 잔디밭에서 금정산의 정기를 마시며 일
상에서 움츠러든 몸과 마음의 긴장을 풀고
호연지기를 기르는 체험수련법이다.

저녁에는 직접 만든 작은 컵등(燈)에 불을
밝히고 탑돌이를 하며 기원하는 시간이 있
으며 템플스테이 전용공간인 휴휴정사는
얼마 전까지 스님들이 수행하던 '평생선원'이
었다. 한번 평생선원에 들어가면 견성성불하기
전에는 결코 밖을 나가지 않겠다는 굳은 서원(誓願)과
결의가 서려있는 곳이다. 이러한 수행자의 공간에서 세상의 온갖 번뇌에 시
달려 사는 사람들에게는 명상과 함께 기를 닦을 수 있는 수련법이다.

범어사 템플스테이

범어사 템플스테이는 다양한 프로그램이 있다. 외국인이 참여할 수 있는 체험형 프로그램이 잘 짜여져 있어 외국인 관광객들에게 좋은 반응을 얻고 있다.

✷ 불교문화 체험형 템플스테이

매월 1회씩 있는 체험형 템플스테이로 불교를 처음 접하는 분들이나 일반 불자들이 사찰에 머물면서 스님들의 수행생활을 체험해 보는 1박2일 일정의 프로그램.

• 휴휴 입문 템플스테이

기본 프로그램 (사찰예절 + 예불+스님과의 차담) + 발우공양 + 참선
+ 108 염주만들기 + 암자순례 + 법문 + 운력
  - 1박 성인 5만원, 청소년 4만5천원, 초등학생 4만원

• 심우참선 템플 스테이

기본 프로그램 + 발우공양 + 참선, 참선 II + 법문 + 운력

✷ 자연생태 체험형 템플스테이

사찰 문화체험과 함께 금정산 산행이 들어있는 템플스테이 프로그램. 내국인, 외국인도
참여할 수 있으며 문화 체험형과 금액은 동일하다.
그 외에 휴식과 집중 수행 등 다양한 프로그램이 있다.

• 위치 : 부산 금정구 청룡동 546번지 범어사 • 문의 : 051-508-5726
• 홈페이지 : www.beomeosa.co.kr

✷ 원각사 템플스테이

해운대 장산에 위치한 사찰로 매월 음력 14일 8시 달빛걷기명상 프로그램과
금강승 불무도 수련을 하고 있다.

• 문의 : 051-701-8827 • 홈페이지 : www.bulmudo.org

시티투어 테마여행

출발장소
- 부산역 광장 아리랑 관광호텔앞
- 지하철 1호선 : 부산역 8번 출구
- 기차 : 부산역 1번 입구
순환형 코스는 코스별 정류장에서 승.하차 가능
테마형 코스는 부산역 승강장에서만 가능

이용방법
- 순환형 코스 : 당일 티켓 한장으로 자유롭게 환승 가능
- 테마형 코스 : 예약 필수, 티켓구입 후 1회만 이용 가능
- 휴무일 : 매주 월요일 (단, 월요일이 공휴일일 경우 정상운행)

승차권 구입
인터넷 예약 : www.citytourbusan.com
전화 예약 : ARS 1688-0098, TEL 051-464-9898
현장구매 : 예약자 탑승 후 잔여석이 있을 시 운전기사로부터 선착순 구입
예약자 티켓수령 : 버스 탑승시 운전기사에게 예약된 승차권 수령

운행시간
- 순환형/ 해운대, 태종대 코스 9:30~17:00 30분 간격 운행, 약 1시간 40분
- 테마형/ 역사문화탐방 코스 9:20 1일 1회 운행, 약 4시간 10분
  해동용궁사 코스 14:00 1일 1회 운행, 약 3시간 50분
  을숙도 자연생태 코스 9:40,14:10 1일 2회 운행, 약 3시간 40분
  야경 코스 10월~4월 19:00 1일 1회 운행, 약 2시간 30분, 5월~9월 19:30

이용요금
- 순환형 코스/ 15,000원(대인) 12,000원(단체) 8,000원(소인/청소년)
- 테마형 코스/ 15,000원(대인) 12,000원(단체) 8,000원(소인/청소년)

송정 등대의 해돋이 전경
시시각각 달라지는 하늘과 바다의 색을 느낄 수 있고 즐길 수 있다면
당신은 진정한 여행객!

Prism
Rainbow Busan

영화제, 부산이라 행복해

영화, 그리고 부산

곧 스물이 될 너에게

그 날 난 여의도에서 하늘로 한없이 쏘아 올려지는 불꽃을 보고 있었다.
19년 전 그 날, 그녀가 태어난 어느 해 가을 밤의 불꽃들을…
그 때부터 나의 짝사랑은 시작되었다.
조금이라도 그녀의 얼굴을 가까이 보기위해 밤을 새기도 했던 무수한 불면의 날들.
마이크가 다가오면 울렁증을 억누르며 너에 대해 궁금한 질문을 해대던 시간들.
어느 해인가 계속 앉아 있기엔 엉덩이가 너무 아팠던
남포동의 낡은 극장에서 만났던 <화양 연화>.
영화가 끝났지만 이상하게 다리에 힘이 풀린 듯 이상하게 일어설 수 없었어…
매일 밤 외출하던 장만옥의 뒷모습에서 느낀 한줄기 서러움 때문이었을까…
언젠가 끔찍히도 막히던 부산의 교통 체증 때문에 결국 몇분 차이로 입장하지 못했던
아키 카우리스바키의 영화. 그날 밤 결국 영화제목 레닌그라드 카우보이처럼
부산거리를 서성여야 했다.

이 모든 게 P를 끈질기게 스토킹 했던 지난 날의 기록.
그녀는 이제 19살. 그 사이 이름도 P에서 B로 바뀐단다.
그리고 결국, 그녀를 만나기 위해 이곳에 정착한 나.
너 때문에 부산에 왔다고 고백하면 믿어줄까.
내 인생 책임지라고도 해볼까?
책임 안져도 뭐, 할 수 없지…
너를 가까이에서 이렇게 지켜볼 수 있는 것만으로도 행복한 것을…
곧 스무 살이 될 너에게 해줄 말이 있어,
너의 시간들을 지켜볼 수 있어서, 너와 함께 성장할 수 있어서 행복했어…
정말 고마워, BIFF….

- 2014 봄 어느 소심한 스토커가 -

응답하라 1996

P IFF는 나에게 가슴을 묻고 울고 싶을 정도로 그리운 청춘이 묻혀있는 내 과거이기도 하고 나를 부산에 머물게 한 나의 현재이기도 하다. 어쩌면 영원히 부산을 떠나지 못하고 맴돌게 할 나의 미래이기도 하다.

언제 였던가… 비행기를 몇 번이나 놓치고, 동서고가에서 오갈 데 없이 꽉 막힘을 매번 겪으면서도 10월이 오면 나는 늘 설레였다.

남포동에서 해운대의 요트경기장 야외 상영작을 보기 위해 탔던 택시가 광안리를 뺑뺑 돌아와 바가지 요금을 왕창 썼지만 광안리의 야경을 구경시켜 주느라 그랬다던 끝내 미워할 수 없었던 택시기사 아저씨, 남포동 코모도 호텔 앞길, 주욱 늘어서 있던 포차에서 밤새 영화이야기로 침 튀기며 흥분했던 씨네키즈 동지들, 우리는 HOT와 젝키의 팬심처럼 남포동에서 뭉쳤고, 몰려다녔고, 우리만의 PIFF를 향한 팬덤문화를 만들었다.

딱 그때 쯤이었을게다. 그래, 응답하라 1996. 1997. 1998….

내 마지막 이십대의 가을을 보낸 것도 부산이었고, 허름하다 못해 허리가 아팠던 남포동의 대영극장, 영화 보다 졸아도 미안하지 않던 적당히 낡아 더 아늑했던 부산극장의 온기… 청춘의 열기로 가득했던 그 남포동 거리의 향수와 야외상영관이 있던 해운대 밤바닷가 앞을 반딧불이처럼 유영하던 그 빛나던 눈망울들….

그 시절, 그 눈빛들이여… 모두 다 응답하라.

불이 꺼지고 스크린에서 트레일러가 돌아갈 때 울컥한 가슴 떨림을 위해 나는 봄부터 몸살을 앓았다. 여기에선 서울보다 더 먼저 만날 수 있는 영화가 있었고, 칸느와 베니스에서보다 더 빛났던 테오 앙겔로풀로스와 압바스 키아로스타미가 있었다.

여기에서 만나는 영화는 뭐랄까, 서울에서 만나는 영화와 다른 영혼을 소유하고 있는 것만 같았다.

그리고 그렇게 끈질기게 나를 잡아끌던 11년의 세월이 흐른 뒤… 어느 날, 엄청난 회오리 바람에 이끌려 메어리 포핀스처럼, 도로시처럼 니는 부신, 해운대에 정착했다. 그 어떤 운명의 끈이 나를 잡아당겼던 것일까? 도로시의 끝없는 여행처럼 내 앞에 펼쳐질 시간들.

나는 기억한다. 착한 마녀가 했던 말 "그것은 늘 거기에 있었단다. 너는 그 힘을 항상 네 안에 가지고 있었지"….

내 안에 가진 그 힘에 이끌려 내가 온 이 곳, 앞으로 어떠한 시간이 펼쳐질 것인가? 곧 뒤집힐 지 모르는 폭풍우를 만난 돛단배 같았던 시간을 지나 지금은 잔잔한 바다 위를 순항하는 평온함이 흐른다.

짝사랑의 불안함을 끝낸 평온함일까? 이것이 설령 짝사랑으로 끝난다 하더라도 니는 내 온 것을 내주었음으로 행복할 수 있다. 아니, 행복해야만 한다. 나의 이십대와 삼십대에 네가 있어서, 그리고 너와 함께 한 추억이 있어서 행복하다. 그리고 걷잡을 수 없는 그 행복은 아직도 현재 진행형이다.

1998년 10월의 어느 늦은 밤, 속초

1998년, 10월 어느 늦은 밤. 속초에서 특집 생방송을 마친 뒤
나는 속초 공항으로 가는 택시를 잡아탔다.
움하하~ 부산국제영화제 보러 간다.
개막식 보러.

그러나 그날 밤 부산은커녕 강원도 어딘가를 헤매이고 있었다.
분명히 3시 30분, 부산행 마지막 스케쥴 타임테이블을
보고 갔는데, 오늘 그 비행편은 운행하지 않는단다.
꽤 오래전부터 운항이 축소됐단다.
좀 지난 운항표를 갖고 있던 무지몽매 게으름을 탓 할 일이다.
그냥 공항에 가면 표가 있으려니 했다.

차가운 가을 밤바람을 맞으며 시외버스 터미널로 터덜터덜 가는데
왜 그리 춥던지….

온 스탭이 서울로 복귀하는데 나혼자 휴가를 부산에서 쓰겠다고
부산행을 결심한 호기도 잠시, 스멀스멀 올라오는 추위와 배고픔과 무서움에…
영화 마니아를 자처하던 나의 멋진 휴가계획은 로맨스에서
급 서스펜스스릴러 무비로 변하고 있었다.
개막식 보는 건 진작에 물 건너갔지만 내일 아침부터 보기로 했던
영화들을 어쩐다….

어찌어찌 부산행 고속버스를 잡아타고 출발하긴 했는데 손님이라곤 딸랑
두세명 뿐인 어두컴컴한 버스를 타고 다섯 시간이 넘게 자다 깨다,
자다 깨다보니 새벽 녘에 도착했다. 부산 시외버스터미널 어딘가에
내렸을 거고, 택시를 타고 그 당시 부산국제영화제의 메인 거리였던 남포동으로 갔을 거다.
거기서 코모도 호텔로 올라가는 근처 어딘가 여관에 숙소를 잡고
무사히 당도했다는 안도감과 피곤함에 쩔어 기절하듯 쓰러져 잠을 잤다.

다음 날 숙소 근처에서 재첩국 한 그릇을 먹고, 영화를 부지런히 보러다녔고,
그해 홍콩영화 <넘버원이 되는 법>,
<크리스마스에 눈이 올까요?>, <본명선언> 등은 그날 밤
심야버스행을 보상해주기에 충분했다.
이렇게 제3회 부산국제영화제 개막식에 우아하게
참석해보겠나는 프로젝트는 부산국제영화제 여행기의 흑역
사로 남아있지만 무모했던만큼 스릴만점이었던 내 이십대의
추억으로 남았다.
서울에서 속초로, 속초에서 부산으로,
잊지 못할 심야 버스여행도….

PiFF 상영작: 넘버원이 되는 법

아마도 그 때부터였을거다.
1998, 부산행 심야 버스안
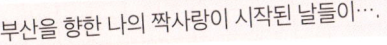
부산을 향한 나의 짝사랑이 시작된 날들이….

PIFF 수첩:
낡은 일기를 꺼내어 보다

1996. 10

그 해 불꽃은 아름다왔다.

PIFF가 한 살이 되던 그 해 나는 첫 직장을 얻었다.

그리고 PIFF를 취재한 영상에 글을 쓰며 다짐했다.

내년엔 널 꼭 만나러 가겠다고…

1997. 10

남포동을 꽉 메운 인파들, 남포동에서 해운대로, 해운대에서 남포동으로…

낮에는 스크린, 밤에는 밤 바다…

야외상영작 〈원나잇 스탠드〉 보다가 추워 죽을 뻔. 주변엔 모두 커플 뿐…

내년엔 기필코 그들처럼 애인과 무릎 담요 덮고 같이 보리라.

해피 투게더, 아비정전… 올해는 그의 영화가 많다.

레슬리 챙, 그땐 왜 몰랐을까.

6년 뒤 그가 너무나 그리워질거란 것을…

1998. 가을

속초에서 부산오는 비행기 타려다 완전 낭패… 하루에 거의 한편 운항…

심야고속버스타고 부산행. 그래도 〈넘버원이 되는 법〉

덕분에 충분한 보상이 되었다는…

완전 웃겼던 올해 최고의 영화, 별 다섯 개 !

1999. 10

별 기대않고 본 영화 〈컷 런스 딥〉

깊게 패인 상처… 데이빗 맥기니스란 서늘한 눈빛의
배우 발견.

사람들은 누구나 다 깊은 상처를 안고 살아 간다.

돌아가야만 할 곳이 있다는 삶의 무게감은

얼마나 우리를 짓누르는가…

2000. 10

수많은 감독들의 GV는 언제나 그렇듯
훈훈하게 끝난다.

올해 기억에 남는 스타를 한 명 꼽으라면

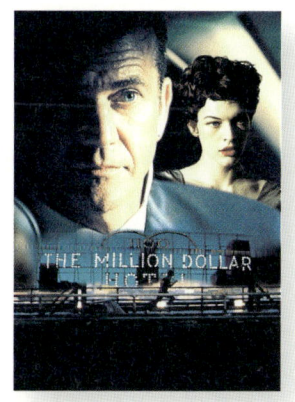

남포동의 인파 속에서도 웃음을 잃지 않고

여유 있던, 떠밀리는 인파속에서 사람들이 다칠까봐

살짝 손을 내밀어 팬을 보호해주면 양조위.

당신, 내가 기억하겠어…

그리고 빔 벤더스, 밀리언 달러 호텔.

서울로 올라오자 마자 바로 OST를 사서 들었다.

보노의 선율이 가슴을 저민다.

스산한 이 가을, 전력질주해서 뛰어내리고 싶었던

그 밀리언 달러 호텔의 회색빛 옥상이 떠오른다.

그리고 내 인생 PIFF 공백기.

PIFF의 기록은 2001년과 2004년 사이 잠시 멈춰져 있었다.

PIFF에 오지 않았던 그 시간동안 난 무얼 했을까.

연애를 했었나. 사랑을 했었나. 짝사랑을 잊고 잠시 한눈을 팔았던 걸까.

미안해, PIFF. 돌아왔으니 이제 받아줘.

2006. 10

백사장에서 N사가 초록 풍선을 나눠주고 있다.

이 풍선을 타고 저멀리 떠나고 싶다…

건널목에서 우연히 만난 S기자와 청사포에서 술 한잔.

당신이나 나나, 일방통행은 마찬가지.

어떡해야 이 끝없는 싸움과 지겨운 외로움에서 벗어날 수 있을까.

답은 하나, 서울을 떠나는 것.

2007. 3

깜짝 놀랄 얘기 하나 해줄까?

나 P양 때문에 부산에 왔어. 실은 아직 그 애는 몰라…

5월달 쯤 고백 하려구…

덴장. 근데 고백했다 채였다. 다시 일년만 기다리래, 너무 늦게 말했다나.

그럼 내년에 받아주는 거야?

2008. 4 PIFF 면접시험

세 명의 면접관 앞에서… 뭐라고 주절주절 떠들고 왔는데…

기억이 하나도 안 난다…

영화제의 개선점을 물어본 거 같은데 주저리 주저리 말하다

면접관의 얼굴 보니… 지루한 기색이 역력하다.

어찌 어찌 하고 수습을 하고 돌아와 결과를 기다렸건만 역시나…

흑… 또 일년을 어찌 기다리지.

최종면접 탈락 요인 : 소신을 담은 주저리보다 임팩트있는 한마디.

내년엔 절대 말을 많이 하지 말자… 흑.

2009년 제 14회 부산국제영화제 개막식 · 2010년을 끝으로 수영만 요트경기장 개막식은 막을 내리고 2011년 부터 영화의 전당 전용관 야외극장에서 매년 열리고 있다.

드디어 PIFF 호 승선하다, 2009. 봄 !

2009. 5

한차례 미끄러짐을 경험하고 단기계약직 최종 합격.
같이 합격한 동기들에 비하면 내 나이 완전 경로우대인데… 어찌 붙었을꼬.
그때 면접에 들어온 팀장님 말로는 잠시 눈이 침침해질 타이밍에
내가 들어왔다는. 헉…

PIFF D - 30.

오늘 오전 그랜드 호텔에서 공식 기자회견을 시작으로 드디어
PIFF 14호의 본격적인 시동이 걸렸다… 올해는 작품 수도 늘어나고,
실험적이고 다양한 소재의 한국영화와, PIFF 정체성의 큰 획을 긋는
와이드 앵글 섹션에는 철거민, 이주 여성, 성 소수자 등 그 어느 해의
와이드 앵글 섹션보다 다양한 젊은 감독들의 도전작이 눈에 띈다.
그리고 2년간 폐지됐던 시네마틱 러브의 부활은
야외 콘서트와 영화의 만남을 통한 관객과의 소통을 재현시킬 것이고,
영화제 한달 전 세상을 떠난 배우 장진영의 회고전도 열릴 예정이다.
아… 그립다… 그녀 장진영.

PIFF D-20.

조용했던 사무국이 날로 분주해지고 있다.
PIFF 스탭들의 옷이 나왔고, PIFF 기념품이 박스에 담겨져 날라지고
티켓 북과 카달로그가 배포되고 홍보팀, 초청팀, 프로그램 팀,
소위 PIFF의 핵인 3D팀에서는 네네치킨과 짜짜루 그릇이 쌓여가고 있다.
나의 일과는 컨테이너 사무실 안에서 일하면서 저녁엔 잠시
살아있나 들여다보는 동네 패밀리들과 만나 잠시 접선하고 잘 지내고 있다.
잠시 샌드위치 배달 온 H는 분장실의 강선생 멘트를 날린다.
"니가 고생이 많네." 그러게 말이다.
띠 동갑의 홍수 속에서…
요즘 애들 나이 86, 87, 88…
어흑… 이제 계산도 안 된다.

D-17

오늘 드뎌 스탭들 잠바가 OPT JEAN에서 배달되었다.
어라? 그런데 자원봉사자 옷 칼라가 더 이쁜데?
자봉한테 바꿔달라 해볼까…
저 멀리 보이는 하얀 가래떡같은 컨테이너 박스는
백사장에 세워질 피프 센터의 뼈대
아…정말 이제 일주일 뒤면 피프의 개막을 알리는 불꽃이
해운대 하늘을 수놓겠군! 몸은 피곤하고 바쁘겠지만
피프의 한 가운데 우리가 있다. 다들 힘내 ! 파이팅 ~
〈놈놈놈〉으로 부산을 찾을 예정인 김지운 감독님의 쏘쿨한 전화 목소리…
결정 빠르고 일정 안 바꾸시는 감독님이 최고다.
그리고 똥파리로 주목받는 양익준 감독님은 의외로 수줍음이 많으신 듯.
그래도 깍듯한 모습이 좋아보인다.

D-15

오늘 아침, 일어나 창을 내다보니…
저멀리 해운대 백사장에 PIFF 센터가 뚝
딱 뚝딱 지어지고 있는게 보인다.
영화제 기간동안 PIFF의 본부가 될
PIFF 센터의 뼈대가 세워지는 걸 보니
얼마남지 않은 게 피부로 느껴지는 중.
항상 추석 직전에 세워 지곤 했었는데
올해는 추석이 좀 빨리와서 그런지,
이제야 짓기 시작하네.

올해도 저 안에서, PIFF의 영화를 찾아 모여든,
젊은 피들을 만날 생각을 하니 좀비처럼 기운이 스멀스멀 솟는다.
으힛헛… 기다려라 영화 좀비들이 출격한다 !!!

그리고 마지막 이야기

아름다운 백사장과, 스크린을 빛내 줄… 65개국 340 여편의 영화들.
2009년 아시아를 뒤흔든 신종플루 때문에 우려도 많이 했지만
전 세계인들이 찾아 온 부산.
PIFF에서는 영화배우 이병헌과 장동건 뿐만 아니라
살아 숨쉬는 생명력 있는 아시아 영화들과 독립영화를 만날 수 있고
놓치기 아쉬운 거장들의 신작이 영화도시 부산으로
따끈한 필름을 가지고 날아온다.
24시간 불이 꺼지지 않는 사무실, 그리고 여기에 우리가 있다.
바로 내일 그 장엄한 막이 오른다.

씨네마 파라디쏘 인 부산

BIFF 18년간의 기록, 그리고 BIFF를 사랑했던 사람들이 이야기
씨네마 천국을 만났던 그들만의 이야기. 한번 들어보실래요?

부산국제영화제를 찾은 **캐나다 교포 Ronya 의 편지**

부산 해운대는 영화제를 하기에 너무 아름다운 도시랍니다.
칸느도 가보고 베니스도 가 보았지만 칸느영화제는 왠지 배우와, 프레스만을 위한 행사라는 느낌이 강했지만 부산은 관객과 하나되는 느낌이 강렬했던, 그래서 그들의 열정을 보고 있으면 기분이 좋아졌던 영화제네요.
오픈 토크와 GV에 참석하기 위해 몇 시간씩 줄을 서고 기다리고 6mm 핸디캠을 들고 촬영하고, 그 어느 나라 영화제가 이렇게 젊은 청춘들이 열광하는 '축제'를 만들어 낼 수 있을까요?

밤차를 타고 내려온 20대의 청춘들, 세월이 흘러도 녹슬지 않는 피프에 대한 열정과 함께 나이 들어 가는 30대, 그리고 모래알 처럼 무수히 빛나는 많은 사람들의 열정 이 올해도 수없이 반짝거릴 거란 걸 전 믿어 의심치 않습니다.
밤차를 타고 내려온 20대의 청춘들, 피프에 대한 열정과 함께 나이 들어 가는 사람들, 모래알처럼 빛나는 많은 사람들의 열정이 올해도 반짝거릴 거란 걸.

10월, 해운대 백사장의 햇살은 너무 눈부시지도, 너무 미약하지도 않고 딱 좋답니다. 오늘 아침에 보고 싶었던 켄 로치 감독의 영화 한편을 보고나서 느긋하게 바다바람을 맞으며 마시는 illy 커피 한잔, 그리고 비치에 있었던 연두색

의자에서 앉아 가을햇살을 받으며 꾸벅꾸벅 졸았던 피프의 추억.
10월이면 찾아오는 이 중독성 진한 PIFF라는 마약을 이래서 끊을 수가 없나
봅니다. 전 내년에도 이 바닷가를 걷고 있을거에요 아마도….

BIFF가 다가오면 심장이 뛰는 남자, 레드써니_네이버 파워블로거

영화에 대해 꾸준히 글을 읽거나 부산국제영화제 관련 검색을 해본 사람이라
면 아마도 레드 써니란 파워블로거가 익숙할 것이다.

정말 어쩌면 그렇게 부지런하고, 놀라울 정도로 신속한 업데이트에 정확한
분석력에 재미있게 글을 쓰는지… 2007년부터인가 포털 사이트의 기자단으
로 BIFF를 매년 찾고 있는 그에게 BIFF에서 가장 인상깊었던 영화는 어떤 것
인지, BIFF는 그에게 어떤 의미인지 물어보았다. 워낙 애니메이션 마니아인
지라 애니메이션 부문에서 최고의 영화를 꼽아주었다.

영화 파워블로거 레드써니가 뽑은
부산국제영화제 역대 최고 애니메이션 Best 5!
글 : 네이버 파워블로거 레드써니(Http:i2krs.blog.me/) • 영화웹진 프레임 24 기자

개인적으로 부산국제영화제에 가면 꼭 놓치지 않고 보는 장르가 있다. 바로
애니메이션이다. 부산국제영화제에는 해마다 애니메이션 대박 작품들을 내
놓고 있다. 실제 부산국제영화제에서 만난 작품 중 개인적으로 그 해 최고의
작품도 있었으며 정말 기다렸던 기대작을 만나보기로 하였다. 그중에서 몇개
만 골라 소개한다.

2006년 11회 부산국제영화제 애니아시아 <시간을 달리는 소녀>

2006년은 개인적으로 잊을 수 없는 해다. 바로 부산국제영화제에
처음으로 갔던 해였기 때문이다. 그래서 평소 극장에서는 볼 수 없
었던 다양한 영화들을 바로 코앞에서 볼 수 있다는 설렘이 가득했
다. 이 중 눈에 띄는 작품이 있었으니 바로 호소다 마모루 감독의
<시간을 달리는 소녀>다. 여고생이 타임립을 통해 시간여행을 한
다는 소재에 처음에는 철 지난 '백투더퓨처'라고 생각했으나 부산
국제영화제에서 가장 뜨거운 반응을 보였고 이듬 해 이 작품을 정
식으로 극장에서 보고 그 해 최고의 영화로 기억되었다. 특히 실제
로 부산국제영화제에 엄청난 반응으로 당시 다운로드 파일이 범람
했음에도 불구하고 2007년 여름 국내에 정식으로 개봉하는 저력을 보여주었으며 이 영화의 작지
만 알찬 흥행으로 호소다 마모루의 다음 작품인 2008년 <썸머워즈>, 2012년 <늑대소년>이 일
본과 큰 시차 없이 개봉하기도 하였다.

2007년 12회 부산국제영화제 폐막작 <에반게리온: 서>

나는 에반게리온의 엄청난 팬이다. 학창시절 아는 친구들의 루트로
<에반게리온> TV판을 모아 볼 정도로 이 작품에 열광했다. <에반
게리온 신극장판>이 나온다고 하기에 정말로 기뻤다. 하지만 마음
속에서는 이 작품을 과연 국내 극장에서 볼 수 있을까 의문도 들었
다. 그러나 2006년 <시간을 달리는 소녀>의 엄청난 반응 때문이

었나? 2007년은 더욱 대박 같은 소식이 펼쳐졌다. 바로 <에반게리온 신극장판:서>가 에바 시리즈로는 국내에 최초 정식 상영되며 또한 뜻 깊은 그 자리는 부산국제영화제 폐막작이기도 하였다. 이때 모 포털의 기자단으로 부산국제영화제 참가한 필자는 같이 참여한 동료에게 사정사정해서 폐막식 표를 구해 이 작품을 수영만 요트경기장 야외 스크린에서 보았다. 그저 꿈으로만 생각했던 에반게리온의 국내 상영에 마치 내 학창시절의 소중한 추억들이 다시 현실화 되는 느낌으로 왠지 모를 벅찬 감동으로 이 작품을 보았던 기억이 난다. <에반게리온: 서>의 인기로 다음 <에반게리온>극장판이 다시 부산국제영화제에 상영되지 않을까 매년 확인하고 있다. 내심 <에반게리온 신극장판>의 마지막 작품이 부산국제영화제에서 월드 프리미어로 공개되었으면 하는 바람이다.

2008년 13회 부산국제영화제 오픈시네마 <스카이 크룰러>

2008년에도 부산국제영화제의 애니매이션은 장난이 아니었다. <공각기동대>의 오시이 마모루 감독 연출, 베니스영화제 경쟁 부문에 진출해 극찬을 받았던 <스카이 크룰러>가 부산국제영화제 오픈시네마에 착륙한 것이다. 초반부터 야외상영관을 울리는 공중전을 시작으로, <공각기동대>이후 계속되었던 오시이 마모루의 깊이 있는 질문은 이 작품에서도 유효했다. 전쟁을 하나의 쇼로 보는 카오스 월드에서 어른들보다 더 어른 같았던 키드런의 이야기는 메시지의 힘으로도 해운대 바다를 압도했을 정도다. <스카이 크룰러>는 당시 영사 사고로 인해 20여 분 동안 영화가 중단되었지만 불만보다는 이 걸작을 빨리 보고 싶은 마음에 끝까지 자리에 남아 봤던 기억이 난다. 마냥 멋지게만 보였던 창공을 보며, 이토록 하늘이 잔인할 수 있구나 씁쓸함이 많이 들었던 작품, 그러나 그 씁쓸함에는 그 해 부산국제영화제 최고작품을 봤다는 기쁨이 같이 있었다.

2010년 15회 부산국제영화제 와이드 앵글 <소중한 날의 꿈>

오랫동안 제작을 하고 있던 국산 애니매이션 <소중한 날의 꿈>도 부산국제영화제를 통해 처음으로 공개되었다. 잔잔한 풍경 에 꿈을 위해 달리는 소녀의 모습이 흡사 2006년에 봤던 <시간을 달리는 소녀>와 비슷했다. 부산국제영화제에서 공개 된 뒤 호평을 받았고 그로부터 1년 뒤 2011년 6월에 정식 개봉 되기도 하였다. 필자는 부산국제영화제 버전과 일반 상영판을 동시에 봤는데 정성이 가득 담긴 작화와 개봉 즈음 좋은 기회에 직접 만나 많은 이야기를 나누었던 안재훈감독님과의 인터뷰가 아직도 기억에 남는다. 그때에는 몰랐지만 지금 와서 생각하면 영화제 때 <소중한 날의 꿈>을 봤던 건, 정말 소중한 날이었다.

2011년 16회 부산국제영화제 한국영화의 오늘 <돼지의 왕>

2011년은 한국 애니메이션 역사에 잊을 수 없는 해다. <마당을 나온 암탉>이 국내 장편 애니메이션으로는 이례적으로 여름 블록 버스터 사이 200만 관객을 동원하며 큰 성공을 거두었고 <돼지의 왕>은 부산국제영화제에서 최초 공개되어 CGV 무비꼴라쥬 상을 비롯 3개 부문을 석권해 그해 최고 화제작이 되었기 때문이다. 15년 만에 만난 두 동창이 당시의 학창시절을 기억하며 어디서부터 인생이 비틀리기 시작했는지를 잔혹한 이야기로 풀어나간 <돼지의 왕>은 그 해 부산국제영화제에서 가장 보고 싶은 작품이 었고 또한 가장 만족한 작품으로 기억된다. 연상호 감독은 <돼지의 왕>이후 <창>, <사이비>를 통해 한국사회의 부조리를 애니메이션을 통해 계속 꼬집었고 현재 <돼지의 왕>의 바통을 이어받아 종교에 대한 날카로운 시선이 가득한 <사이비>가 곧 공개될 예정이다.

벌써 BIFF는 열아홉 살이 되가고 있다. <시간을 달리는 소녀>를 봤을 때의 그 감동을 잊지 못해 매해 영화제를 갈 때마다 애니메이션 작품은 꼭 챙겨보게 되었다. 2014년에도 영화제를 뒤흔들 색채의 향연을 계속 될 것이며 나도 그 향연에 푹 빠지지 않을까 생각한다. 과연 올해는 어떤 작품들이 부산국제영화제 애니메이션 대박 행진을 이어갈 지 궁금하다.

개막식 스타전문 **사진기자 임준선**
_시사저널, 일요신문

" 아, 거 좀 머리 좀 치워요. 그리고 여기, 이쁘다 !
이쪽 이쪽, 갑니다 ~~"
우렁찬 목소리로 개막식 레드 까펫 장내 정리하는 남자가 있다. 스탭인줄 알았는데 자세히 보니 아니다. 손에는 촬영용 카메라 백통을 들고 고래고래 소리지르는 남자, 그리고 개막식이 끝나면 손살같이 사라진다. 스타저널, 일요신문에서 연예인특종 기자로 이름을 날린 임준선 기자. 벌써 십여년째 BIFF

개막식에 참석한 임기자는 이제 개막식 촬영은 후배들에게 바통을 넘겨주고 순수한 마음으로 영화제를 즐기러 오고 있지만, BIFF의 나이테만큼 BIFF 개막식 에피소드를 가지고 있는 산증인이다. 그가 꼽은 BIFF 최고의 스타는 누구일까?

개막식이야 워낙 배우들의 각축장이니 비교불가이고 오히려 스타로드에서 스타들의 멋진 사진을 건질 수 있다고 한다. 스타로드는 부산국제영화제를 찾은 국내외 스타들이 영화의 전당이 아닌 해운대 바닷가 앞에서 레드 까펫 입장을 하는 행사로 개막식 다음날, 또는 주말 밤에 진행되는 행사다.

국내 연예계의 잔뼈굵은 임준선 기자가 꼽은 스타로드 최고의 스타는 의외로 해외 스타였다. 주인공은 바로 2008년 〈구구는 고양이다〉로 레드까펫을 밟은 우에노 쥬리. 당시 노다메 칸타빌레로 국내 인기도 최고였던 우에노 쥬리는 도착하자마자 연일 이어지는 매체 인터뷰와 영화 GV 공식행사 스케줄에도 불구하고 성의있는 태도와 적극적인 리액션으로 강철체력 쥬리란 별명을 얻으며 많은 사랑을 받았다고. 당시를 회상하는 임기자의 말로는 스타로드 입장 당시 우에노 쥬리는 생기 발랄한 모습과 총 쏘는 제스쳐로 기자와 팬들을 위해 포즈를 잡아주는 센스를 발휘했다고 한다. 그리고 인터뷰 장소에 어깨에 귀여운 고양이 구구까지 데리고 나타났다고 한다. 건강미인 우에노 쥬리, 또 한번 BIFF에서 만나보고 싶네.

패션 매거진 기자들이 꼽은 **BIFF 드레스 여신은 누구?**

드레 수애 VS Grace 수정

같은 여자가 보더라도 어쩌면 저렇게 드레스 입은 자태가 우아할 수 있을까? 그녀의 드레스를 보면 과도한 노출보다 영화제 여신이라는 표현이 맞을 만큼 아름답다.

패션매거진 기자들이 뽑은 부산국제영화제 최고의 베스트 드레서는 배우

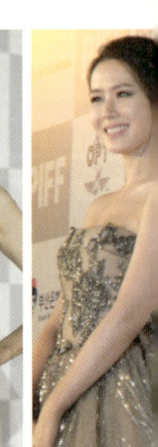

수애. 165cm의 늘씬한 키와 마른 듯 적당한 체격, 특히 배우 수애가 드레 수애가 될 수 있었던 결정적 이유는 바로 목선과 어깨, 쇄골라인이 아름답기 때문. 거기에 파격적인 노출 대신 우아하고 기품있는 드레스 디자인을 선택해 매번 입고 나온 드레스까지 주목받게 만든 진정한 BIFF의 여신. 그녀의 올해 레드 까펫 워킹이 벌써부터 기다려진다.

그리고 또 한명의 베스트 드레서는 임수정. 그리 크지 않은 키, 볼륨있는 몸매는 아니지만, 본인의 분위기에 잘 어울리는 드레스를 초이스하기로 유명한 그녀는 매년 드레 수애와 함께 최고의 베스트 드레서로 꼽히고 있는 여배우다. 귀여우면서, 우아하고, 여성스러우면서 품격있는 그녀의 모습. 〈내 아내의 모든 것〉에서 연기한 사랑스런 모습이 레드 까펫 위로 겹쳐진다.

그 외에도 기자들과 팬들이 꼽은 역대 BIFF 베스트 드레서 후보로는 늘씬한 키와 서글서글한 성격으로 사랑받은 제 17회 사회자이기도 했던 탕웨이와 작은 얼굴의 환상적 비율을 가진 한예슬, 드레스 자태가 고운 손예진 등이 있다.

BIFF를 만드는 사람들의 특별한 이야기

"열 아홉 번째 BIFF의 천첩대문을 열다"

강정룡 · BIFF 서비스개발팀장

Q 강정룡 팀장님 안녕하세요?
BIFF에 몸담으신지 10년 정도 된 걸로 아는데 언제, 어느 팀에 어떻게 들어오시게 됐는지 간단하게 부탁드릴게요.

A 2002년, 일곱 해째를 맞는 영화제에 사업팀 단기직원으로 상영관운영을 맡았습니다. 해운대에 처음 문을 연 멀티플렉스극장인 메가박스를 서른 명 가량의 자원봉사자와 함께 사수하라는 것이 저의 임무였습니다. 개막식과 폐막식을 제외한 모든 상영과 행사가 남포동 비프광장을 중심으로 이뤄지다 바야흐로 해운대시대를 맞이하던 때였는데, 영화제라고는 구경도 안 해본 전라도 촌뜨기에게는 어울리지 않는 고난이도 미션이었다고 봅니다. 그래서 애 좀 먹었지만, 재미와 추억도 그만큼 많았던 길고도 짧은 두 달을 남포동과 해운대를 오가며 보냈습니다.

가을학기 졸업을 앞두고 멍때리고 있던 저에게 학과 동기녀석이 부산영화제 스탭 모집한다더라고 지나치며 한 마디 던진 것이 오늘에 이르게 되었습니다. 모집요강에 분명히 운전면허, 공인어학점수, 부산연고가 필수요건이었는

데, 그 중 하나도 가진 게 없었던 제가 선발된 것을 의아해 하면서도 내심 우쭐
해 하기도 했지만 비밀은 머지않아 밝혀졌습니다. 지원자가 단 한 명뿐이었
고 다시 모집하기 귀찮았다는 것. 그때 저를 뽑아주신 분들은 지금 영화의 전
당에 계시고, 전 직원 워크숍에서 축구 한판 신나게 같이 뛰었던 집행위원장
께서는 이제 부산국제영화제의 영원한 명예로 남아 영화감독으로, 나라의 문
화를 융성케 하는 일꾼으로 날아오르고 계십니다.

Q 초청팀을 오래 맡으셔서 그런지 자원
봉사자들 사이에서(한때 BIFF의 자원
봉사들은 초청팀 소속이었다) '강정룡 팀장'님
은 상사나 큰형님 수준을 넘어 자원봉사자들
영혼의 아버지라고까지 불리던데 ^^;; 지금 까
지 가장 기억에 남는 자원 봉사자가 있다면요 ?
자봉들과의 각별한 인연이나 에피소드를 간단
하게 소개해주시면 좋겠어요.

2002년 7회 BIFF

A 하하…영혼의 아버지요? 그런 과찬의 말씀을… 뭔가를 지시하고 가
르치려고 하기보다 같이 만들어 나가서 아마도 그런 이야기가 나왔나
보네요. 기억에 남는 자봉이라. 박선정. 2008년 13회 영화제때 의전차량을 운
전했던 자원봉사자입니다. 이름은 다소 여성스러운데 실제는 180센티를 훌
쩍 넘는 키와 근육질에 가무잡잡한 얼굴을 가진 건장한 친구에요. 이 친구가
TRS(무선이동통신)로 일종의 팟캐스트를 진행해 화제가 됐습니다. TRS
는 의전센터에서 현장 곳곳에 흩어져 의전차량을 운전하는 봉사자와 편리하
게 교신하기 위해 지급하는 휴대폰과 비슷한 공용무전기인데, 게스트가 타
고 있지 않을 때를 이용해 재미있는 에피소드와 소소한 이야기들, 그 날의 교
통상황, 영화제와 관련한 소식들을 주고받은 것이죠. 의전팀은 남자로만 구
성되고, 활동중에는 각자 차량을 운전하고 다니기 때문에 다른 자원봉사팀에

비해 재미가 덜 하고 팀워크가 약해질 수 있는데, 이 친구의 재치 덕분에 그 해 의전팀의 분위기가 참 좋았고, 정보가 공유되어 의전업무의 능률이 눈에 띄게 향상되었습니다. 부산영화제에서 12년을 일했지만 영화제기간에 자원봉사자들과 치맥을 했던 적은 그때가 처음이자 마지막입니다. 팀장으로서 격려차 밤늦게 의전센터에 갔다가 그 친구를 비롯하여 여러 봉사자들이 즐거운 분위기 가운데 그 날의 활동을 마무리하고 있길래 제가 기분이라며 한 턱 냈습니다.

먼저 떠오르는 한 사람을 소개했지만, 그 동안 제가 맡았던 일을 통해 만나온 자원봉사자가 천 명이 넘고, 그 중에는 즐거운 기억으로 남아있는 봉사자들이 정말 많습니다. 이 친구뿐만 아니라 그 해에 같이 활동했던 의전 자원봉사자 여럿과 지금도 연락하며 종종 만나곤 하는데, 얼마 전에도 점심을 같이 하면서 그때 얘기들로 즐거운 한 때를 보냈습니다. 그때는 모두 학생이었지만 지금 그들은 사회로 나가 각자의 일을 하며 사업을 준비하기도 하고 결혼을 눈앞에 두고 있기도 합니다. 내년에는 직장인 봉사자로 참가해 후배들 뒤풀이는 자기가 책임지겠다는 친구들, 승진하거나 돈 많이 벌면 영화제에 협찬하겠다며 자못 결연한 표정으로 눈빛을 반짝이는 이들을 보노라면, 여기 영화제에 있는 동안 내가 더 치열하게 살면서 돌아오는 그들과 앞으로 더 많이 생겨날 제2, 제3의 젊은 BIFF의 사람을 맞이할 준비를 해야겠다는 다짐을 새롭게 하게 됩니다.

Q 18회 BIFF까지 가장 기억에 남았던 해외 게스트나 국내스타가 있다면요? 저 같은 경우는 발랄한 모습으로 에너지를 팍팍 불어넣어준 일본의 우에노 쥬리와 매너 좋던 양조위, 그리고 뭐든 쿨하게 OK 했던 김지운 감독님이 기억에 남아요.

A 배우 공효진씨와 양자경(Michelle Yeoh)를 꼽겠습니다. 모두 2007년 12회 영화제 때 만난 분들입니다. 공효진씨는 당시 이명

세감독의 신작영화 〈M〉에 강동원씨와 함께 주연으로 출연했고, 양자경씨는 〈북극〉이라는 영화제 초청작으로 부산을 방문했습니다.

그 해 우리 영화제의 빅이슈중 하나가 〈M〉 기자회견이었는데, 그 이유는 이명세감독의 신작이자 강동원씨가 1년여 넘는 공백 후에 나오는 영화 〈M〉에 뜨거운 관심이 집중되어 구름처럼 몰려든 취재진을 기자회견장이 다 수용하지 못했기 때문입니다. 기자회견을 시작해야 되는데 밖에는 들어오지 못한 기자들이 아우성이고 안에 빼곡히 자리를 잡은 취재진들도 좋은 자리를 확보하려고 신경전을 벌이느라 그야말로 분위기가 살벌했습니다. 그 와중에 기자회견이 정시에 시작되지 못하자 김동호 집행위원장님과 부집행위원장님 등 내빈들이 자리하고 있음에도 불구하고 여기저기서 험한 말들이 터져나오며 언성이 높아지기 시작했습니다. 홍보팀장이었던 저는 현장에서 그야말로 녹아내리는 얼음동상이 되어 타들어가는 입술을 다시며 애만 태우고 있었습니다. 그때, 단상에 앉아있던 공효진씨가 일어나 얼굴에 미소를 가득 띄우며 취재진을 향해 이렇게 말했습니다. "아이, 기자님들 분위기가 왜 이래요~ 좀 불편하시더라도 참아주세요. 제가 오늘 재밌는 얘기 많이 해드릴게요. 이따 사진 찍을 때 포즈도 열심히 할게요. 자, 그럼 시작해 볼까요~^^" 정말 거짓말처럼 순식간에 분위기가 반전되어 기자회견을 무사히 마쳤습니다. 천사가 따로

2007년 M 기자회견_사진제공 BIFF

없었죠. 구세주였어요. 저는 그날부터 지금까지 그리고 앞으로도 영원히 공효진씨의 무한팬입니다. 반대로 그날 공효진씨가 활약하는 동안 그저 심드렁하게 앉아 몇 마디 안 하고 들어가신 그 분, 실망이에요.

양자경씨는 과연 월드스타였습니다. 기자회견장으로 걸어오는 그 분을 입구에 서서 맞이했는데, 태어나 처음으로 "그녀에게서 바람이 불어 온다"는 것을 느꼈습니다. 좋아하긴 하지만 열렬한 팬도 아니었을 뿐더러 걸그룹도 아닌데 제가 마냥 흥분했을 리가 없습니다. 월드스타로 이름을 날

리는 여배우임에도 불구하고 따로 수행하는 사람 없이 유쾌한 발걸음으로 걸어와 미소띈 얼굴로 저에게 악수를 청하며 건넨 인사말은 짧지만 매우 강렬했습니다. 당초부터 계획된 기자회견이 아니었지만 1시간 넘도록 진지하게 임하는 그녀를 보며, 월드스타란 그저 인기나 외모로 인하여 불려지는 것이어서는 안된다고 생각한 것은 저만이 아니었을 것입니다. 그날

양자경 기자간담회_사진제공 BIFF

기자회견 이후 보도된 기사들이 하나같이 그녀를 극찬하며 높은 인격을 지닌 진정한 월드스타라고 칭송했던 것을 기억합니다. 겸손함, 부드러움, 친절함 같은 인간적인 성품은 항상 아름답고, 높고 영광스런 위치에서 더욱 빛납니다. 양자경씨도 이제 중년을 넘어섰지만 오래오래 건강하게 영화배우로 활동하시길 바라며, 그 분을 존경하는 한 사람의 팬으로서 응원하고 싶습니다.

Q 우와~ 그런 재밌는 에피소드가 있었네요. 저도 공효진씨 팬이에요. 스탭분들에게 친절하고 현장에서 성실하고 분위기 메이커시너라구요 ~ 저도 공블린님 무한 팬 인증 ^^ 그런데 BIFF 자원봉사자는 매년 치열한 경쟁률을 기록하고 있고 영화제 끝나고 나서도 자부심이 굉장히 강하더라구요. BIFF 자원봉사자에 도전하는 청춘들, 혹은 더 넓게 BIFF 스탭이 되기 위한 Tip을 알려주신다면요 ! 이렇게 하면 붙을 수 있다~ BIFF 최종 면접 뚫기 노하우 뭐, 이런 거라도 ^^

A 질문의 특성상 다분히 개인적인 얘기로 하겠습니다. 저는 매년 함께 일할 단기직원(스탭)과 자원봉사자를 맞이할 때 "이번에 그대들이 참여할 한 번의 영화제가 짧지만 즐거운 기억과 보람있는 경험이 되도록 노력하겠다"는 마음으로 임합니다. 그리고 그들에게도 같은 마음으로 동참해 주기를 기대합니다. 영화제 일이나 봉사활동은 외국어 구사력을 요하는 일부

분야를 빼고는 사실 기본적으로 누구라도 와서 할 수 있는 일입니다. 그런데 영화제 일이 어렵고도 재미있는 이유는 바로 21세기형 노동집약적 시스템으로 돌아가기 때문입니다. 지난 18년 동안 시행착오를 거치며 상당부분 고도화, 디지털화 되었지만, 영화제는 본질적으로 사람을 위한, 사람에 의한 이벤트입니다. 한 해 부산국제영화제를 개최하는데 선발되는 스탭과 자원봉사자는 천여명에 이르고, 직간접적으로 동참하는 관계기관, 협력업체, 협회단체를 아우르면 2천명은 족히 넘습니다. 한 사람의 스탭이나 봉사자가 독립적으로 맡는 일도 있지만, 8할은 다른 사람과 머리를 맞대고 손발을 맞추는 협업입니다. 만나고 대화하면서, 상의하고 설득하며 아이디어를 짜내고 협력해야 합니다. 자기목적이 너무 강하거나 이기적인 사람, 사고가 유연하지 못하고 마인드가 열려있지 않은 사람은 대체로 다른 사람과 함께 하는 일, 소통하는 방식에 익숙하지 않고 빨리 적응하지 못합니다. 영화제 일에 어울리지 않는 사람입니다. 그래서, 영화제가 끝난 후에 진짜로 남는 것은 개인의 기억과 경험이고, 그것이 즐겁고 보람있어야 한다고 믿으며, 그렇게 될 수 있는 사람을 만나길 희망하는 마음으로 지원서를 읽고 면접에 임합니다. 그리고 매년 그런 사람들을 만나게 되는 것에 놀라고 감사히 여기고 있습니다.

제15회 BIFF 자봉들과 함께

Q 네… 긴 시간 재밌는 이야기 잘 들었습니다.
마지막 으로 강팀장님에서 BIFF 란 어떤 의미인지요?

A 저에게 부산국제영화제는 한마디로 '천첩대문'(千疊大門)입니다.
수없이 겹쳐진 문, 열고 들어가면 또 다시 맞닥뜨리는 또 다른 문, 앞으로 언제까지 열어야 나가거나 또는 들어갈 수 있을지 알 수 없는 과정이라는 생각에서 떠오른 의미입니다.

영화제는 매년 단기계약직원을 고용합니다. 상근직외에 행사개최를 위해 부서별로 몇 개월씩만 고용하는 임시직이라서 매년 새로운 인력을 쓰게 되는데 그중 20% 정도는 그전에 일했던 사람들이 다시 지원합니다. 일이나 사람이 좋아서이기도 하고 여러 가지 이유가 있겠지만 가장 자주 듣는 이야기는 끝나고 나니 뭔가 아쉽고, 한번 더 해보면 진짜 잘 할 자신이 있다는 말이랍니다. 그 중에서는 안정적인 직업대신 영화제 단기직에 계속해서 지원하는 사람들도 있습니다. 그들은 자신만의 선택으로 다시 문을 열고 영화제로 들어옵니다.

저는 2002년 단기직으로 시작해서 올해까지 햇수로 12년동안 부산국제영화제에서 총무, 행성, 교육, 티켓, 야외극장, 홍보, 초청, 포럼 등 여러 가지 사무국 업무를 맡아왔습니다. 다른 분야의 업무를 맡는 것은 제가 직접 열어야 할 문이었고 환경의 변화나 새로운 사람들과의 만남도 수십개의 문이었습니다. 일에 회의를 느껴 개인적인 비전과 진로에 대해 고민한 것도 여러개의 무거운 철문이었습니다. 특히 영화제의 새로운 지평선과 가치를 발견하고 가슴벅찬 환희와 자부심을 느껴 더욱 분발하고자 다짐했을 때도 한번 더 큰 문턱을 넘었다고 생각합니다.

10년이 넘는 세월동안 수백개의 문을 열었지만 아직도 제 앞에는 또 열어야 할 문이 있습니다. 영화제는 계속해서 진화하고 있지만 끊임없이 내외부의 도전에 직면하고 있기 때문입니다.

나이를 먹고 경험이 축적되었으나 한편으론 둔감해지고 안일해진 내 스스로가 내 앞으로 문을 계속 만들어 내는지도 모르겠습니다.

이제까지는 더 알고 싶고 보고 싶고, 경험하고 싶어서 문을 열었다면 앞으로의 천첩대문의 문 열기는 도전이고 BIFF의 미래를 향한 새로운 확장일 것이라 생각합니다.

인터뷰 뒷이야기

저음의 바리톤 목소리 뒤에 감춰진 반전 외모. 일로 만나면 명쾌하고 오래 알고보면 속 깊은 사람. 언젠가 고향에서 보내왔다며 스탭들에게 나눠주던 장흥 産 호박 고구마가 기억난다. 자원봉사자 교육 및 팀을 오래 이끌어 온만큼 BIFF의 자원봉사 역사의 산 증인인 그는 그동안 BIFF를 거쳐간 자원봉사자들의 과거와 현재, 그리고 그들만의 따뜻한 이야기를 들려주었다. 한때 필자와 같은 팀의 선배이기도 했고, 지금은 센텀 영화의전당을 마주 보는 사무실에서 부산의 문화예술콘텐츠를 만들어가는 동지로서, 우리의 파이팅과 그의 건승을 빈다.

2009년 PIFF 초청팀 시절. 장산 워크샵 그땐 다들 해맑게 웃고 있네~

그 남자의 뒷 모습

새해가 밝은지… 벌써 일주일이 지났습니다. 누군가 나이가 들면 흘러가는 세월의 속도가 자신의 나이만큼의 시속으로 흐른다고 했지요. 제 세월의 속도는 한, 시 속 백 킬로 정도의 무서운 속도로 운행 중인 듯 합니다. 요 며칠 간 제 몸을 파고들던 바이러스와의 치열한 전투에서 승리해 열꽃을 다 피워내고 나니 컨디션은 회복했지만 아직 영혼의 회복이 이뤄지지 않고 있는 유체이탈 상태에서 2010 년 저장해 놓은 시간의 방으로 들어가 봅니다.

누군가에겐, 아빠가 되었을 한 해였고, 누군가는 승진해서 과장에서 차장이 되었을 기쁨의 한 해였고 누군가에겐… 사랑하는 이를 잃은 슬픔이 가득했던 한 해였을겁니다… 그, 희노애락의 순간 중, 문득 눈에 띄는 사진 한 장을

2010년 제15회 BIFF 김동호 위원장 Farewell Party

골라 봅니다. 한 남자가 뒤 돌아 서 있습니다. 많은 이야기들이 담겨져 있는 당신의 뒷 모습. 어쩜 이 것은 시작일 수도 있고, 끝일 수도 있습니다. 마지막의 순간 이지만, 영원한 시작일 수도 있을 겁니다.

김동호 집행위원장. 부산국제영화제의 지난 15년간의 수장. 사실 이 분에게 붙여드리고픈 것들이 너무 많지만… 그 모든 것을 원치 않으실 것 같아… 그냥… 그렇게 불러봅니다. 한 사람의 끈질긴 집념과 이상이, 그리고 순수했던 열정이 얼마나 위대한 것인지를 보여준 사람. 자리가 사람을 만든다고 누구나 그 자리에 있으면 그 정도의 일은 하지 않았겠냐고 혹자는 반문할 수도 있습니다. 하지만… 적어도 제게는… 그가 가진 비행기 마일리지, 혹은 이뤄낸 성과들, 그런 것들 보다도… 끊임 없이 영화인들과 함께 하려고 했던, 소리 없이 그들에게 스며 들었던 한 인간의 애정이 더 많이 보입니다.

몇 해 전… 국제영화제 개막식 날, 배우 최진실의 부음을 듣고 많은 취재 기자들이 갑자기 발길을 돌려 서울로 다시 갔을 때… 그가 했었던 영화제 오프닝 인사가 떠오릅니다. 그때 저는 한국 영화계를 빛냈던 어느 여배우의 죽음을 의례적으로 이야기 하는 것이 아니라, 어쩌면 그날 자신이 서 있어야 할 자리일지 모르는 그 곳을 등지고 떠난 한 개인의 아픔과 동시에 우리의 아픔까지도 쓰다듬는, 짧았지만, 강렬했던 그 분의 진심을 느꼈습니다.
페어 웰 파티 내내 왠지 한 편으론 불편하고 씁쓸해 보이기까지 했던 모습 위로 마침내 그 분이 활짝 미소를 띄웁니다. 그건 아마도… 그 분이 떠나는 마지막 자리를 참석한 수많은 유명인사들보다도 더, 그의 가슴 속에 깊이 자리 잡고 있을… BIFF를 움직이는 힘, BIFF를 있게 했던… 열 다섯 살 소년에서 이제 30대의 청년이 된 BIFF 바로 그들. 자원 봉사자들의 진심어린 헌사를 받았기 때문일지도 모릅니다.

이 날 반주를 맡았던 노영심씨가 이야기 합니다. 한 때 자신의 시아버지가 되셨음 해서 위원장님의 뒤를 엄청 따라다녔었다는 … 귀여운 고백을 합니다. 알고보니 저를 포함해 위원장님의 며느리 자리를 노렸던 여자 분들이 꽤 되는군요, 이렇게 그 분의 15년은 2010년, 막을 내렸습니다.

지금 저는 그 분의 등만 보고 있지만 왠지 그 뒷 모습이 한없이 좋아보입니다. 그 아름다운 뒷 모습이 그리워 질겁니다.

그리고 또 몇 년이 흘렀습니다.

그 후로 그 분은 '무릎팍 도사'에서 말씀하신 것처럼 그동안 듣고 싶으셨다던 미학 수업도 들으시고, 틈틈이 공부도 하셨으며 대학에서 후학도 양성하고 계신 듯 합니다. 그리고 한번쯤 해보고 싶다고 고백하신 '화려한 백수 생활'은 그분을 찾는 사람들로 인해 그다지 즐기시지 못하시는 것 같아보였습니다.

그리고 그 사이 우리에겐 시간이 흘러 크고 작은 일들이 있었습니다.

그 분은 평소 꿈이셨던 단편영화 감독으로 데뷔를 하셨고 저는 제 이름으로 된 책을 냈습니다. 감독을 맡으셨던 'jury'의 시사회장에서, 저는 그냥 먼발치에서만 바라보아도 기분이 좋았습니다. 굳이 다가가 인사를 드리지 않아도 그 무리 속에서 제 빛나는 눈동자를 찾아주실 것만 같았습니다.

올해도 저는 그 분을 기다립니다. 해운대, 혹은 영화의 전당 어디선가 지인들과 오가는 그 분을 지나칠 수 있을겁니다. 하지만 사실 저는 그 분의 뒷 모습을 더 기대합니다.

더 많은 이야기를 해주고 있는 그 뒷 모습을 말입니다.

부산 영화 콘텐츠 여행

영화전공 소은이의 부산영화코스 여행

영화과 재학중인 3학년 소은이는 매년 부산에 오는 게 즐겁다. 부산국제 영화제 때 씨네필 배지를 달고 부산 바닷가를 활보하는 것도 그렇고 부산은 언제 와도 새롭고 또 볼 게 많은 곳이다. 또 올 때마다 광안리며 해운대가 조금씩 달라지는 모습을 관찰하는 것도 재미있다. 영화학과 학생답게 올 여름방학엔 부산을 2박3일 여행하기로 했다. BIFF 때 인파에 밀려 제대로 보지 못한 부산을 샅샅이 파헤치기로 친구와 작전을 짰다.
암호명: BVC 프로젝트, 부산의 영상콘텐츠를 분석하라!

1. '영화의 전당' 견학

제일 먼저 '영화의 전당' 견학 코스. 견학은 5인 이상이면 단체가 되어 영화의 전당 측에서 설명과 함께 자세한 가이드를 해주는 데, 이번에는 일행이 2명 밖에 되지 않아 소은이는 부산에 있는 지인에게 영화의 전당에서 일하고 있는 Staff을 소개 받았다. 학교나 단체, 그룹은 사전에 신청하면 5인 이상일 경우 견학이 가능하며 자세한 가이드 및 안내도 받을 수 있다. 영화의 전당 하늘연 극장과 중극장, 씨네마데크 등을 둘러보고, 최근에 열린 아쉽게도 보지 못한 장국영 10주기 특별전에 대한 설명도 들을 수 있었다. 다행히 더블콘에서 열린 〈장국영 in 한국〉전시에서 갤러리 이듬과 국내 아티스트들이 함께 제작한 포스터를 몇 장 얻을 수 있었다. 소은이가 태어난 해인 1990년 제작된 영화 '아비정전'. 소은이도 그 아비정전에서 맘보 춤을 추던 장국영에 대한 기억이 새록새록 되살아 났다.

뭐라 말로 표현 할 수 없었던 배우…물기어린 그의 촉촉한 눈망울이 아련하다. 종횡사해, 동사서독, 천녀유혼… 그 옛날 우리가 사랑했던 장국영. 2004년 그가 홍콩의 한 호텔에서 몸을 던질 때 나는 고작 열 다섯이었는데… 함께 나이 들어가며 그의 멋진 인생의 주름을 이해하고 싶었는데… 그러기엔 그의 삶은 너무 고단했던 것일까… 영화의 전당에 오길 참 잘했다는 생각이 든다. 이런 뜻깊은 전시가 있었다니… 영화의 전당을 둘러 보고 BIFF 스탭들이 일하고 있는 사무실로 가서 소은이는 초청팀장님을 만났다. 대학교 2학년을 마치고 소은이는 잠시 휴학을 하고 한학기 동안 영화 연출팀에서 일했었다. 연출팀 막내로 아르바이트 하면서 마지막으로 영화제에서 일해보고 싶은 생각에 BIFF 자원봉사자로 응시해 초청팀에서 일을 했던 것이다. 국내작품 초청팀 자원봉사지로 일하며 알게 된 강정룡 팀장님, 인사하러 올라가니 반가운 얼굴로 맞아 준다. 왠지 영화의 전당이 낯설지 않다… 그래, 대학교 졸업 한 뒤 연출팀에 들어가 조감독을 거쳐 내 작품을 만들게 되면 꼭 여기, 영화의 전당 야외 극장에서 내 작품을 상영하리라….

2. 부산 영상위원회의 3D 스튜디오- 디지털 베이 (Digital Bay)

아시아 최초의 버츄얼 스튜디오 디지털 베이는 부산 영상위원회가 예전 요트 경기장 내에 있던 영화촬영소를 리모델링 해서 만든 곳으로 헐리우드의 전문가들을 초청해 시스템 운용과 활용방안, 특수촬영 기술을 전수 받기도 했다. 디지털 베이 개관 후 첫 작업을 한 작품은 얼마 전 개봉한 엄정화, 김상경 주

사진·부산영상위원회

연의 〈몽타쥬〉였으며 이 스튜디오에서 KBS 드라마 〈7급 공무원〉의 신입국
정원 요원들의 3D 수행교육 장면이 촬영되기도 했었다. 디지털 베이는 첨단
장비를 이용해 대규모 차량 씬, CG가 필요한 장면들을 사전 시각화 시스템을
통해 완벽하게 재현하고 불필요한 해외 촬영이나 야외 촬영을 줄임으로써 제
작비용 절감 효과에 큰 기여를 하고 있다.

*디지털 베이의 동영상 파노라마 촬영 시스템 (ORBIS)

Orbis 시스템의 첫 촬영작품은 엄정화, 김상경 주연의 〈몽타쥬〉
였다. 유괴범을 둘러싼 차량씬과 기차역의 추격씬이 많은 부
분을 차지했던 〈몽타쥬〉팀의 고민은 차량씬을 과연 어떻
게 촬영하느냐였을것이다. 최근의 추세는 현장 레카씬과
스튜디오 촬영중 스튜디오 촬영을 더 선호하고 있는 추
세이다. 물론 스튜디오 촬영은 배경소스 확보의 어려움
과 인력 및 장비비용 증가, 후반공정 시간 손실등 더 신
경써야 할 일이 많아지는 단점이 있다.

하지만 Orbis 촬영법은 차량에 탑재된 9개의 카메라가 4면
을 촬영하며 쌍방향 촬영이 가능하기 때문에 스튜디오 촬영의
단점을 보완했다는 점에서 진일보된 기술이라고 할 수 있다.

영상콘텐츠 밸리로의 비상 - 불켜진 센텀의 늦은 밤.

영화의전당과 영상위원회 디지털베이를 견학한 뒤 소은이는 영화의전
당 근처에 있는 BCC 건물도 찾아가봤다. BCC는 Busan Cultural Contents

Complex의 약자로 센텀의 지식산업을 기반으로 하는 영상, 문화콘텐츠 기업들이 입주해 있는 공간이다. 이 곳에서 각종 게임, 영상, 출판 콘텐츠 관련 부산의 미래 콘텐츠산업을 이끌어 갈 인재들과 핵심 인력들을 만나 인사를 나눴다. 늦은 밤까지 불이 켜진 센텀의 사무실에서 수많은 콘텐츠 전문가들의 꿈과 열정을 확인할 수 있었다. 센텀의 영상콘텐츠 관련 시스템을 돌아보고, 시설들을 견학한 소은이는 마지막으로 영화의전당 야외극장에서 무료로 상영되는 한여름밤의 야외 상영회를 보기로 했다. 마침 보고 싶었던 영화 〈바베트의 만찬〉이 잠시 후 8시부터 상영된다. 영화의 전당 아카이브의 소장직들을 상영하고 있어 가족과 연인들끼리 보기에 괜찮은 작품들이 많이 소개된다. 작년에는 미션과 애수, 사랑은 비를 타고, 오즈의 마법사 등 고전 명작들이 상영되 부산 시민들의 많은 사랑을 받았다고 했다.

시원한 수영강변에서 부는 강바람을 맞으며 대형 스크린으로 보는 명작 영화… 부산 사람들은 참 좋겠다… 란 생각이 든다. 소은이는 앞으로 부산에 자주 오게될 지도 모르겠다는 생각을 해본다. 촬영 때문에 올 수도 있고 아니, 어쩌면 이렇게 좋은 영화 같은 부산에 정착하고 싶다는 생각도 해본다. 여기서 영화를 찍고, 영화같은 인생을 찍고. 부산이 참 사랑스럽다. 부산은 영화다… 고로 나에게 부산은 내 인생 2장이 펼쳐질 곳이다.

탐 크루즈가 반한 부산,
탕웨이의 사랑이 이루어진 부산

2013년 1월 부산을 방문한 〈잭 리처〉 감독인 크리스토퍼 맥쿼리와 탐 크루즈는 경비행기에서 내려다 본 거가대교와 광안대교에 반해서 부산의 유명한 두 대교 위에서 꼭 촬영을 해보고 싶다고 인터뷰에서 밝혔다. 부산 명예시민이 된 톰 크루즈와 맥쿼리 감독, 그들이 다음번 작품에서 꼭 부산을 기억해주기를 바란다.

그뿐인가, 영화제 동안 파도소리를 즐기며 밤바다에서 부산 소주 C1을 마셨던 기억을 최고의 꼽는 의외로 털털했던 스타 탕웨이(물론 지금 돌이켜보면 '만추'에서 만난 김태용감독이 인생의 동반자가 되었기에 더 그랬을 법도 하다), 김동호 위원장님의 마지막 임기에 방문해 광안리를 댄스의 바다로 만들어버린 배우 줄리엣 비노쉬, 편안한 트레이닝 복을 입고 관객과의 대화인 GV에 참석했던 양조위도 부산에 반했고, 부산을 사랑했다.

자신의 한국인 아내와 참석했던 올리버 스톤 감독, 관객들의 수준을 높이 평가했던 빔 벤더스 감독, 그리고 지난 날 우리의 모습과 닮아있던 청춘 배우 츠마부키 사토시, 겸손한 모습이 매우 인상적이던 기무라 타쿠야. 이들의 대부분이 BIFF에서 개봉하는 자신들의 작품 때문에 BIFF를 방문했다 하더라도 부산에 머무르는 동안, 부산의 매력에 빠졌고 부산과 사랑에 빠졌다.

스크린 속의 그들은 화려하고 아름답지만, 실제로 만나는 스타들의 모습은 더욱 소탈하고 친근했다. 그들이 부산을 방문하고 남긴 말들이, 단지 의례적인 멘트가 아니기를… 〈어벤져스2〉 촬영을 서울에서 한 길 보면 광안대교 배경으로 부산에서 세계적인 영화가 나올 날도 멀지 않은 것 같다.

부산의 명배우 열전

요즘 TV나 영화를 보면서 부산 출신 배우들이 참 두각을 나타내고 있다는 생각이 들곤 한다. 굳이 출생지역에 따라 사람을 평가한다는 것이 무의미할지는 모르나, 배우들의 연기력이나 표현력에 있어서 자신의 성장한 곳이나, 자라온 곳을 기억하며 그 배우의 아우라가 형성된다는 관점에서 어쩌면 출신지는 배우에게 중요한 요소일지도 모른다는 생각이 든다.

그렇다면 부산 하면 어떤 배우들이 있을까.
부산에서 가장 많은 배우들과 연기자들을 배출한 경성대학교 영화과가 있고 그 학교 출신 배우들은 배우 조재현, 요즘 주목받는 배우 김정태, 조진웅이 있다. 시작은 아이돌이었으나 이제 최고의 연기돌이 된 부산공대 오빠 임시완과 정극 〈추노〉와 〈운명처럼 널 사랑해〉 같은 코믹물을 오가며 연기변신을 하는 장혁도 부산 출신 배우이다. 연기력으로 치면 동의대 연극반에서 갈고 닦은 솜씨로 대뷔했던 타짜의 아귀 김윤석과 강원도 출신이지만 부산에서 대학을 다니며 부산 연극판에서 오래 활동했던 〈친구〉에서 악역 눈빛 포스는 최강이었던 이재용도 있다. 그리고 〈친구〉를 자신의 최고의 데뷔작으로 만든 '느그 아버지 뭐하시노'의 김광규. 요즘 김광규는 '나혼자 산다'의 은근 귀여운 싱글남으로 예능 프로그램의 대세로 떠올랐고 드라마〈직장의 신〉,〈너의 목소리가 들려〉로 조연 캐스팅 0순위의 배우로 자리잡았다. 대연동의 부산예술대학교 가면 학교 정문에 학교를 빛낸 스타들의 얼굴이 플랭카드로 걸려있는데 거기에 김광규씨 얼굴이 후배인 정운택, 허경환, 가수 길건, 밴드 장미여관등과 함께 나란히 걸려 있다.

그렇다면 부산 출신 배우들이 사랑받는 이유는 뭘까.
그건 이미 배우 조진웅이 〈무릎팍 도사〉에 나와서 말한 것도 있지만 부산 사나이 특유의 우직함과 묵직함으로 되던 안되던 한우물 파는 스타일이기 때문일지도 모른다. 연기 하나만 보고 연극계에서 기본기를 익힌 뒤, 꾸준히 자신을 팔다 보면 그 진가를 알아 줄 날이 오기때문이란 것이다.
실제로 무명 시절이 길었던 김광규, 조진웅도 조연으로 보낸 시절이 있었고, 지금은 개성있는 연기로 주목받으며 활약하고 있다.
그 중에서 부산이 배출한 걸출한 명배우 몇 명을 소개한다.

구수한 부산 사투리 배우 고인범

고인범이 누고? 〈야왕〉에서 권상우 아버지, 〈그 겨울, 바람이 분다〉의 김범 아버지, 〈메이퀸〉의 배 만들던 강대평 회장님, 김재원의 할아버지 하면 아마 아~ 고개가 끄덕여질 것이다. 부산 광대연극제의 위원장이기도 한 배우 고인범씨는 1959년 부산 출신으로 부산 연극협회 회장과 배우협회 회장을 지낸 부산의 잔뼈 굵은 배우이다. 그의 부산 사투리는 진짜배기이며 어색하지 않다. 고집스럽게 한 길을 걸어온 그를 보고 있으면 부산 출신인 이 배우가 자랑스러울 수밖에 없다. 어째 그리 대사를 맛깔스럽게 하는지, 그리고 그의 연기를 연극 무대에서 볼 수는 없지만 언제라도 부산이 부르면 달려와 흥과 신명을 풀어놓을 그의 연기를 기대한다.

국민 귀요미 등극 배우 고창석

고창석이란 배우를 가장 눈여겨 보게 된 작품은 사극 〈바람과 함께 사라지다〉였다. 그 전에 〈헬로우 고스트〉에서도 은근 귀여운 연기로 눈길을 끌긴 했지만 말이다. 얼음을 보관하는 빙고에 대한 신선한 소재를 다룬 영화에서 차태현, 성동일, 신정근같은 배우들 속에서 돋보이던 방귀대장 도굴 전문가 아저씨. 양갈래로 땋은 머리가 왜 그리 귀엽던지 …그때 '비쥬얼 쇼크'로 불리던 이 배우, 점점 잘 나가는가 싶더니, 예능감도 폭발한다. 1박2일 〈명품조연배우〉 특집에서 자신을 닮은 딸이 발레를 하고 싶어하는데 체형은 자신과 똑같다고 폭로하는 등 국민 귀요미로 등극하면서 아마도 요즘 최고의 연기 인생을 맞고 있는 듯 하다. 작년부터 부산항 축제 홍보대사로 부산항 알리기에도 앞장서고 있는데, 밝고 유쾌한 이 배우의 인기는 당분간 계속 될 것 같다.

<부산이야기>에 소개되었던 고인범, 그리고 부산영상위원회 소식지 <부산파랑>에 소개되었던 고창석과 김정태

가난이 키운 배우 김정태

지금은 하차하였지만 버라이어티 <슈퍼맨이 돌아왔다>의 김정태. 그 프로그램속에서 배우
이전에 아빠로 그를 만날 수 있었다. 알파벳 송만 나오면 무한반복 댄스를 추는 귀여운 3살
난 아들 야꿍이의 기저귀를 갈면서 왜 소똥을 쌌냐고 농담을 건네는 그를 보면 말도 안통하
는 아들과 유머를 주고 받는 신개념 아빠로 탄생했다. 사실 김정태라는 배우를 떠올리면 훤
칠한 외모에 유들유들한 말솜씨, <7번방의 선물>처럼 말주변 좋은 캐릭터일지 모른다. 하지
만 그가 영화 <친구>에서 악역 도루코 이미지를 벗어나는데 긴 세월이 걸렸다는 것을 아는
사람은 많지 않다. 악역과 드센 역할이 주어지다 보니, 연기의 스펙트럼을 넓히는데 한계가
있었지만 오히려 그의 유들유들하고 허를 찌르는 개그 감각은 예능 프로에서 빛났다. 툭 던
지는 말 한마디가 촌철살인인 배우 김정태가 무명시절 너무 가난해서 부산에서 제일 못사는
동네인 공동묘지가 있는 곳에 신혼집을 얻었고, 신혼시절 공부를 하던 아내의 수입에 의존해
살았다는 이야기를 하는 순간, 지금 보여주는 빛나는 연기는 그 시절, 어쩌면 가난과 힘들었
던 시절이 만들어낸 결과물이 아닐까 하는 생각이 들었다. 포기했으면 얻을 수 없었던 오늘
날의 영예. 무심한 듯 예리한 듯 빛나는 그의 눈빛 속에 숨은 열정을 나는 보았다.
<방가 방가>의 코믹하고 어리숙한 캐릭터, <미스 리플리>의 비열하고 집요한 모습, <싸
인>의 리얼했던 약물중독 재벌 2세역까지… 가난했던 시절, 부산의 연기 지망생 김정태를
지켜낸 건 8할이 부산의 뜨거움이었다. 아직도 가슴 속에 힘든 시절을 지켜준 아내와, 부산에
대한 감사를 담고 사는 님자. 가족 이야기만 나오면 순진한 사슴 눈망울이 되는 이 남자. 부산
바다처럼 출렁이는 열정과 무한 카리스마, 그리고 이제 부산의 넓은 대양처럼 가슴 넓은 사
랑을 보여주는 아빠가 된 배우, 김정태. 우리가 배우 김정태를 사랑하는 이유다.

이런 영화제 와 봤니?

영상도시 부산을 대표하는 3대 영화제

부산에는 부산국제영화제만 있는 것이 아니라 영화의 도시 부산답게 다양하고 개성있는 영화제가 존재하고 있다. 그중에서 가장 맏형인 BIFF를 제외한 부산의 3대 국제영화제를 꼽으라면 어린이영화제와 단편영화제, 메이드인 부산독립영화제를 들 수 있는데 부산이기에 만나 볼 수 있는 이 세 개의 개성 넘치는 영화제를 소개한다.

1 영화도시 부산의 모태가 된 **부산국제단편영화제 (BISFF)**

부산국제단편영화제는 2014년 31주년을 맞았다. 31살이라니, 국내 영화제

중에서 단언컨대 최고 장수 영화제이자, 최고의 역사를 가진 영화제일 것이다. 그동안 부산국제단편영화제는 강제규, 류승완, 양윤호 감독 등 한국영화역사상 굵직한 필모그라피를 가진 감독들을 배출하였고 현재 부산영상위원회 운영위원장을 맡고 있는 오석근 감독 또한 BISFF 출신이다. 재능있는 신인 감독들이 단편영화제를 통해 자신들의 작품세계를 알리는 기회를 가졌고 신인 감독들의 등용문이 되기도 했다. 부

산국제단편영화제의 집행위원장을 맡고 있는 양영철 위원장의 말처럼 짧다는 의미의 단편영화는 역설적으로 가장 긴 역사를 가지고 있기도 한 장르이며, 짧지만 강렬한 메시지와 소통을 통해 관객들에게 다가설 수 있는 장르이기도 하다.

2013년 30주년을 맞았던 BISFF는 2012년에 이어 주빈국 제도를 도입해 중국의 걸작 단편 17편을 상영하였고, 2014년에는 스페인을 주빈국으로 정해 좋은 단편영화들을 많이 소개했다. 부산의 영화영상관련 학생들이 부산을 배경으로 만든 작품을 출품하는 오퍼레이션 키노 섹션은 수준 높은 작품들로 인해 많은 주목을 받았다.

30년 전 부산에서 시작된 영화인들과 영화 감독들의 의미있는 영화 축제는 이제 영화도시 부산을 탄생시킨 모체가 되었다고 할 수 있으며 매년 5월, 더 멋진 모습으로 영화를 사랑하는 전국의 씨네키드들과의 만남을 준비할 것이다.

* BISFF의 시상 제도

영화감독을 꿈꾸고 있다면? 부산을 배경으로 짧지만 강렬한 작품을 구상하고 있다면 BISFF에 도전해보자. 어쩌면 단편영화제의 트로피는 낭신의 품에 인길 수 있을지도 모른다. BISFF는 애니메이션 부문, 실험영화부문, 시나리오 상, 심사위원 특별상 등 다양한 섹션별 시상을 준비하고 있다.

부산국제단편영화제 홈페이지 www.BISFF.org

2 어린이들을 위한, 어린이들에 의한 영화 축제
부산국제어린이영화제 (BIKI)

처음 부산에 어린이영화제가 있다는 이야기를 들었을 때, 정말? 어린이들을 위한 어린이들만의 영화제가 있다고? 정말 부산이기에 가능한 축제라는 생각이 들었다.

물론 서울에 서울국제청소년영화제가 있어 만19세미만의 청소년과 어린이들까지 포함한 영화캠프를 개최하기도 하고 2013년 서울구로 어린이국제영화제가 생겨나기전까지 전국을 통틀어 '어린이'만을 대상으로 하는 영화제는 부산이 유일했었고, 10회 가까운 역사를 지닌 어린이영화제는 비기(BiKi)가 유일하다고 할 수 있다.

2014년 9회째를 맞은 부산국제어린이영화제(Busan International Kids Film Festival)는 아이들이 직접 만든 영화를 출품하는 경쟁 섹션인 '레디액션'과 비경쟁부문인 초청작 섹션은 아이들을 대상으로 한 수준 높은 작품들이 상영되며 전세계 어린이영화제, 키노 페스티발을 체험하고 온 프

로그래머들이 선정한 애니메이션, 단편영화들이 상영된다. 2014년 영화
의전당 두레라움 야외상영관에서 〈구니스〉와 아이들에게 영원한 〈해리
포터와 마법사의 돌〉을 상영해서 아이들뿐 아니라 부모들에게까지 추억
의 영화를 선사하기도 했다. 또한, 2014년 처음 도입된 '비키 영 아티스트 개
발 프로그램'은 영상·회화에 뛰어난 자질을 보이는 영재를 발굴, 육성하는 기
획으로 2014년 드로잉펜화 작가 14살 우시온군을 선정해 지원하기도 했다.

어릴 적 간직한 꿈을 가지고 아이들과 함께 만들어가는 영화축세 비키의
2013 주제 '친구가 되고 싶어!'처럼 비키는 전세계, 지역을 넘어서 영화라는
매개를 통해 하나가 되는 새로운 세계를 경험할 수 있는 축제이다.
비키의 특징은 단순히 엄마 아빠랑 영화만 보러 오는 것이 아니라 비키 영화
놀이터와 다양한 영화관련 교육프로그램을 접할 수 있다는 것인데 '나도 성
우다'라는 성우 더빙 체험을 통해 영화에 내 목소리를 입히는 경험을 해볼
수 있고 하루만에 영화만들기인 '씨네마 스포츠', 어린이들만 입장이 가능한
〈어린이 영화인의 밤〉등을 통해 영화속 캐릭터로 분장하거나 나만의 레드
까펫을 밟을 수 있다.
아이들이 있다면, 아이들이 없어도 아이처럼 놀고 싶다면 매년 부산의 7월
을 기대하시라!

부산국제어린이영화제 홈페이지 www.biki.or.kr

3 감독을 꿈꾸는 씨네키드를 위한 **메이드인 부산 독립영화제**

걸음마를 하던 아이가 여드름 송송 나는 사춘기 청소년이 되었다. 조금은 삐딱하게, 조금은 깐죽거리며 세상을 향해, 시비를 건다. 나는야 부산 産. 싱싱하고, 펄떡대기로 치면 그 어떤 태생과도 견줄 수 없는 날 것 그대로의 이야기, 올해로 열여섯 살을 맞은 메이드 인 부산독립영화제는 부산을 대표하는 세개의 영화제 중 이렇게 당당히 자신의 이름을 올려놓고 있다. 부산에서 독립영화를 한다는 것은 어떤 의미일까?

수많은 고민과 함께 이 영화제를 거쳐간 많은 감독들과, 배우들이 오늘, 부산의 영화를 움직이고 있다. 영화제 개최와 함께 부산독립영화협회는 영화의 제작, 배급과 학술 활동을 하고 있다.
매년 11월에 개최하는 부독협 홈페이지에 남겨진 글처럼 독립영화가 상업성으로 물든 영화를 깨어있게 만드는 생명수가 되기를, 그리고 메이드 인 부산독립영화제는 그 생명수에 목마른 사람들을 위해 늘 찰랑 찰랑 차있는 버들잎 띄운 한 바가지의 물이기를 바래본다.

메이드인부산독립영화제 홈페이지 www.ifmib.org
매년 11월 개최 2013 11. 20~24

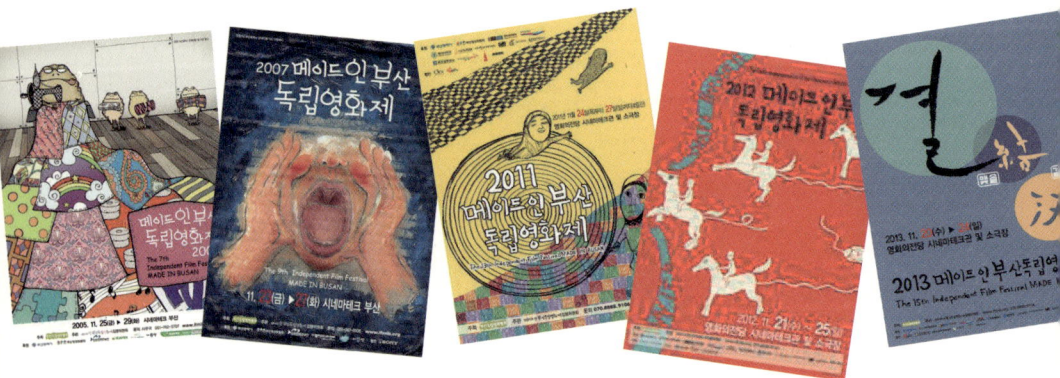

제 18회 부산국제영화제의 개막식날 부산문화콘텐츠콤플렉스에서 본 영화의전당 모습.
그 너머로 광안대교와 바다가 부산을 잘 상징하고 있다.

부산에 관한 짧은 필름

아멜리에 프로듀서가 유명감독 20명과 작업한 파리에 대한 옴니버스 영화 <사랑해, 파리>를 기억하는지. 2006년 부산국제영화제에서 열렬한 사랑을 받았던 <사랑해, 파리> 중에서 가장 기억에 남는 작품은 얼굴만 봐도 웃음이 나오는 배우 스티브 부세미의 '틸르리 역' 편. 모나리자 가이드북을 들고 있던 부세미의 그 황당한 표정 연기가 압권. <사랑해, 파리>처럼 부산을 소재로 한, 일, 태국의 세 감독이 부산에 헌정한 영화 <카멜리아>가 있다. 에피소드가 세 편 뿐이라 아쉬웠지만 다음번 프로젝트에는 더 다양한 감독들의 부산 이야기가 펼쳐지기를 바란다. 그 뿐인가. 일본의 후쿠오카의 TNC 방송국에서는 <명란젓 매콤>이라는 16부작 드라마에 부산의 곳곳을 소개하기도 했다. 이처럼 매력적인 촬영지로 소문난 부산이, 세계 거장 감독들의 러브콜을 받고 있다는데, 조만간 부산이 등장하는 영화를 또 한번 기대해본다. 최근 서울에서 촬영한 <어벤져스 2>가 화제가 되기도 했는데 부산에는 도시와 자연, 게다가 부산시와 영상위, 시민들의 엄청난 지원까지 있다는 사실! 일년 전 부산을 찾았던 톰 크루즈가 반했다는 광안대교에서 펼쳐지는, 코엔 형제나 워쇼스키 형제의 액션 하드보일드 부산 영화는 어떨까? 생각만해도 짜릿하다.

카멜리아 (2010년)
감독 : 위싯 사사나티, 유키시다 이사오, 장준환
주연 : 김민준, 설경구, 요시타카 유리코, 강동원, 송혜교 등

부산을 배경으로 펼쳐지는 한국, 태국, 일본 세 감독의 옴니버스 영화로 태국의 위싯사사나티, 한국의 장준환, 일본의 유키시다 이사오 세감독의 한국의 배우 강동원, 송혜교, 설경구, 김민준과 함께 작업을 했고 2010년 제 15회 PIFF에서 폐막작으로 선정되 많은 관객들의 사랑을 받았던 작품이다. 몽환적인 느낌의 미래사회를 배경으로 펼쳐지는 장준환 감독의 작품 '러브 포 세일'에서 강동원과 송혜교의 아름다운 모습과 짧지만 강렬한 세세한 연출력은 역시 장준환 감독이라는 느낌을 준다.

바람 (2009년)
감독 : 이성한 주연 : 정우, 황정음, 손호준

<응답하라 1994>의 매력남 부산 싸나이 정우의 모습이 보고 싶다
면 <바람>을 추천!
<응답하라 1997>의 신원호 PD가 극장에서 이 영화를 보고 주인
공 짱구를 맡은 정우를 차기작 주인공으로 생각했을 정도로 이 작품
에서 정우는 물만난 고기마냥 학교 짱 연기를 보여준다. 게다가 응사의 스타로 같이 떠오른 해태
손호준, 황정음도 볼수 있다는 사실. 주인공 라인업부터가 기대된다. 양아치, 깡패, 하류인생, 그리
고 가슴에 담긴 슬픔까지 정우의 초기 연기모습과 부산의 곳곳을 배경으로 펼쳐지는 부산다운 고
뇌하는 청춘 들을 보고픈 분들께 추천 !

부산 (2009)
감독 : 박지원 주연 : 김영호, 유승호, 고창석

부산의 뒷골목을 배경으로 펼쳐지는 세 남자의 이야기로 꽃미남 유승호
의 십대시절과 귀요미 배우로 뜬 고창석의 연기를 보는 재미가 쏠쏠하
다. 잘 찾아보면 부산출신 배우들의 초기 모습이 군데군데 숨어있다.

영도다리 (2008)
감독 : 전수일 주연 : 박하선, 김정태, 김민재

열아홉의 여학생이 미혼모가 되어 낳은 아이를 입양하고 결국 그 아이를
찾아가는 여정을 그린 영화로 전수일 감독의 전작과 같이 도시의 상처받
고 고독한 영혼들이 자신을 찾아가는 여정과 타인과의 소통으로 구성된
다. 과연 영도 다리 아래에서 무슨 일이 있었던 걸까? 부산을 배경으로
영화를 찍는 전수일 감독과 부산의 곳곳에서 펼쳐지는 영상들이 결코 부
산을 떠나서는 설명되지 않는 감독과 배우들의 필모그래피를 완성한다.
보너스: 신인 시절 박하선의 진지한 연기를 볼 수 있는 작품

그 외 깡철이(2013), 히어로(2007), 콘돌은 날아간다(2012)등도 부산의 곳곳을 찾아보는 재
미가 있는 영화들이다.

두 여배우,
한 여감독을 추모하며

영화제 개막식날 떠난 **어느 여배우에게**

그녀를 잃었다. 게을렀기에.
게을렀기 때문에 그를 막을 수 없었다고 고백했던 어떤 기자의 글처럼.
나 역시 게을렀기에 그녀를 보내고 이렇게 후회한다.

추억이란 이름으로 그녀를 기억해도 될까.
2002년 겨울… 그녀를 만나기 위해… 그녀의 집 앞에 있던 까페 〈라리〉에 들러 케익을 샀다. 세대마다 딸려 있다는 엘리베이터에서 내려 벨을 누르고 기다리는 순간, 야구 모자를 푹 눌러 쓴 화장기 없는 얼굴이 쑥 나타났다.
첫 아들을 낳고 몇 달쯤 지났을까.
돌이 갓 지난 아들의 재롱에 정신 없을 그녀의 얼굴은 왠지 행복보다는 그늘이 더 많아 보였다. 하지만 그녀는 방문한 나를 위해 웃고 있었다. 차를 마시며 나와 그녀는 별 달갑지 않았을 인터뷰 약속을 뿌리칠 수 없었던 이유인 그녀의 오랜 지인인 나의 직속 상사 이야기를 하며 같이 웃었다. 내가 사온 라리 케익을 보더니 뭐 이렇게 비싼 케익을 사왔냐고 했다. 의례적인 말이었겠지만 왠지 그 순간 만큼은 언제든 빈손으로 놀러와도 반겨줄 동네 언니같이 편하게 느껴졌다면 거짓말일까….

연예인을 만나고, 그들과 작업을 하면서 친분이 생기고 가까워도 지지만 결국엔 우리와 다른 세상을 살고 있다고 느꼈던 적이 있었다. 그들과 나는 태초부터 다른 존재이기도 했지만, 늘 아무리 노력해도 우리 사이에 흐르는 알 수 없는 공기 때문이기도 했다. 일 때문에 만나다 보니 업무 이상으로 다가서지도, 다가 올 이유도 없었기에 특별한 몇 명을 제외하곤 서로가 마음을 여는 경우는 드물었다. 그런데 그녀는 이상했다. 마치 오래 전부터 알고 지내던 사람처럼 편했고… 그녀 역시 나를 그렇게 허물없이 대하고 있는거라 착각하게끔 만드는 재주가 있었다.

내 기억 속의 그녀를 가만 떠올려보면 고등학교 1학년때 언니의 후레쉬베리를 뺏어 먹던 상큼한 표정 연기로 CF계의 요정이 된, 국민 여배우 그녀가 아니던가. 대학시절 남자 친구가 오랜 동안 좋아했던 그녀. 우리는 대학 1학년때 그녀의 드라마 '질투'를 같이 보곤 했었다. 나보다 더 그녀를 좋아하는 그를 보며 나는 한때 질투심에 불타기도 했었지만….

추억에 잠시 빠져 있는 사이 그녀가 주방으로 갔고 따라 일어서는 나에게 살림이 별 것 없어서 보여줄 게 없다고 앉아있을 것을 권했다. 그제서야 자세히 보게 된 그녀의 화장기 없는 말간 얼굴이 참 이뻐보였다. 진한 화장으로 덮인 얼굴 대신 말간 피부에 주근깨도 살짝 보이던 그 얼굴이 참 곱다고 느껴졌다. 내가 가장 좋아했던 그녀의 영화 〈편지〉의 주인공 정인이 처럼… 방에서 아이가 울자, 데리고 나와서 달래는 모습은 여느 엄마와도 다르지 않아보였다. 이제 갓 엄마가 된 그녀는 참으로 편안하고 행복해보였다. 여자가 엄마가 된다는 것은 이런 걸까… 지금까지 내 머릿속의 이 배우는 가난의 굴레를 이기고 승리한 잔다르크와도 같지 않았던가. 그랬던 그녀가 한 남자와 결혼을 하고, 아이를 낳아 엄마가 되는 과정을 지켜보면서 잠시나마 팬으로서 행복했다 해야할까. 언듯언듯 내비치던 엷은 그늘의 기운은 그리 강하지 않아서 그녀를 짓누를 만큼은 아니라고 생각했다. 기분 좋은 인터뷰를 마치고, 돌아서며 우리는 가끔 만날 것을 약속했다. 물론 그 약속은 정말이지 아주 가끔 지켜졌지만….

그리고 또 3년의 세월이 흘렀다. 2005년 이었던가… 시끄러웠던 가정사가 전국에 보도 되었고 지인이자 팬의 입장으로 마음이 아팠다. 필요한 건 그녀에게나 나에게나 흐르는 시간 뿐… 어줍잖은 위로의 전화보다는 그녀를 기다려주는 것이 더 낫다는 생각이 들었다. 그렇게 또 한 두 해가 흐르고 그녀는 다시 주말 드라마의 주인공으로 조심스레 활동을 재개하게 되었다. 나 역시 예능 프로그램을 떠나 특집팀으로 다큐프로그램을 기획하고 있었다. 당시 인기 드라마 〈불멸의 이순신〉의 김명민씨 취재차 수원 KBS 세트장을 들렀는데 마침 그녀의 드라마 세트장도 그 곳에 있었다. 반가운 마음에 잠시 인사나 하고 갈까 하고 대기실 문을 두드렸더니 코디가 얼굴을 쑥 내밀었다. 언니가 피곤해서 소파에서 잠시 눈을 붙이고 있다는 코디의 말에 나는 그녀를 깨울 수 없었다. 대신 포스트 잇에 메모를 남겨 코디에게 전해주었다. '복귀를 축하해요…. 파이팅! 라리 케익 사 가지고 놀러갈게요.' 그녀를 다시 만나 재회의 기쁨을 누리고 싶었지만 달콤한 휴식을 취하고 있는 그녀를 방해하고 싶지 않은 생각에 메모를 전달하고 나는 그 곳을 떴다.

그리고 그것이 어쨌거나 그녀와의 마지막이 되었다. 대기실 조그만 문 틈이 열린 사이로 먼 발치에서 보았던 모습이… 그때 다시 만나 손이라도 쥐어보았다면… 이렇게 그녀를 보낸 것에 대한 허망함이 덜했을까… 어찌됐건 나는 이렇게 그녀를 추억하면서 그녀에게 용서를 빈다. 그녀의 죽음이 세상에 알려지던 날. 그날은 13회 부산국제 영화제 개막식 날이기도 했다. 전날 밤 늦게 잠들은 나는 다음날 아침, 국제 영화제를 취재하러 오는 지인의 전화 한통을 받았다. 순간 정말 딱 3초의 정적이 흘렀다. 나는 잘 알아듣지 못해 재차 물었다. 응?… 누가 죽었다고? 아니라고 생각했다. 이건 정말 아니잖아… 아니야… 지금쯤 병원에서 회복하고 있을거야…지만…그녀는 영영 떠났고… 돌아 올 수 없는 길을 선택했다. 그리고 쏟아지던 그 수많은 억측과 이야기들….
우리는 우리가 사랑했던 그녀의 죽음을 그 어떤 누구도 막지 못했다. 나도 ,

아니 그 어떤 누구도 막연한 추측에서 나온 말로 그녀를 아프게 할 권리는 없는 것이다. 허나 모든 게 늦었다. 세치 혀에서 나온 말들은 비수가 되어 그녀의 심장에 꽂혔고 날아다니는 글들은 그녀의 머리를 아프게 찢어놓았다… 우리는 한때 우리가 사랑했던 배우를 그렇게 보냈다. 그녀의 시계는 2008에서 멈췄고, 세월이 흘러 나도 그녀의 나이가 되었다. 아직도 나에게는 11년 전… 화장기 하나 없는 말간 얼굴로 나를 맞이 하던 너무나 인간적이던, 그냥 평범한 여자이고 싶었던 그녀의 모습이 그대로 남아있다.

그때는 차마 하지 못했던 말… 미안해요. 당신의 이야기를 좀 더 많이 들어주지 못해서, 우리는 TV 밖 당신의 소탈한 모습을 더 사랑했다는 것을 알고 있나요. 이제 보석함 가장 안쪽으로 그녀를 옮기려 한다. 오랜 세월, 이제 그녀도 우리를 용서하고 행복하기를 진심으로 바라면서.

안녕. 나의 사랑, 나의 스타 최진실…

가을여행을 떠난 국화꽃 같던 그녀, **장진영**

2003년, 12월 청룡영화제 시상식이 열리던 해오름국립극장. 레느 커튼 뒤에서 두 팔을 감싸안은 그녀가 오돌오돌 떨고 있다. 마침내 내 손에 전달된 봉투… 봉투를 열어보는 순간, 잠시 멍해졌다. 이거… 괜찮은건가? 무대 앞에서는 정준호, 김혜수씨가 시간을 끌고 있었다. 왜 내 다리가 이렇게 후들후들 떨리는지… 올해는 특히 〈동갑나기 과외하기〉 김하늘과 〈스캔들-조선남녀상열지사〉 전도연 등 쟁쟁한 여배우들의 여우주연상 경쟁이 치열했던 해가 아닌가… 하지만 〈싱글즈〉의 그녀가 상을 받으러 나가고 있다. 지금… 그렇게 그녀는 인생 최고의 해를 맞이했다. 키 큰 그녀가 내 앞을 스쳐지나가는 순간… 알 수 없는 향기가 느껴졌다. 향수 냄새라 하기엔 자연스러운 살내음 같았고… 사람의 향취라 하기엔 뭔가… 묘한 꽃향기 같은… 아마 그건 국화향이었을까. 들판의 키 큰 국화 같은….

나는 〈오버더레인보우〉의 커튼 자락 사이로 보일락 말락했던 하얀 얼굴의 연희를 떠올렸다. 누군가에게 첫사랑의 얼굴이었을, 또 누군가에겐 누이같은 털털하고 정겨운 얼굴이었을… 〈반칙왕〉에서 무심한 듯 내뱉던 대사, 질끈 동여맨 화장기없던 얼굴도 참 예뻤던 그녀, 그리고 〈소름〉의 그 소름 끼치던 연기. 지금도 나는 그녀의 최고의 작품을 소름으로 기억하고 싶다.

시상식이 끝나고… 조명이 꺼진 뒤… 그녀에게 미처 하지 못한 말. 당신, 최고 였어요… 그 후로도 몇 년동안 나는 그녀의 팬이었고, 그녀의 열연에 박수를 보냈다. 본인 스스로도 도전이었을 최초 여류비행사 이야기를 그린 〈청연〉의 캐릭터를 지나 〈연애, 참을 수 없는 가벼움〉이 그녀의 마지막 작품이 되고 말 았다. 그리고 투병사실이 알려지고, 팬들은 쾌유를 빌었지만 부산국제영화제 개막을 한 달 여 앞둔, 어느 초가을 홀연히 세상을 떠났다.
가을이 오는 첫 날, 그렇게… 한 여름 들판에 그리도 무수히 피어나던 국화처럼 떠나갔다.

5년 전, 그때 왜 말하지 못했을까… 내가 시나리오를 쓰면 그때 꼭 여주인공을 맡아달라고… 아니, 왜 나는 더 일찍 그녀에게 시나리오를 건네주지 못한 걸까… 그녀는 세상을 떠났고, 나는 아직도 시나리오를 완성하지 못했다. 아직도 내 스스로에게 한 약속을 지키지 못하고 있다. 어쩌면, 그녀만큼 연기할 수 있는 배우를 만나지 못해서라고 어설픈 핑계를 대어본다. 나는 완성하지 못했고, 그녀는 기다려 주지 못했다… 어쩌면 둘 다 약속을 지키지 못한 거다. 하지만 미안해하지 않으리라. 대신 잊지 않을거다. 무대 뒤에서 하얗게 웃던, 그러나 떨고 있었던 그녀의 모습을… 예뻤던, 참 예뻤던 당신을….

카메라에 진심을 담았던 **故 조은령 감독을 추모하며**

얼굴이 하얗고 키 큰 예쁜 아이가 있었다. 친해지고 싶었지만 늘 주변에 나말고도 친구가 끊이지 않았던 아이. 우린 초등학교, 중학교를 같이 다녔지만 중학교때 걸스카웃을 하면서 겨우 그녀에게 다가갈 수 있었다. 실은 그 친구와나를 연결해준 친구가 또 한명 있었는데, 나에게 〈어떤 날〉과 '유재하'의 음악을 알려준 그 아이 덕분에 우리 셋은 음악과 영화 이야기를 하며 친해질 수 있었다. 그리고 몇 년이 흘러 여고생이 된 뒤 나는 〈로드쇼〉란 잡지에서 그녀의소식을 읽을 수 있었다. 뉴욕 특파원, 미국에 간거로구나. 그럴 줄 알았어…그녀는 꿈을 이루기 위해 조금 더 일찍 세상으로 나아갔다. 내가 여고 방송반에 들어가 성적이 뚝뚝 떨어지며 라디오 원고를 쓰고 있을 무렵 미국에서 은령이는 시나리오를 쓰고, 배우들에 대한 기사를 쓰고 있었다.

그렇게 또 몇 년이 흘렀고 대학을 졸업한 나는 방송 관련일은 절대 하지 않으리라 다짐했지만 역시나 졸업후에 방송작가가 되었고 우연히 영화 프로그램을 만들다가 1998년 즈음, 감독이 되어 한국에 돌아온 동창 조은령의 소식을접했다. 그녀는 미국 뉴욕영화대학을 졸업하고 돌아온 전도 유망한 난편영화

은령이의 부산국제영화제 출품작
단편 〈스케이트〉

감독으로 이미 주목받고 있었다. 부산국제영화제에 출품했던 〈스케이트〉는 평단의 호평을 받았고 차기작을 기대받던 신예감독이었다.

반가운 마음. 역시 이뤄냈구나 하는 마음에 그녀의 컴백에 박수를 보냈다. 그리고 그녀와 연결된 끈은 제법 많아서– 물론 연락이 되거나그녀와 재회하지는 못했지만– 단편 〈스케이트〉에 이어 다음 프로젝트로 그녀가 관심을가지고 있던 재일 조선학교 학생들의 이야기를 영화화한다는 이야기를 건네 들었다. 자료

故 조은령 감독의 생전모습

수집을 위해 일본을 자주 간다는 이야기도 들려왔다. 후일 그녀의 영화〈하나를 위하여〉에 나의 인류학과 대학 선배이자한때 친분이 있었던 지인이 등장한다는 사실을 알고 나서는 은령이가 제대로 된 인연을 찾아 도움을 받고 있다는 생각도 들었다.

그러나 우리에겐 서로 연락이 닿아 그 옛날 음악과 영화와 예술을 논했던 십대 시절을 추억할 시간은 주어지지 않았다. 그냥 그렇게 멀리서 응원하리라 했던 마음도 있었고 언젠가는 우리 둘다 부산국제영화제에 초대되어 바닷가에서 만나지 않을까 하는 막연한 기대감도 있었다. 당신은 감독, 나는 시나리오 작가로⋯ 그러나 나의 상상은 오래 가지 않았다.

2003년 봄, 충격적인 기사를 접했다. 너무나 한창인 나이에, 이건 아닌데⋯ 불의의 사고로 세상을 떠난 신예 감독 조은령. 무정한 신문은 이렇게 한 줄로 그녀의 부음을 알리고 있었다. 아직 그녀의 카메라에는 재일 조선학교 아이들의 수많은 이야기와, 눈동자들이 담겨있을텐데⋯ 수많은 이야기가 담긴 6mm 테잎을 남겨놓고 그녀는 떠났다. 독실한 크리스챤이었던 그녀의 재능을 아마도 하나님께서 쓰고 싶어 하늘나라로 조금 일찍 불러들인 걸지도 모른다는 생각이 들었다. 미처 재회하지 못한 그녀를 몇 년 뒤 개봉한 영화 〈하나를 위하여〉와 〈우리 학교〉에서 만날 수 있었다. 그녀의 재능이었다면 분명

잘나가는 영화감독이나 CF감독이 될 수도 있었을지 모른다. 하지만 10여년 만에 한국에 돌아 온 그녀는 소외되고, 누구도 눈길을 주지 않았던 곳들을 향해 카메라를 돌리고, 진심으로 그들을 찾았다.

2014년, 살아있는 자들에게 시간은 잘도 흐른다. 일본에 있는 그녀를 추모하는 은령 나무의 나이테도 꽤 많이 굵어졌을 것이다. 작년은 조은령 감독의 10주기였다. 내가 할 수 있는 일이라곤 그녀를 기억하기 위해 그녀가 남기고 간 작품을 가끔씩 보는 것 밖에는 없다. 이제 막 주목받기 시작한 젊은 여감독… 하고 싶었던 이야기를 피워보기도 전에 떠난 당신을 떠 올리며 소은령 김독에게 하덕규의 〈좋은 나라〉를 들려주고 싶다.

당신과 내가 좋은 나라에서
그 곳에서 만난 다면
슬프던 지난 서로의 모습들을
까맣게 잇고 다시 인사할지도 몰라요…
당신과 내가 좋은 나라에서
그 푸른 강가에서 만난다면
서로 하고프던 말 한마디 하지 못하고
그냥 마주보고 좋아서 웃기만 할 거예요.

우리가 만약 부산에서 재회했다면 볕 좋은 10월 어느날, 해운대 백사장에서 커피 한잔 하면서 살아 온 날들에 대해 이야기했을지도 모른다. 그리고 당신과 내가 연관된 사람들에 대해서도 웃으며 이야기 했겠지. 아마 넌 걸출한 징편으로 평단의 호응을 얻는 감독이 되어있을지도 몰라… 나머지 하나 남은 우리 사이의 친구 승선이와도 소식이 끊겼다. 승선이 하고는 꼭 다시 만나 이야기하게. 약속해… 〈좋은 나라〉에서 고인이 이루고자 했던 꿈과 함께 행복하기를 바라며…

ORANGE
Rainbow Busan

다이나믹 축제 365일
축제의 도시, 부산

황홀한 카타르시스!

언젠가 스페인의 발렌시아 부뇰이란 지방에 갔던 적이 있다.
마드리드에서 차를 타고 발렌시아까지 한 대여섯시간,
그리고 또 발렌시아에서 한 시간 정도 들어가야 되는
이 기나긴 여정을 선택했던 이유는, 바로 작은 마을 부뇰에서 열리는 토마토축제 때문.

라 토마티나로 불리는, 토마토 폭탄이 머리 위로 날라다니던 신나는 축제의 기억은
지금도 나에게 삶의 에너지가 되고 있다.
거추장스러운 옷은 훨훨 벗어던지고 군중 속에서 무아지경이 되던 그 기쁨을….
그 황홀한 카타르시스를 느꼈던 축제의 현장을 기억한다면
이 세상 어떤 어려움도 극복할 수 있으리.

그런 섬에서 열정적이고, 활기 넘치는 부산은 어쩌면 스페인과 닮아 있다.
이방인들에게 먼저 손 내미는 것도 마찬가지….
부산에 살면서 느끼는 작은 행복 중 하나.
아, 오늘은 또 어디로 무슨 축제를 보러 갈까.

이번 달에 어디서 뭐하지?

부산은 365일 축제라고 할 만큼 크고 작은 축제와 행사가 많다. 여행이란 때론 열광하는 것을 배우는 것. 이왕에 부산여행을 하면서 축제장도 들러 일석이조의 즐거움을 누려보면 어떨까. 그리고 그곳에 가면 다양한 '부산사람'을 만나고 그들과 인연을 어렵지 않게 만들 수도 있다.

무엇이든 다 받아준다는 바다. 그 바다 옆에서 살아와서일까? 부산사람은 더불어 함께하는 인연에 몸과 마음이 홀딱 기울어져 있다. 바다 속에서 해가 뜨고 산 너머로 해가 지는 부산에선 서해안처럼 바다로 해가 지는 일몰을 구경하기가 어렵다. 그래서 한해를 시작하는 1월에는 새해 해맞이 일출행사가 바다 곳곳에 있다. 그리고 양력이든 음력이든 설날이 지나고 음력 정월 대보름이 되면 마찬가지로 커다란 달집을 태우는 불길이 부산바다 모래사장 곳곳에서 타오르고 강강술래 등 달맞이행사가 열린다.

그렇게 새해의 해맞이와 달맞이가 끝난 후 3월부터 부산축제는 동래와 구포 장터에서 재현되는 일제강점기 기미년의 '대한독립만세' 함성소리와 함께 시작된다. 4월이 되면 봄처녀 제 오시네~, 봄의 전령들이 한꺼번에 온다. 봄의 부산축제에서 그들을 쉽게 만날 수 있다. 봄꽃축제, 숭어축제, 멸치축제 등과 영도풍어제, 광안리어방축제 그리고 5월 부처님오신날의 연등축제와 부산항 축제, 무용제, 연극제도 빼놓을 수 없다.

그러나 역시 부산은 여름바다. 해운대, 송정, 송도해수욕장의 바다축제와 모래축제, 캠핑페스티벌, 힙합과 록페스티벌, 코미디페스티벌, 매직페스티벌 등 별의별 축제들의 젊은 열기가 별빛 가득한 부산의 여름밤을 가만히 놓아주질 않는다.

드디어 영화제의 계절인 가을. 영도다리축제를 시작으로 자갈치축제, 낙동강

1300리 구포나루축제, 다양한 예술제 등 크
고 작은 축제와 행사들로 이름을 셀 수 없
는 가운데, 부산의 대표적인 축제인 부산
국제영화제를 지나면 10월말 늦가을 광
안대교의 불꽃축제를 기점으로 부산축제
의 겨울이 시작된다.

11월에는 해운대 벡스코에서 열리는 다양한
전시행사를 중심으로, 그리고 한해를 정리하는 12
월 내내 이듬해 1월까지 부산의 광복로 일대는 크리스마스트리축제로 부산
은 빛의 도시로 반짝인다. 12월 31일 다대포에서는 마지막 일몰을 보면서 한
해의 송구영신을 소원하는 해넘이 축제를 끝으로 부산축제는 다이나믹했던
묵은해를 보내고 새해를 맞는다.

부산에서 즐길 수 있는 축제와 문화행사들을 월별로 간추려 본다. 잊지 못할
추억으로 가슴에 담길 가마솥, 부산의 밥상을 마음껏 즐기길 바라면서….

1월
해오름달

 해맞이부산축제

　해의 해맞이 부산축제가 한해 마지막 날부터 새
해 첫날에 걸쳐 시민의 종 타종과 해맞이 일출
행사 등 부산 중구 용두산공원과 해운대해수욕장을
비롯한 부산의 바다 곳곳에서 열린다.

북극곰수영축제

새해 해운대 해수욕장의 추운 겨울바다로 뛰어드는
북극곰들의 수영축제이다. 이제는 수영마니아뿐만 아
니라 외국인들의 참여와 해녀복 차림의 여성 참여자가 늘
면서 인기가 더하고 있으며, 참여선수들뿐만 아
니라 선수들을 응원하는 가족들과 관람객 모두에게
잊지못할 추억을 남기게 한다.

추위 잊은 곰 패밀리, 다 모여라~ 북극곰 수영축제

일시 : 1월 마지막 주 일요일 (매년 축제 일시는 약간의 변동이 있음)

장소 : 해운대 바다

시합을 알리는 호각 소리와 함께 엄청난 함성 소리, 우아아아아~~. 기합을 넣고 바다로 뛰어드는 사람들의 모습이 재미있다. 이 대회에 참가하려고 강원도에서도 오고, 인천에서도 오고 그랬다는데 참 멀리서도 왔다. 1월이지만 부산이라 그런지 수온이 아주 차지는 않다. 프로그램을 자세히 살펴 보니 입수 후에 보물 찾기가 있다. 뭐지? 바닷 속에서 보물을 찾는 건가? 궁금증을 풀기 위해서라도 열심히 몸 만들고 수영 연습을 해서 내년엔 꼭 신청해봐야겠다. 장애우들이 단체로 신청하기도 하고 외국인 가족도 많이 보인다. 이 행사를 후원하는 업체들도 레포츠, 건강 관련 업체들이 많다.

북극곰 수영축제를 비롯해 광안대교 걷기 대회, 핑크마라톤 대회까지 부산은 건강한 스포츠 대회가 참 많이 열리는 곳이다. 행사가 끝난 뒤에는 해운대에 위치한 온천탕에 따뜻하게 몸을 담글 수 있는 티켓을 배부하니, 겨울바다에 들어가 수영도 하고, 해운대 온천탕에서 온천도 할 수 있어 일석이조. 타지역에서 온 관광객들, 동호회 회원들이 많은 이유도 그 때문이다. 한가지 아쉬운 점은 수영대회 이후 프로그램이나 콘텐츠가 다양하지 않은 점이다. 축제가 끝난 후에도 즐길 거리들을 연계해서 다양한 프로그램을 개발한다면 강원도 화천의 산천어축제처럼 막대한 관광매출을 올릴 수 있는 축제로 발전할 수 있지 않을까.

정월대보름축제

매년 정월대보름(음력 1월15일) 부산 곳곳에선 축제가 열린다. 해운대해수욕장에서는 '해운대달맞이온천축제', 서구 송도해수욕장에서 열리는 '송도달집축제', 남구 백운포 체육공원에서도 '백운포달맞이축제'가 열린다. 그 외에도 수영구, 기장군의 바닷가뿐만 아니라 낙동강 일대에서도 축제가 마련되는데 북구 낙동강변의 '정월대보름 낙동민속달맞이행사'와 사상구의 '사상전통달집놀이'가 있으며, 부산진구 삼광사에서도 정월대보름 한마당축제를 연다. 달집태우기와 강강술래, 월령기원제와 지신밟기 등 다양한 민속놀이를 체험할 수 있다.

올해는 꼭 시집가게 해주세요~ 해운대 온천축제

달아 달아 밝은 달아~~ 해운대 달맞이 언덕과 바닷가 백사장에서 열리는 정월 대보름 축제인 해운대 온천축제. 낮에는 연날리기와 대보름 놀이등 민속 경연대회와 먹거리 장터등을 돌아 보고 나면 슬슬 날이 저물어온다.

만선을 한 고깃배가 돌아올 때 먹이를 쫓아 갈매기가 배를 휘감는 모습을 재현한 오륙 귀범, 천연두를 앓다가 해운대 온천을 하고 낳았다는 진성여왕 행차를 재현한 퍼포먼스까지 볼거리가 다양하다. 달이 떠오르기 시작하면 축제의 하이라이트인 달집 태우기가 시작되는데, 이때 소원을 적어넣은 종이를 같이 태우며 한 해의 무사안녕을 기원할 수 있고 강강수월래, 풍물공연을 보면서 축제의 막을 내리게 된다. 달집의 규모가 꽤 커서 관광상품으로도 가치가 있어 많은 사람들이 참여한다. 바닷가에서 울려퍼지는 무사 기원의 축제, 부산의 특색을 잘 살린 축제로 2월의 달맞이 온천축제는 임본의 마쓰리처럼 많은 사람들이 함께 참여하는 축제로 발전해 나가고 있는 중이다.

3월
물오름달

✎ 3·1 독립만세 재현

해마다 삼일절이 되면 동래와 구포장터에서 독립만세운동이 재
현되고 있다. 동래지역의 3·1독립만세 운동
은 1919년도 당시 동래고보 학생들이 주축이
되어 3월 13일 동래장날을 택해 장꾼과 부
녀자들이 합세하여 독립만세운동을 시
발점으로 하여 이어 3월 18일 범어사
명정학교, 3월 29일 구포장터 만세운
동이 일어나는 등 부산, 경남 지역 3·1
만세운동의 불씨가 되었다. 일본 주재
소 습격 재현 단막극 등 다양한 부대행사
도 펼쳐진다.

 부산봄꽃축제

벚꽃이 꽃맵시를 뽐내는 4월부터 부산은 온통 봄꽃축제가 만발한다. 삼락벚꽃축제, 사상 신바람 봄꽃축제, 영도 청학벚꽃축제, 서구 꽃마을벚꽃축제, 남천삼익단지와 성지곡수원지의 벚꽃축제, 온천천에서 열리는 벚꽃축제와 연제한마당축제, UN평화공원과 수목원에서 열리는 봄꽃나들이, 해운대 달맞이길과 나루공원의 봄꽃축제, 낙동강 대저생태공원에서 열리는 유채꽃축제 등등 부산의 봄에는 어딜 가도 전국의 유명한 벚꽃길에 견주어도 손색없는 봄꽃축제들이다.

가덕도숭어들이축제

매년 4월이면 전국 유일의 '숭어들이'축제가 가덕도 '대항어촌체험마을'에서 열린다. 가덕도 천가동의 대항마을은 가덕도의 마지막 마을이자 가장 큰 항이며, 대항마을이 재래식 '숭어들이'는 150년이 넘는 전통을 가지고 있다. 숭어들이 관람 뿐만 아니라 맨손 숭어잡이 체험도 할 수 있다.

광안리어방축제

4월말, 전국에서 유일하게 전통어촌의 민속문화를 소재로 한 어방축제가 광안리해수욕장 일대에서 3일간 개최된다. 체험행사로 직접 대형어방그물을 당겨 고기를 잡아갈 수 있으며, 바다 가두리 낚시체험과 크루즈 탑승체험도 가능하다. 만선을 기원하는 횃불로 바다위에 그려지는 '진두어화'와 뮤지컬 공연 등 축제기간 중 다양한 볼거리도 마련되어 있다.

기장멸치축제

국내에서 가장 오래된 특산물 축제인 기장멸치축제가 봄멸치잡이 절정기인 4월말 5월초에 멸치회 무료시식과 멸치털기 체험, 멸치를 바통으로 이어달리기, 대형멸치회비빔밥 만들기 등 평소에 접하기 어려운 다채로운 체험행사를 할 수 있다. 축제기간 내내 열리는 멸치회와 멸치빵 무료시식행사는 기장멸치축제의 오랜 전통이다.

어부들의 희망가, 광안리 어방축제

예로부터 어로활동이 활발했던 수영지방의 협동체를 '어방(漁坊)'이라고 하는데 공동어로작업을 할 때 함께 노래를 부르며 힘든 노동을 흥으로 이겨내는 '좌수영어방놀이'라는 풍속이 있었다. 중요무형문화재로도 이어져 내려오고 있으며 이것을 어방축제로 탄생시켰다. 전국에서 유일한 전통 어촌의 풍속어민들의 풍속을 볼 수 있는 부산의 특성을 잘 살린 봄축제이다.

어방 그물 끌기
대형 그물을 끌어들여 고기잡기 체험과 함께 연극적인 요소를 가미시킨 대동놀이.

진두어화
옛 수영강에서 횃불을 들고 수영지역의 전통적인 방식의 고기를 잡으러가는 모습을 현대적으로 재현했다. 그 외에도 경상좌수영성 수군 교대식 퍼포먼스, 취타대의 거리 행렬 퍼레이드, 소망등 달기 체험 등 어방축제의 다양한 행사들이 펼쳐진다.

5월
푸른달

부산국제연극제

연극을 중심으로 매년 세계 8개 우수작품과 20여 편의 우수한 공연작품, 그리고 관련 문화행사를 통해 세계 공연예술의 흐름을 직접 체험할 수 있는 시민축제이다. 매년 5월에 열리고 있는 부산연극제는 청소년들을 대상으로 봄과 겨울에도 연극캠프를 개최한다.

부산연등축제

부산의 1,700여 모든 사찰과 시민들이 함께 하는 어울림 마당축제인 부산연등축제는 다양한 전통 연등과 시민체험 프로그램으로 아름다운 연등문화를 즐길 수 있는 부처님오신날 봉축행사이다. 행사의 백미는 연등 행진으로 서구 구덕운동장에서 법회를 마치고 출발한다.

조선통신사 축제

조선 시대 임진왜란이 끝난 후 1607년부터 1811년까지 약 200년간 12회에 걸쳐 일본에 간 외교사절을 통신사라고 한다. 한일간에 있었던 성신의 교류를 상징하는 조선통신사를 오늘날에 다시 이루어지길 바라는 축제로 통신사 행렬 재현 등 한일간에 3일간 열린다.

차이나타운 특구 축제

5월 말과 6월 초에 걸쳐 3일간 부산역 광장과 초량 차이나타운 특구, 이바구길 등에서 개최하며, 부산역 광장에서 개막식을 한다. 중국의 경극과 사자춤, 용춤 등 중국의 전통문화공연과 체험행사뿐만 아니라 동구 관광투어도 할 수 있다.

외국인과 함께 하는 어울마당

매년 5월 부산에 있는 외국인, 이민자, 다문화가정과 학생들이 함께 하는 공연이 펼쳐진다. 각국의 전통의상 체험과 음식, 악기와 춤, 민요 등을 만나 볼 수 있다.

평화의 문화사절단- 조선통신사 축제

일시 : 5월 3일 ~ 5일
장소 : 용두산 공원 ~ 광복로 입구

조선통신사 축제는 일본으로 보냈던 조선의 통신사 행렬을 재현하는 축제로 통신사가 국내에 마지막으로 머무는 곳이자 일본으로 가는 출발지 부산에서 그 평화적 문화교류 정신을 기리는 축제로 현재는 일본과 부산 양국의 문화교류 및 통신사의 평화수호 정신을 계승, 발전시키고 있다. 또한 한일 공동 추진단을 만들어 유네스코 세계문화유산에 등재시키기 위한 노력도 하고 있다.

3,000원짜리 명품 자장면 먹으러 가자~
차이나타운 특구 축제

일시 : 5월 31일 ~ 6월 2일
장소 : 동구 초량 차이나타운

부산역 건너편 초량의 차이나타운에서 열리는 축제.
축제 기간 동안 맛있기로 소문난 차이나타운의 모든 중국집에서는 자장면을 3000원에, 중국요리는 10% 할인된 가격에 먹을 수 있다. 거리를 걷다 보면 양 꼬치구이, 수타면발뽑기 시연도 볼 수 있고, 전통공연과 함께 초량 - 산복도로로 이어지는 이바구길 체험도 할 수 있다.

막걸리 좋아하는 사람 다 모여라~
금정산성 역사 문화축제

일시 : 5월 24일 ~ 26일
장소 : 금정산성 동문 ~ 금성동 일원

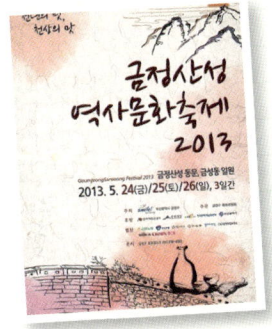

금정산성에서 열리던 막걸리 축제가 올해부터 금정산성 역사 문화축제로 이름이 바뀌었다. 이 축제의 특징은 체험 프로그램이 많다는 것. 누룩을 띄워 만드는 막걸리를 직접 만들어 볼 수 있는 금정산성 막걸리 만들기 체험과 막걸리 전통 엿을 맛보고 막걸리로 하는 족욕도 체험해 볼 수 있다.
또 막걸리를 좋아하는 사람들에게 좋은 소식인 만 원의 행복, 만 원만 내면 막걸리를 무제한 마실 수 있는 프로그램도 있어 전국의 막걸리 애호가들의 참여가 이어진다.

우리 친구해요, 세계 문화축제
외국인과 함께 하는 어울마당

일시 : 5월 네번째 토요일
장소 : 야외 시민공원

부산 거주 외국인 5만 시대. 5월 20일 세계인의 날을 기념하여 부산에 거주하는 30개국, 85단체가 참여해서 지구촌 세계인들의 잔치를 마련하는 축제이다. 다양한 직업군의 외국인들이 함께 어울리는 어울마당에서는 형제의 나라 터키 청년이 만들어 주는 낙내기 아이스크림, 전통의상을 입고 있는 스위스 아가씨, 파란 눈의 핀란드 청년의 전통악기 연주도 들을 수 있다. 부산에 있는 전 세계 외국인들과 친구가 될 수 있는 어울림 잔치, 마음을 열고 참여한다면 이들과 친구가 되는 건 시간문제 일 듯.

6월
누리달

부산항 축제

역시 5월 말과 6월 초에 3일간 부산항 국제크루즈터미널과 국립 해양 박물관에서 펼쳐진다. 예산을 위해 11월에 열리는 부산항 빛 축제 원도심의 비슷한 축제들을 함께 하여 부산 대표 개항 축제를 만들자고 논의되고 있다.

해운대 모래축제

모래를 주제로 하여 2005년부터 시작되어 이제는 관람객이 150만 명이나 되는 국내 유일의 '지역 고유 친환경 축제'로 자리 잡았으며, 참여계층이 늘면서 주민과 관광객이 소통하고 공감하는 축제의 대표로도 유명하다.

마릴린 먼로 치마가 펄럭이는 백사장,
부산 모래축제

일시 : 6월 7일 ~ 10일
장소 : 해운대 백사장

모래축제 가면 싸이도 있고, 둘리도 있고, 토토로도 있고~.
매년 다양한 주제로 진화하고 있는 모래 축제, 올해의 주제는
'모래 축제, 영화를 만나다'.
마릴린 먼로, 킹콩, 스타워즈, 반지의 제왕 스미골까지 다양한 영화
속 캐릭터들이 모래 작품으로 탄생해 해운대 앞바다에 전시되고 고운 모
래로 만든 게 맞나 싶을 정도로 정교한 작품을 보는 순간 감탄이 터져 나온다. 아
이들과 함께 하기엔 최고의 축제가 아닌가 싶을 정도로 재미있고 신나는 프로그램들이
많이 마련되어 있다.

돌아와요 부산항에, 부산항 축제

일시 : 5월 31일 ~ 6월 2일
장소 : 부산 국제크루즈터미널, 영도구 일원

부산항 축제만큼 부산다운 축제가 있을까?
부산의 역사와 함께 살아 숨 쉬는 부산항 제대로 알기 체험축제. 부산항 투어는 그동안 부산을 제대로 알지 못 했던 관광객들에게 부산의 원도심과 이어지는 부산 북항 둘러보기, 해경의 대형 군함, 해양레저 투어 및 부산 국립 해양 박물관과 해양 수산원 관람도 할 수 있다. 어른들도 신나게 만드는 역동적인 해군들의 퍼레이드와 국제힙합페스티벌의 예선전, 선박 항해 시뮬레이터 체험과 모형 배 만들기는 아이들에게 교육적 효과까지 주는 축제라고 할 수 있다. 부산항과 함께 연결되는 영도의 관광지도 함께 둘러볼 수 있고 부산항의 의미를 다시 새겨볼 수 있는 축제이다. 부산항 축제는 부산 출신 배우 고창석 씨가 홍보 대사로 참여하고 있어, 매년 소박하고 털털한 그의 모습도 축제 기간 동안 만나 볼 수 있다. 배우 고창석 씨가 부산항 축제 홍보 대사가 된 이유는? 출항을 외치는 카리스마 넘치는 선장의 이미지와 고창석 씨의 수염 덥수룩한 모습이 100% 매칭. 띠용~~.

7월
견우직녀달

 KNN 캠핑페스티벌

7월 중순부터 40여 일간 해운대 센텀시티에 있는 KNN 광장에서 열리는 부산 도심 속의 캠핑이자 바비큐 축제이다. 멀리 나가지 않고도 휴가 기분을 낼수 있다.

 태종대 태종사수국축제

매년 7월 초순에 태종대의 태종사에서 진행하는 수국축제. 규모는 작지만 사진 애호가들에게 조용히 소문 나있는 축제로 해무와 수국의 어울림이 거의 환상이다.

 **부산국제어린이영화제**

어린이들이 영상을 통해 소통하고 스스로 주체가 되어 만들어가는 아름다운 문화축제인 어린이영화제는 자원봉사자와 키즈 포 키즈 등 모든 연령들이 참여하고 공감할 수 있는 어린이 중심의 참여형 비경쟁 영상문화축제이다. 로고인 BiKi의 대문자는 어른, 소문자는 어린이를 뜻한다.

부산바다축제

최정상 인기가수의 축하공연으로 해운대해수욕장 특설무
대에서 개최하는 전국 최대 규모의 여름 해변콘서트이다.
2013년에는 축제 기간 중에 전국바다핀 수영대회가 광안리
해수욕장에서 열렸다.

부산국제록페스티벌

2011년부터 다대포에서 사상구 낙동강변의 삼락생태공
원으로 옮겨 '三樂'(음악+사람+자연)을 주제로 열리며,
2000년도에 출범한 우리나라 최고참 록페이다. 젊음
의 해방구에서 록의 향연을 부담 없이 즐기며 그 뜨거
운 열기와 감동을 함께 할 수 있다.

부산국제매직페스티벌

여름철 해변에서 즐길 수 있는 꿈과 환상의 매직쇼로 국내외 100여 명의 마
술사들이 매직 갈라쇼, 마술경기 대회 등을 펼친다.

부산국제힙합페스티벌

예선을 통과한 국내 팀과 해외 팀의 경연 대회로 열리는 역동적인 힙합 배틀 국제 대회. 스트리트 댄스 배틀, 비보이 공연, 힙합공연 등도 함께 펼쳐진다.

부산국제코미디페스티벌

2013년 8월 말부터 '부산바다 웃음바다' 주제로 7개국 17팀이 제1회 코미디 페스티벌을 벌였다. 영화와 음악공연과 달리 그동안 TV 속에서나 즐겼던 코미디 프로그램들이 이제 '코미디 축제'라는 새로운 장르로써 많은 관객들과 소통하게 되었다.

판타스틱 마술 속으로 부산 국제매직 페스티벌(BIMF)

일시 : 8월 2일 ~ 5일
장소 : 해운대 백사장 / 부산문화회관

부산과 매직 페스티벌, 그 관계는? 바다에 둘러싸인 판타스틱 한 도시의
이미지가 매직 페스티벌과 잘 어울린다는 사실! 일 년 내내 바닷가에선 불
꽃이 피어오르고 산과 바다, 계곡엔 요정들이 살고 있을 것만 같은 부산. 알
고 보면 부산에는 민담과 설화가 곳곳에 숨어있다. 이런 부산의 이미지와 잘
매칭 되는 매직 페스티벌은 전 세계 매지션들이 초대되어 서고 싶어 하는 무대이
다. 부산 국제매직 페스티벌은 전국의 도시를 찾아가는 매직 게릴라쇼, 국제적 마술쇼 장
인들을 초대해 강의를 듣는 매직 렉처, 나이트 갈라쇼 등 풍성한 프로그램을 만나 볼 수 있으며, 올해는
매직계의 거장 하루오 시마다의 마술 도구 및 장비를 전시하는 하루오 시마다의 특별전도 열린다.
앞으로 지속적인 발전이 기대되는 축제이기도 하다.

웃음의 바다에 풍덩 빠진 부산
부산 국제코미디페스티벌(BICF)

일시 : 8월 29일 ~ 9월 1일(매년 8월말~9월초)
장소 : 영화의 전당

부산에 전 세계 코미디언들이 부산에 다 온다고? 호주 멜버른
의 코미디 페스티벌, 캐나다 몬트리올 코미디 페스티벌, 영국의
에딘버그 이 3대 코미디 페스티벌에 도전장을 내밀었다! 누가? 개그콘서트의 개그맨 김준호가 이끄는
코미디 사단이… 다양한 축제 콘텐츠로서 '웃음'이라는 소재가 어떤 반응을 얻을지 기대가 된다. 국내외
유명 코미디언들의 공연과 신인 코미디언 선발 등 코미디 관련 프로그램과 함께 그동안 TV에서만 보았
던 코미디언들의 생생한 공연과 연기를 영화의 전당에서 직접 만나볼 수 있다.
2014년에는 김준호와 코코패밀리들의 <개그드림콘서트>와 <옹알스>, 변기수의 New욕Show, 대
박포차 등 아이디어 넘치는 코미디 Show를 만나볼 수 있다.
www.bicf.co.kr

 부산비엔날레

2002년 9월부터 개최되는 격년제 통합 미술제로, 부산이라는 도시가 가진 여러 이야기들을 잘 버무려서 하나의 전시로 표현한다. 전시 작품들마다 보는 이들에게 주는 감동들은 너무 유명하여 따로 설명이 필요하지 않을 정도다.

 부산바다미술제

북적이던 여름이 지나고 2013년에는 송도해수욕장에서 개장 100주년을 맞아 9월 중순부터 24일간 열렸다. 자연환경과 예술의 조화, 그리고 문화단체들의 축제 행사로 시민과 관람객으로부터 큰 호응을 얻어 이제는 페스티벌로 자리를 잡았다.

부산항 송도빛축제 • 사진제공: 부산힐링대장정 (주)창조와 소통

🖊 해운대 달맞이언덕 인문학 축제

달맞이언덕을 축제 공간으로 하여 연극
과 무용, 음악회와 인문학 강연 등 다양한
장르의 퍼포먼스가 펼쳐진다. 해월정 거
리공연으로 시작하는 축제는 특히 달맞
이 길을 따라 걸으며 미술작품을 파도소
리와 함께 감상하다 보면 어느새 문화예
술인들의 문화장터 Dalff(달맞이 프리마
켓)에 이르는데 예쁜 수공예품 구경하는
재미가 꽤 쏠쏠하다.

🖊 또따또가 예술 문화축제

원도심 문화창작공간 '또따또가'가 40계단 앞, 원도심 창
작 입주공간, 용두산공원 부산타워, 중구 거리 곳곳에서
퍼포먼스와 거리공연, 단편영화 상영 등 다양한 볼거
리를 제공한다. 또따또가는 원도심 빈 상가건물 등에서
부산시의 지원을 받아 창작활동을 하는 젊은 작가들로
서 시민들이 일상생활에서 문화예술을 손쉽게 접할 수 있
도록 노력하고 있다.

🖊 부산 영도다리축제

'추억의 박물관, 영도다리를 만나다'는 주제로 남
항대교 수변공원 일대에서 공연, 체험, 전시 등 다
양한 프로그램으로 열린다. 주요 행사로는 영도
다리 가요제와 굳센 금순이 선발대회가 있다.

10월
하늘연달

 부산국제영화제

부산은 한국 영화의 발상지이다. 1996년 영상문
화의 중앙 집중을 극복하고 서구 중심에서 벗어
나고자 부산에서 기획된 국제영화제이다. 해마다
10월이면 전 세계 영화인의 시선이 집중될 정도로 명실
상부한 아시아 최고의 영화제로 자리 잡았다. 2014년 19회 영화제가 해운대
영화의전당에서 10월 2일부터11일까지 열릴 예정이며 매년 영화 마니아들
의 가슴을 설레게 하고 있다.

 부산불꽃축제

매년 10월 광안리해수욕장과 광안대교에서 펼쳐지는 아시아 최대의 불꽃축
제이다. 2005년 APEC 정상회담 경축 해상쇼로 개최한 이래 부산국제영화제
시기에 맞춰 열리며, 2013년 제9회 멀티 불꽃쇼가 펼쳐졌다. 쓰시마섬에서도
보여 관광상품화할 정도이다.

기장(칠암) 붕장어 축제

기장 붕장어를 알리고자 매년 칠암과 연화리
두 곳에서 격년제로 개최하고 있는 붕장어
축제는 맨손으로 붕장어 잡고 달리기 등 관
광객들을 위한 행사들이 많다. 2014년에는
칠암에서 열린다.

부산 자갈치축제

수산물 축제의 간판이다. 대형 수조에 들어가 직접
고기를 잡고 즉석 손질해 맛볼 수도 있으며, 바다
냄새가 물씬 나는 체험행사도 장어 문어 이어달
리기, 오징어 빨리잡기, 멍게 던지기 등 다양하게
열린다.

ⓒ부산자갈치축제

보수동책방골목축제

부산여행을 하면 한번쯤 들리는 보수동 헌책방골목은 이제 부산의 명소다.
책의 소리를 듣자는 주제로 매년 열리고 있는 축제기간 동안 할인판매와 다
양한 체험행사와 전시공연 등이 골목의 각 서점마다 다양하게
펼쳐진다.

 동래읍성역사축제

임진왜란 때 동래성을 지키려했던 송상현 동래부사
와 동래읍성민들의 결사항전을 역사배경으로 동래구
에서 10월중 개최한다. 특히 읍성의 북문 앞에서는 당
시 전투상황을 재현하며 2013년에는 뮤지컬로 인기를 끌
었다. 그밖에 읍성안밖으로 다양한 볼거리와 즐길거리들이 마
련되어있다.

사상강변축제

갖가지 화려한 모자를 쓴 행렬과 유명 게임이나 만화의
캐릭터 옷을 입은 퍼포먼스를 시작으로 이틀간 삼락공
원에서 개최한다. 나가수 경연대회, 대동놀이 등 문화예
술행사뿐만 아니라 록 힙합 등 다양한 클럽 음악으로 젊은
이들에게도 인기다.

낙동강 1300리 구포나루 대축제

낙동강의 가을축제로 사흘간 낙동강변의 생태공원
일원에서 펼쳐진다. 구포나루터 재현, 보부상 행렬
과 추억의 구포장터 재현, 구포국수와 함께 하는 행
사 등 강축제가 펼쳐진다.

기장 차성 문화제

'차성'은 고려시대 기장을 말한다. 행사기간 중에는 무료 시식
에 도자기 만들기, 가죽 팔찌와 묵주 팔찌 만들기, 매듭공예
잠자리 만들기 등 아이들을 위한 체험들이 다 무료다. 그 외
에도 활, 목검 만들기, 짚공예, 떡메 치기, 비석 치기, 투호 등
전통문화를 체험할 수 있다.

승학산 억새 문화제

10월 초순이 되면 수만 평에 이르는 사하구 승학산의 억새밭에서 문화제가
열린다. 바람에 흔들리는 억새의 일렁거림을 보고자 등산객 뿐만 아니라 많
은 관광객들도 찾고 있으며, 행사기간 중에는 산상 퓨전음악회가 열린다.

메이드 인 부산독립 영화제

부산에서 영화를 만드는 이들의 창작을 지원하고
그 창작물을 표현할 수 있는 기회의 장. 창작자
와 관객이 만나는 소통의 장도 마련되며, 2013
년에는 부산처럼 지역에서 활동하는 전북, 대전
독립 영화들을 소개하고 나아가 일본독립 영화와
교류의 장도 가졌다.

G-Star 지스타

전 세계 게임 관련 기업이 참가하는 게임문화축제로 아시아 최대 규모의 게
임 쇼이자 게임 비즈니스마켓으로 성장하고 있다. 황금알이 걸린 퍼즐앤드래
곤 코리아컵, 게임 기술 강연, 게임 기업 채용박람회 등 2013년 해운대 벡스
코는 행사기간 중 역대 최대의 관람객이 몰렸다.

40계단 문화축제

40계단 테마거리는 한국전쟁 당시 부산에 피란한 사람들의 애환이 서린 곳이다. 그런 어르신들이 어려운 시절의 향수를 느끼고 젊은이들에게는 역사를 한 번쯤 되새기게 하는 축제로서 비보이 공연, 착한 소비시장, 가요제 등 다양한 볼거리와 즐길 거리가 있다.

크리스마스트리문화축제

12월부터 1월 초까지 37일간 열리는 크리스마스트리문화축제. 저녁에 조명이 켜지면 하늘에 걸린 '선물상자'와 트리문화축제의 꽃 '성탄의 별' 등 다양한 트리들이 부산 광복동 거리를 비롯한 시내 곳곳에서 반짝인다. 특히 주말에는 가족과 연인과 친구들 남녀노소가 트리 앞에서 사진을 찍으며 거리를 가득 메운다.

온 세상이 반짝반짝, 크리스마스트리 축제

일시 : 12월 1일 ~ 1월 초
장소 : 광복로 일대

12월이 되면 부산 광복로는 빛의 도시로 변한다. 광복로 일대를 세계의 온갖 다양하고 화려한 트리들이 장식하기 때문. 해를 거듭하며 발전하고 있는 다양한 콘텐츠도 볼거리. 북해도의 일루미네이션 축제를 연상시키는 화려한 일루미네이션과 이야기가 있는 포토존, 부산시민들의 소망이 담겨있는 소원 트리, 동방박사 체험 코너 등 크리스마스를 전후해 볼만한 이색 축제로 자리 잡고 있다. 연인과 가족 나들이에 12월의 성탄절과 연말의 분위기를 즐길 수 있는 부산의 아름다운 축제로 손꼽히고 있다.

12월
매듭달

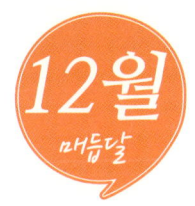

다대포 해넘이 축제

낙동강의 끝자락 다대포에서 저무는 해와 낙조 등 낭만적인 분위기와 함께 한 해의 마지막 일몰을 감상하는 축제가 열린다. 겨울 철새와 넓게 펼쳐진 갯벌에 비치는 노을과 일몰의 잔상이 끝나면 송구영신의 의미를 되새기며, 다양한 민속놀이를 즐길 수 있다.

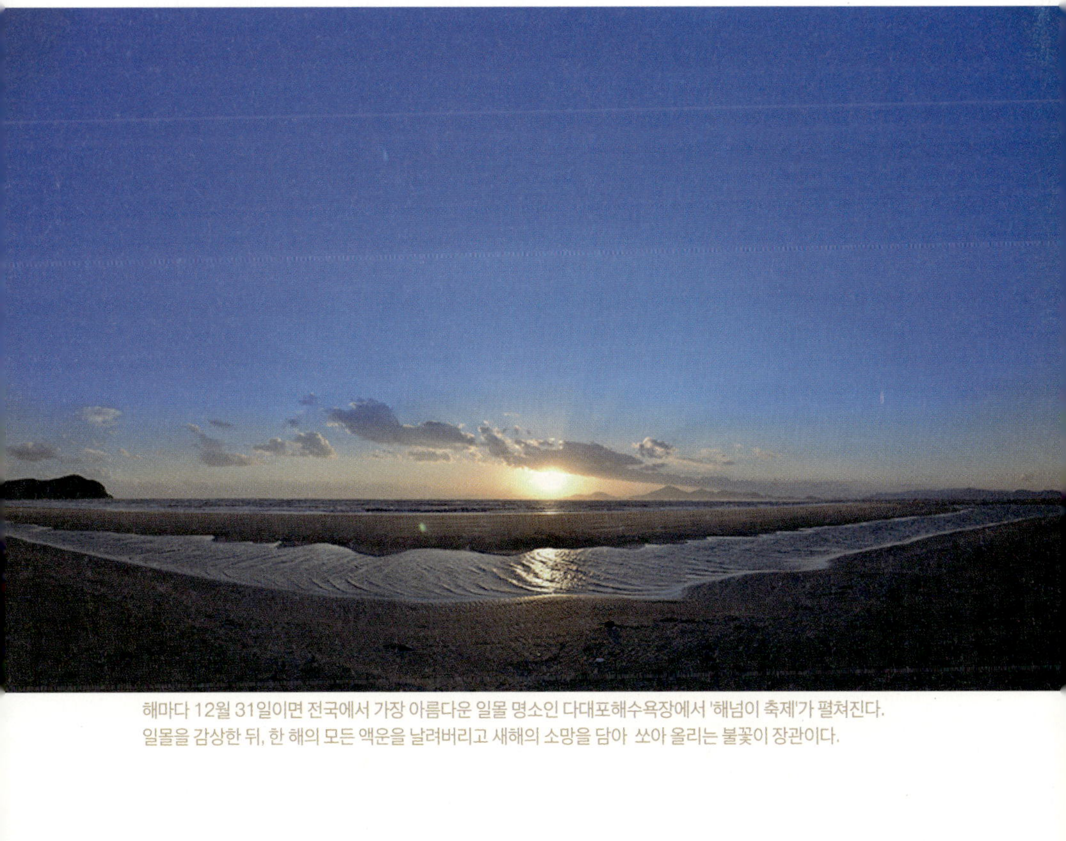

해마다 12월 31일이면 전국에서 가장 아름다운 일몰 명소인 다대포해수욕장에서 '해넘이 축제'가 펼쳐진다. 일몰을 감상한 뒤, 한 해의 모든 액운을 날려버리고 새해의 소망을 담아 쏘아 올리는 불꽃이 장관이다.

알수록 깊어지는 여행

하던 일을 잠시 접고 나만의 새로운 시간을 만드는 여행.

그렇게 부산을 찾아온 여행자에게 조금 특별한 시간만들기를 권한다.

부산의 역사향기가 나는 곳으로 떠나는 시간여행이다.

과거는 현재와 이야기를 하고 미래도 함께 꿈꾸고 싶어 한다.

부산에도 그러한 오래된 미래를 꿈꾸는 곳들이 많다.

조선시대, 원래 동래였던 이곳에 부산이라는 산이 있었다.

산모양이 도자기를 굽던 가마와 닮아서 산이름이 부산이었단다.

임진왜란이 나자 그 부산의 산 정상이 베여지고 그곳에 왜성이 지어졌다.

그리고 가마를 닮았던 산모양도 떡시루를 닮은 모양으로 바뀌어 버렸는데

그때부터 부산은 시루라는 뜻의 증산이 되고 왜성을 증성이라 불렀다.

세월이 흘러 19세기 말 또다시 일본에 의해 조선이 개항되면서

부산은 예전의 산 이름에서 오늘날의 도시이름이 된다.

그리고 일제강점기와 해방, 이어서 한국전쟁의 아픔을 모두 다 받아들인 부산,

우리의 근대와 현대사를 오롯이 만날 수 있는 곳이다.

최근에는 그런 오래된 미래의 이야기들을 스토리텔링하고 있다.

멀어진 모든 것들은 원래 가까이 있었던 것들이라고 한다.

부산이 품고 있는 '오래된 미래'를 시간여행을 통해 가까이 다가가 보자.

부산을 찾아온 구석기 사람들

아주 오래 전 해운대. 때는 아직 빙하가 녹지 않았던 구석기 시대. 당시 구석기 사람들이 남쪽으로 살기 좋은 곳을 찾아 동해안을 따라 부산까지 내려왔다. 북한에서 발견된 구석기가 부산 해운대에서도 발견되면서(2만 년 전부터 1만 5천 년 전까지로 추정) 구석기시대 후기에도 부산 바닷가에 사람들이 살고 있었음을 알 수 있다. 해운대에서 살았던 구석기 사람들이 여러 곳으로 흩어져 살았던 흔적들이 동삼동패총, 동래패총, 복천동과 연산동고분군 등이다.

❶ 동삼동패총
❷ 해운대구석기유적비
❸ 연산동고분군
❹ 복천동고분군
❺ 동래패총

동래구
연제구
해운대구
영도구

동삼동패총 → 해운대 구석기유적비 → 동래패총 복천동고분군 → 연산동고분군

해운대 구석기유적지

지금의 해운대 신시가지 인근은 오래전 구석기 사람들이 살던 바닷가였다. 이들이 남긴 유물은 일본 규슈지방의 구석기유물과 비슷하며, 이로써 영도에 있는 동삼동패총을 통해 알려진 한일간 교류시기가 신석기에서 구석기시대로 거슬러 올라간다. 해운대나 영도에서 산을 오르면 대마도가 보이는데 그곳을 넘어 왕래한 셈이 된다. 아직 빙하가 녹지 않았던 그 시절에는 그곳까지 걸어갔으리라.

동삼동패총

패총은 바닷가에 살았던 옛 사람들이 고기와 조개 등을 먹고 뼈를 버린 쓰레기터이다. 고분, 즉 옛무덤이 지배층의 유적이라면 패총은 당시 서민들의 유적이다. 한반도에서 가장 살기 좋았던 부산바다에는 그야말로 고기반 물반, 손만 넣으면 물고기와 조개를 가득 건질 수 있었다. 동삼동패총은 부산뿐만 아니라 한반도 전체에서도 가장 중요한 신석기유적이며, 부산여행코스를 태종대로 한다면 한번쯤 들러 시간여행을 해 보자.

동래패총

기원전후한 시기부터 기원 후 4세기 대까지 오국시대(신라, 고구려, 백제, 가야, 왜) 유적지인 동래패총의 출토유물은 단지가 대부분인 토기, 뼈로 만든 화살촉, 철기 등이다. 토기 중에는 일본계 토기와 백제계 토기, 대구 경주지역 토기들도 있어 당시 동래패총에 살았던 사람들이 어느 지역과 교류하였는가를 알 수 있게 해준다. 동래패총은 농래경찰서 건너편 동해남부선 동래역 철길 인근에 있다.

복천동고분군

부산은 철기문화가 퍼져나가기 시작하는 기원전후 오국시대의 '가야'에 속하며, 토기는 물론 철기유물을 남겼다. 복천동고분군은 거대한 고분군으로 오국시대 가야를 대표하는 지배층 '무덤떼'이다. 1996년 10월 고분군 바로 옆에 출토 유물 전시관과 야외 고분전시관을 완성하여 '부산복천박물관'을 개관하였다.

연산동고분군

부산지역의 마지막 가야세력의 무덤인 연산동고분군은 복천동 고분군 건너편의 배산을 중심으로 한 주거지 흔적이며, 북쪽 경사면에 봉분이 일렬로 남아 있다. 복천동고분군이 만들어진 직후부터 만들어진 연산동고분군의 출토유물(갑옷과 투구 등)은 일제강점기에 발견되어 현재 일본 도쿄국립박물관에 보관되어 있다.

통일신라와 고려시대 부산사람

백제와 고구려가 망하고 10여년이 흐르던 통일신라 시절(신라 문무왕, 678년), 지금으로부터 1340년 전으로 떠나보자. 오랫동안 불교문화를 꽃피웠던 부산에는 의상과 원효의 정신을 간직한 범어사와 장안사, 만덕사의 터가 있다. 당시 불교는 교리보다는 절의 건축으로 나타난 정치세력의 상징이었다. 통일신라와 고려시대 부산사람들의 흔적이 남아 있는 곳 중에는 그들의 불행을 애틋하게 노래했던 아름다운 이야기들도 전해지고 있다.

범어사

부산의 진산인 금정산 동쪽 기슭에 자리 잡고 있는 범어사는 부산시민이 즐겨 찾는 장소이다. 옛날 산마루에 우물이 있었는데 가뭄에도 마르지 않고 빛은 황금색이었다. 한 마리의 금빛 물고기가 하늘에서 내려와 그 속에서 살았다고 하며 이로써 산 이름을 짓고, 절을 지어 범어사라 하였다고 한다. 금정산

❶ 무민사(감만동, 자성대, 수영)
❷ 정과정유적
❸ 만덕사지
❹ 범어사유적
❺ 최치원동상, 해운대각석
❻ 황학대, 윤선도시비
❼ 장안사, 척판암

기장군

금정구

북구

동래구

수영구

해운대구

무민사
(자성대, 감만동) 정과정곡 (양정) 만덕사지 범어사 최치원 (해운대) 윤선도 (기장) 장안사 (좌천)

은 '금어가 놀던 우물'이라는 데서, 범어사는 '하늘의 물고기'라는 데서 유래하였음을 알 수 있다. 통일신라시대 의상대사가 창건한 범어사는 조선시대에 임진왜란으로 크게 파괴되었지만, 그 후 여러 차례 다시 지어졌고 많은 고승을 배출하였다.

장안사

원효, 그가 천삼백여 년 전 기장 불광산을 다녀갔다. 신라 고승 원효는 모든 중생이 부처가 될 수 있다며, 여러 곳을 유랑하며 백성들을 만나 불교를 쉽게 이해시키려고 하였다. 그가 창건한 장안사와 오른쪽 길로 접어들면, 원효대사가 여덟 자를 적은 소반을 던져 중국의 승려를 구했다는 척판암이 있다. 그 아래 장안사 계곡은 사시사철 경치가 너무 좋아 금수동이라 불렀다.

최치원, 윤선도, 이선

신라가 낳은 비운의 천재, 해운 최치원. 12세 어린 나이에 당나라로 건너가 18세에 과거 급제, 약관의 20세로 관직을 맡았고 23세 때 그 유명한 '토황소격문'으로 세상을 놀라게 했다. 하지만 29세에 통일신라로 돌아왔지만 자신의 뜻을 몰라주는 통일신라에 절망하여 40세 나이로 세상을 등지고 숨어 살고 말았다. 그런 그가 동백섬을 거닐다가 그 절경에 심취해, 섬의 남쪽 암벽에 자신의 호인 '해운'을 따라 '해운대'라는 세 글자를 남겼다. 격정의 바다에 방랑자 최치원의 서글픈 한숨이 서려있는 해운대에서 30분 정도 올라가면 귀양살이의 시름과 그늘이 드리워진 기장군이 나온다. 주인공은 바로 조선시대 시조문학의 대가 고산 윤선도. 32세의 나이로 윤선도가 유배온 장소 황학대는 기장8경의 하나이다. 그리고 기장군 철마에 가면 근심이 떠나는 정자란 뜻의 '수리정'이 있다. 조선시대 장희빈이 설치던 시절에 이곳으로 유배와서 3년 뒤 세상을 떠날 때까지 관동별곡 등 송강 정철의 가사들을 집대성한 이선이 고독과 싸우며 엄청난 문학작품들을 탄생시킨 현장이다. 동백섬 정상에는 최치원 동상과 해운정이 있으며 남쪽 바닷가에 해운대각석이 있다. 황학대는 기장군 기장읍 죽성리 두호마을의 방파제 입구에 있고 수리정비석은 기장군 철마면 웅천리 중리마을 경로당 옆 당산입구에 있다. 윤선도시비는 일광해수욕장 학리쪽 해변 입구에 세워져 있다.

죽성리 두호마을 전경. 방파제 입구에 황학대가 보인다.

고려시대 부산

우리나라 역사에서 부산이 가장 푸대접을 받았던 시기가 고려시대다. 당시 후백제 견훤의 수중에 있었던 부산은 고려 태조 왕건에게 협력하지 않았기 때문이다. 고려가 건국 될 무렵, 후백제의 견훤이 부산 영도의 말을 고려 태조 왕건에게 바쳤다가 돌려 받았다는 역사기록이 있다. 고려시대에는 본관제라 하여 자기가 사는 곳을 떠날 수 없었다. 유일한 해결책은 도망가는 것, 고려 건국 이후 180년이 지나면 열집 가운데 아홉집이 비게 된다. 설상가상으로 고려말 부산은 왜구의 침탈로 살육과 방화 등 극심한 피해를 겪는데, 이러한 계기로 변방이었던 부산의 중요성이 새롭게 부각되기 시작한다.

정과정

수영강을 옛날에는 과정천이라 불렀으며, 해방 후 부산에서 처음 우리 손으로 만든 장산초등학교

대각선 방향 작은 산 일대를 정과정이라 불렀다. 고려 중기 정서라는 사람이 동래로 귀양오게 된 일이 있었는데 이곳에서 임금을 그리워 하는 애끓는 노래를 읊었다. 정서의 호를 과정이라 하였으니 그가 지은 노래를 정과정곡이라 한다. 고려와 조선시대 선비들의 히트송이었다.

만덕사지

신라말 고려초 당시에 범어사 보다 더 큰 절이 었던 만덕사. 만덕사지의 대표적인 유물로는 부산박물관에 옮겨 복원한 삼층석탑과 만덕로 아래에 당간지주 등이 남아 있다.

무민사

부산에는 고려말 왜구 침입으로 인해 고통받던 백성들을 위해 싸움터에서 백발을 휘날리며 백전백승하던 최영 장군을 추모하는 사당이 세 곳 있다. 감만동 무민사는 감만1동 현대아파트 옆 국제자동차정비소로 들어가는 앙복 2차신 도로 오른편에 '최영장군 사당'이라는 표지판이 있다. 자성대공원 내의 최영장군비각은 항상 열쇠가 채워져 있어 내부를 구경하기가 쉽지 않으며, 수영사적공원 인근 수영우체국 동쪽 골목에도 무민사가 있다.

조선시대 부산의 중심, 동래

지금 시간여행 온 곳은 전쟁터. 때는 6백년 전 고려말 부산. 통일신라 때부터 왜구의 침입은 결국 고려가 망한 원인 중 하나였다. 그리하여 부산은 고려말과 조선시대에 들어와 우리나라의 관문과 외교의 중심지로 부각된다. 당시 부산의 중심지는 동래였다. 동래 일원에 남아 있는 동헌과 읍성, 당시의 학교였던 향교 등으로 보아 쉽게 중심지였음을 알 수 있다. 부산은 임진왜란을 제일 먼저 치렀던 고장이다. 때문에 부산에는 임진왜란으로 죽은 사람들을 기리는 유적지들이 많다.

동래읍성

동래(부산)는 일본과 가까이 마주하고 있어서 국방의 기능이 중시되었고 동시에 교린외교의 창구였다. 동래 고을을 보호하기 위해 쌓은 성곽이 동래읍성이었고, 성 안에는 동래부 동헌을 비롯한 여러 관청이 있었다. 동래고을 수

1 동래읍성유적
  (향교, 송공단, 충렬사)
2 동래온천
  (온정개건비, 허심청)
3 정공단
4 윤공단

동래읍성은 망루시설인 동장대(사진)가 있는 망월산에서 읍성의 북문이 있는 마안산을 거쳐 서장대가 있는 동래향교 뒷산까지 길게 연결된 산성과 현재 동래의 중심지를 모두 포함하여 에워싼 큰 성이었다.

령이 근무했던 동헌이나 임진왜란 때 장렬히 전사한 동래부사 송상현을 기리는 송공단, 군사장교들의 근무지였던 장관청과 군관청, 그리고 동래읍성의 성곽이나 성문, 성 밖을 멀리 관측하는 전망대이자 군사를 지휘하는 장대, 금강공원 입구 망미루와 독진대아문 등을 언제든시 만날 수 있다. 매년 10월 동래읍성역사축제 때에는 임진왜란 당시 동래읍성전투를 재현하고 있다.

충렬사와 안락서원

전국에 충렬사가 많다. 조선시대 연이은 전란으로 목숨을 내걸었던 군인들과 의병들을 추모하기 위한 사당들이며, 안락로터리에 있는 부산의 충렬사도 마찬가지다. 1970년대 이후 오늘날의 모습을 갖춘 충렬사는 동래부사 송상현을 비롯한 부산진첨사 정발, 디대포첨사 윤흥신 상순 능 임진왜란 때 순국한 분들의 위패를 모신 사당이다. 충렬사 경내에 있는 소줄당은 당시 유생들이 공부하던 곳으로 건물 마루 안쪽

Venue Map
동래읍성

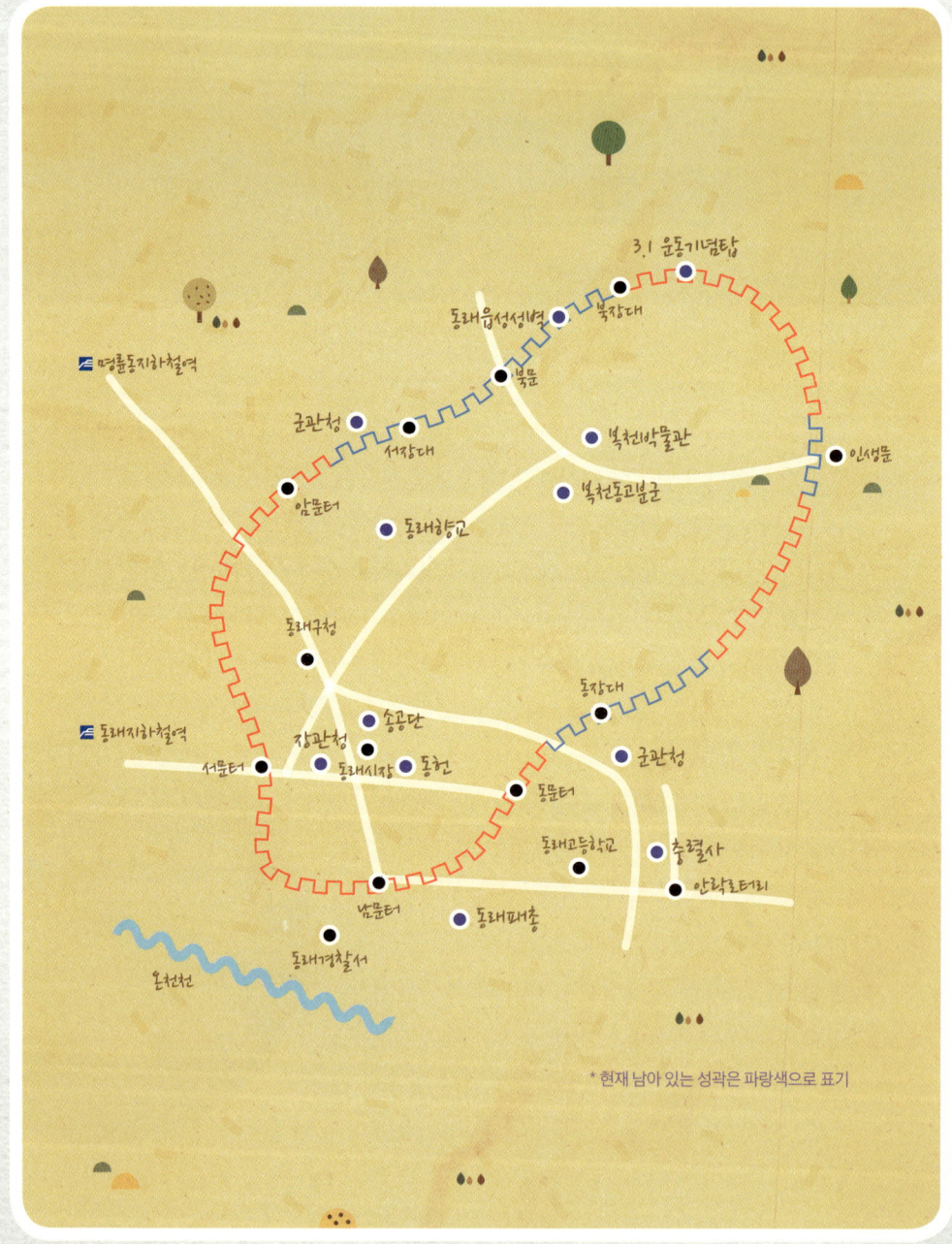

3.1 운동기념탑

동래읍성성벽
북장대

몇출동지하철역

복천박물관

군관청
서장대
암문터

복천동고분군

인성문

동래향교

동래구청

동장대

동래지하철역
장관청
송공단
군관청
서문터
동래시장
동천
동문터

동래고등학교
충렬사
안락로터리

남문터
동래패총

온천천
동래경찰서

* 현재 남아 있는 성곽은 파랑색으로 표기

에 안락서원이라는 편액이 걸려 있어 이곳이 서원이었음을 알 수 있다.

동래향교

오늘날 향교와 서원이 동래(기장향교가 있는 기장도 당시는 동래에 속했다)
에만 남아있는 것은 동래가 부산의 중심이었음을 말한다. 동래향교는 유교와
교화가 이루어진 교육기관으로 부산의 정신문화의 향기가 서려 있는 역사의
공간이다.

정공단, 송공단, 윤공단

'단'이란 흙이나 돌로 쌓아 올려 제사를 지낼 수 있
도록 만든 터. 부산에는 임진왜란 당시에 나라를
지키다가 돌아가신 분들을 모시는 단이 있는데,
정발 장군과 동래부사 송상현 그리고 윤흥신 장
군의 충절을 기리는 정공단과 송공단 그리고 윤

공단이다. '공'은 성에 붙여 높이 부르는 명칭이다. 정공단은 당시 부산진성의 남문 옛터이며, 임진왜란 때 정발장군과 함께 돌아가신 분들을 모시고 있다. 부산진성을 빼앗은 일본군은 곧바로 동래읍성을 공격하고 이에 맞서다 돌아가신 분들을 모시고 있는 송공단, 그 후에 다대포진성 싸움에서 돌아가신 분들을 다대포에 있는 윤공단에서 모시고 있다.

동래온천

동래온천은 오늘날에도 휴일이면 금정산을 찾은 등산객들이 하산 길에 들러 몸과 마음을 푸는 곳이다. 신라 때 절름발이 노파가 살았는데 어느날 백학 한 마리가 날아와 절룩거리며 놀더니 사흘째 되는 날 다리가 완쾌되어 날아가는 것을 보고 백학이 놀던 곳을 가보니 뜨거운 샘물이 솟더라는 것이다. 다리를 담근 노파도 며칠 후 마음대로 움직이자 마을사람들이 그 샘을 온천이라 불렀다고 한다. 지하철 온천장역 근처에 온천거리가 있다. 3천명을 동시에 수용할 수 있는 허심청을 비롯하여 오랜 전통을 가진 녹천탕 등 온천목욕시설과 호텔들이 집중되어 있다. 농심호텔 후문 쪽 노천탕 옆 용각 안 마당에 온정개건비가 있으며 허심청 사거리에 신온정개건비가 있다.

국방과 한일교류의 부산

아, 부산은 예나 지금이나 일본과는 서로 뗄 수 없는 사이구나. 조선이 서고 2백년이 지난 1592년의 임진왜란 이후 부산은 군사적 중요성이 부각되면서 육군과 수군의 근거지가 마련되었으며, 이에 금정산성과 동래읍성, 경상좌수영이 정비되었다. 임진왜란 이후 도요토미히데요시가 죽고 도쿠가와이에야스가 에도시대를 열면서 한일관계도 다시 좋아져 문화사절로서 통신사가 떠나는 곳이었으며, 일본인이 무역을 할 수 있는 공간인 왜관이 설치되었다.

금정산성

금정산에 오르면 가슴이 탁 트이는 멋진 백두대간의 끝자락이 펼쳐지고 금정산성이 능선을 따라 굽이치며 뻗쳐 있다. 임진왜란 후 부산진성과 동래읍성이 함락되었던 것을 보고 평지성 보다는 산성을 짓자는 건의가 있어오다가

❶ 초량왜관비
❷ 영가대(자성대), 부산진성(증산)
❸ 수영사적공원유적
❹ 금정산성
❺ 두모포진성(기장)
❻ 봉수대
　(연대봉, 계명, 구봉, 황령산, 간비오)
❼ 왜성(죽도, 죽성리, 자성대)

조선후기 숙종 때 초량왜관이 지어지고 일본인들의 거주가 많아지자 그때서야 금정산성을 짓게 되었다. 동·서·남·북문과 1·2·3·4망루, 부산에서 제일 높은 고당봉과 금빛 물고기가 하늘에서 내려와 놀았다는 금샘 등이 성곽을 따라 이어져 있다.

최근에는 범어사 템플스테이 체험을 하는 외국인들도 금정산행을 자주 할 만큼 이제 금정산은 부산시민뿐만 아니라 부산을 찾는 여행들의 손꼽는 여행코스가 되고 있다. 범어사를 여행코스로 계획한다면 내친 김에 부산에서 제일 높은 금정산 고당봉에 올라 부산을 다 보고 간다는 인증샷을 만들어보자.

경상좌수영과 수영사적공원

지하철 2호선 수영역 인근 팔도시장 근처에 있는 '수영사적공원'은 조선시대 경상도의 수군사령부였던 '수영성'이 있던 곳으로 1652년부터 250여 년 동안 존속하다가 1894년 폐지되었다. '수영'이란 최고 지휘자인 수군절도사(수사)가 머문 진영이라는 뜻인데 좌수영이란 서울에서 볼 때 왼쪽에 있는 수영을 말한다(우수영은 전라도 진도에 있었다). 수영성에는 동서남북 4개 성문과 문루·포루가 각각 3개씩 있으며, 임진왜란 당시 수영성이 함락되자 의병을 일으켜 7년간 유격전을 하다가 죽은 평민들을 위해 세워진 '25의용단'과 안용복 장군을 기리는 사당인 '수강사'가 있다. 민락역 옆 현대아파트에 있는 '선소유허비'가 서있는 곳은 수영성의 함선이 정박해 있던 장소다.

부산진성

조선왕조가 건립되면서 오늘날 좌천동 일대인 부산포에 왜구에 대한 방어시설인 '진'을 설치하고 군사적 요충지로서 부산진성이 세워졌다. 동시에 부산포에 왜관을 두었으니 부산은 조선시대부터 국방과 무역의 중심지였다. 때문에 임진왜란 최초의 전쟁터가 되었고 일본군이 주둔하면서 왜성이 세워졌으며, 임진왜란 이후에는 지금의 자성대를 중심으로 성을 다시 쌓고 4대문을 축조하여 부산진 첨사영으로 사용하였다. 이에 조선후기에는 자성이 본성으로 사용되었다. 자성대 일대는 일제강점기에 철거되고 부산항 매축으로 옛 흔적을 알 수 없고 지금의 축소된 모습뿐이다.

죽성 두호마을에는 SBS드라마 <드림>의 촬영장이 그림처럼 남아 여행객들의 추억 만들기 배경이 되고 있다.

두모포진성

두모포진성은 조선시대에 기장에 존재했던 수군이 군사기지로서 왜구의 노략질을 방어하기 위한 시설이었다. 두모포진은 임진왜란 후 해안 방어체제의 개편에 따라 부산포 옆 오늘날 수정동으로 옮겼다. 그래서 수정동에 만들어진 왜관을 두모포왜관이라고 하였으며, 오늘날 고관(구관)이라고 부르는 곳이다. 일제강점기 매축되면서 자성대 인근과 수정동은 시가지로 변하였다. 원래 두모포는 지금의 죽성리 두호마을인데 아직도 과거의 흔적들이 남아있다. 죽성에 가면 황학대 옆 대변항으로 가는 길 옆에 두모포리는 이름의 가세가 있는가 하면 풍어제터 비석도 세워져 있다.

왜성

부산은 임진왜란 시기에 많은 일본군이 침략하여 주둔해 있으면서 요소요소에 성을 쌓았다. 단기간에 성을 쌓을 수 있었던 것은 기존의 조선의 성곽을 허물고 그 돌들을 이용했기 때문이다. 성벽의 벽면이 경사져 있는 왜성은 주로 해안가에 위치하였는데, 남아있는 대표적인 것으로 구포왜성, 가락 죽도왜성, 기장 죽성리왜성 등이다. 구포왜성은 남해안고속도로의 시작점인 제2낙동대교의 구포쪽 작은 산에 있으며 인근에 북구 문화빙상센터가 있다. 지하철로는 덕천역에서 내려 찾아가면 된다. 죽도왜성은 강서구 가락동사무소 앞쪽 산에 서낙동강과 인접해 있다. 죽성리왜성은 기장 죽성리의 죽성초등학교 서북쪽 산위에 있다.

봉수대

봉수대는 해안을 조망하여 왜적의 침입을 가장 먼저 감시하여 중앙에 알리는 군사적 통신시설이었다. 황령산봉수대는 황령산 정상에 위치해 있으며 정상까지 도로가 나 있다. 간비오봉수대는 해운대여중에서 산길을 따라 20분 정도 오르면 롯데아파트 뒷산인 간비오산 정상에 위치해 있다. 계명봉수대는 범어사 입구 못미처에 오른쪽 산등성이의 계명봉 정상으로 가는 등산로 동쪽 작은 봉우리에 있다. 구봉봉수대는 대신공원에서 30분 정도 산길을 따라 오르면 만날 수 있다. 구봉봉수대 아래로 대신동 넘어가는 곳에 민주공원이 있다.

영가대

임진왜란 후 단절된 국교가 다시 맺어지면서 일본에 가거나 조선에 오는 것은 부산을 통하는 길밖에 없었다. 조선시대 일본으로 가는 통신사에게 부산은 출발지이자 도착지였다. 통신사는 조선국왕이 일본국왕인 막부장군에게 보낸 사절이다. 출발 전에 부산포 옆 자성대 아래에 있는 영가대에서 무사히 임무를 마치고 돌아오게 해달라고 바다 용왕에게 제사를 지냈다.

초량왜관과 왜관도

임진왜란 이후 일본과 외교와 무역을 한 유일한 곳이 부산(동래)이다. 1607년부터 1678년까지 부산 동구청 주변에 두모포왜관, 1678년부터 1876년까지 용두산공원 주변에 초량왜관이 있었다. 초량왜관은 500명 정도의 대마도 사람들이 10만평 규모로 담장을 치고 살았으며, 1876년 개항 이후 이 일대를 중심으로 도시가 만들어졌다. 지하철 1호선 중앙동역에서 대청동쪽을 따라 가면 백산기념관이 있는 거리가 나온다. 이 거리입구에서 부산호텔을 지나 광복로까지가 왜관 안의 동관 자리다. 서관거리는 대청로를 따라 부산근대역사관을 끼고 왼쪽으로 내려가면 대각사(서관 중대청)가 있는 거리이며, 국제시장쪽으로 3대청 앞에 6행랑이 있었다. 초량왜관의 구체적 모습은 1783년 동래출신 화가 변박이 그린 '왜관도'에 잘 나타나 있다.

조선시대 변박의 <왜관도>(국립중앙박물관). 초량왜관은 사각형 담장으로 에워싼 곳, 그림중간에 세로로 그려진 용두산을 경계로 좌우가 서관 동관이다. 오른쪽 바다는 지금 메워졌고 위의 산도 평지로 바뀌었으며, 오른쪽 아래 용미산 자리에는 롯데백화점이 들어섰다.

동래부사접왜사도

통신사가 17~18세기 2세기 간에 걸쳐 일본과 12회의 교류였다면, 동래부에서의 교역은 해마다 실시되었다. 특히 통신사행이 없어진 18세기 후반 이후 더욱 왕성해진다. 조선 후기 부산은 크게는 '조선과 일본'이라는 '국가와 국가'의 관계에서, 작게는 '부산과 대마도'라는 '지역과 지역'의 관계에서 큰 역할을 하고 있었다. 18~19세기 동래부(부산)와 초량왜관을 배경으로 그린 '동래부사접왜사도'는 동래부사가 일본 사신단을 접견하는 모습을 그린 그림이다. 이 그림에는 당시의 동래부 경관, 접대 구성원의 행렬 및 접대 과정과 현황이 풍부하게 묘사되어 있다.

조선시대 <동래부사접왜사도>(국립중앙박물관). 상단 왼쪽에 모여있는 연향대청이 지금의 대청동 광일초등학교, 두 번째 모여있는 초량객사는 현재 봉래초등학교 자리다. 바로옆의 설문은 지금 차이나타운 거리가 되었고 그 아래 바다가 메워져 부산역이 들어서 있다.

일제강점기 부산

이번에는 가보고 싶지 않은 시절로 시간여행을 가보자. 19세기 말 서세동점으로 동아시아의 문명이 역전되던 시절, 1876년 개항 이후 부산은 지리적으로 일본과 가까웠던 만큼 일제강점기에 수탈을 위한 기반시설 또한 일찍부터 만들어졌다. 러일전쟁 전후시기 군사시설을 비롯해 식민통치의 최고기관이었던 경남도청, 미곡수탈을 위한 동양척식주식회사 부산지점 등이 그 대표적인 흔적들이다. 부산에서도 삼일운동이 일어났으며 일제강점기 항일운동의 대표적 인물로서 백산 안희제 선생과 박차정 의사, 박재혁 의사를 들 수 있다.

가덕도 일본군사령부

가덕도에는 선사시대부터 근현대에 걸친 유적과 유물이 많다. 특히 외양포에는 일제강점기

❶ 백산기념관, 부산근대역사관
❷ 임시수도기념관, 옛 경남도청
❸ 박재혁 거리
❹ 외양포 일본군사령부
❺ 박차정생가

동래구

해운대구

서구

중구

영도구

가덕도

백산기념관
근대역사관   박재혁 거리   박차정생가   외양포
일본군사령부
임시수도기념관
옛 경남도청

조선을 무력으로 지배했던 흔적들로서 일본군 포대시설, 군사용 가옥, 우물과 배수로 등이 옛 모습을 온전히 남기고 있다. 해안가에는 아직도 화약이 발견되고 수많은 동굴도 눈에 띈다. 외양포의 일본군사령부 이외에도 대항마을 패총, 두문마을 지석묘, 천성진성과 가덕진성, 눌차왜성, 연대봉봉수대 등도 빼놓을 수 없는 유적이며, 최근 가덕도 인근의 정거마을은 생태체험과 함께 생태벽화로 유명하다.

임시수도기념관과 경남도청

경남도청은 현재 동아대학교 부민 캠퍼스로 되었으며, 임시수도 기념관은 1925년 경남도청이 부산으로 오자 일본인 경남도지사 숙소로 지어진 건물이다. 한국전쟁 당시 부산이 임시수도였을 때 이승만 대통령의 관저였고, 전쟁 후에는 경남도지사 관사로 사용되다가 창원으로 경남도청이 옮겨가자 1984년 기념관으로 개관하여 대통령과 한국전쟁 관련 자료들을 전시하고 있다.

백산기념관과 박차정 생가, 박재혁거리

백산 안희제 선생(1885-1943)과 박차정 의사(1910-1944)는 일제강점기의 아픔을 비켜가지 않고 온몸으로 자신의 삶을 불살랐던 인물이다. 광복 50주년이 되던 1995년 8월15일 옛 백산상회 자리에 백산기념관을 건립하였고 박차정의 항일운동을 추모하는 기념사업회에서는 2001년 모교 동래여고에서 내려다 보

이는 곳에 동상을 세우고 2005년 생가를 복원하였다. 그리고 부산상고를 졸업하고 의열단에 가입, 부산경찰서장에게 폭탄을 던져 체포되어 옥사한 박재혁 의사의 명예도로가 범일동에 조성되어 있다.

백산 안희제 선생 흉상

부산근대역사관

부산근대역사관은 고난과 투쟁으로 점철된 20세기 한국사의 축소판과 같은 곳이다. 일제강점기 때 오이케 정미소였다가 그 뒤 동양척식주식회사 부산지점으로서 조선 수탈의 일선이었던 곳이다. 해방 후에는 미군의 장교 숙소, 미국 문화원, 미국 영사관으로 사용되면서 미국의 한반도정책을 상징하는 일부가 되었다. 1999년 4월 30일 한국 정부로 반환되었으며, 2003년 근대역사관으로 거듭난 뒤에는 굴절된 20세기 한국사를 증거하는 새로운 공간으로 이용되고 있다.

부산의 근대화

흔히 근대화는 정치적으로 주권국가의 성립, 경제적으로 자본주의와 문화적으로 개인의 합리성 등을 꼽는다. 우리나라의 근대화는 19세기 말 부산의 개항과 함께 시작되었다. 일제의 대륙진출 교두보였던 부산은 지리적 조건 때문에 다른 어느 도시보다 빨리 근대도시로 거듭났다. 그 결과 여러 가지 근대시설이 만들어지는데 그 대표적인 것들이 항만의 매립과 학교시설, 수원지 개발, 다리시설 등을 꼽을 수 있다. 조선 최초의 주식회사 형태의 영화제작사인 조선키네마주식회사 또한 일제강점기에 부산에 만들어졌다.

성지곡 수원지

부산진구 초읍동 어린이대공원 안에 있는 성지곡 수원지는 부산시민들에게 본격적으로 수돗물을 공급한 최초의 근대적 수도시설이다. 이 시설은 한일 공동경영을 목표로 일본의 기술진에 의해 1907년 5월 공사를 시작하여 1910

1 조선키네마주식회사
2 영도다리, 구포다리
3 부산세관첨탑
4 일신여학교
5 성지곡수원지
6 금강공원, 동래별장

년 7월에 완공하였다. 현재 성지곡 수원지의 둑과 여과시설은 거의 축조 당시 모습 그대로 보존되어 있으며, 둑의 축조 내역이 표지석에 기록되어 있다. 수원지 계곡의 양 기슭에는 1910-20년대 조성된 나무들이 울창한 숲을 만들어 삼림욕을 즐기는 시민들의 발길이 끊이지 않는다.

일신여학교

부산진 일신여학교는 호주 장로교 선교회에 의해 설립된 부산 최초의 근대적 여성교육기관이었다. 1919년 일신여학교 여교사와 학생들에 의한 만세운동은 부산지역 삼일운동의 효시가 되었다. 부산시 동구 좌천동 가구거리 뒤편 오르막 중턱에 위치한 2층짜리 벽돌건물인 일신여학교는 20세기 초 서양식 건축양식으로 지어졌으며, 부산에 남아 있는 근대 건축물 가운데 가장 오래된 것으로 100년 세월의 흔적을 가지고 있다.

부산항 매축과 부산세관

항구도시의 특성상 부산의 근대화는 바다를 메우는 매립과 매축의 역사 그 자체였다. 맨 먼저 근대적 매립은 1887년 청나라에서 온 이홍장이 당시 부산 세관장이었던 영국인 헌트(한국명 하문덕)와 합작하여 용미산 기슭을 깎아 매립하여 세관 부지를 넓힌 일이다. 이후 일본인에 의해 북빈매축공사(1902년-1909년), 영선산 착평공사(1909년-1912년), 부산진과 범일동 매립 등이 차례로 이어졌다. 1910년 양식건물로 지어진 부산세관건물은 그 외관이 마치 중세 성당을 연상케 하였으며, 인근의 부산역사와 쌍벽을 이루었다 한다. 지금은 1979년 도로확장공사로 철거되고 당시 세관의 지붕위에 놓였던 첨탑만 세관 뒤쪽 잔디밭에 남아 있다.

영도다리와 구포다리

지난 80년간 부산의 랜드마크는 영도다리에서 용두산공원 부산타워로 지금은 불꽃축제로 유명한 광안대교로 옮겨졌다. 1934년 11월 23일 영도다리 개통식. 그 육중한 다리가 전동기 소리와 함께 하늘로 치켜 들렸을 때 그곳에 모인 사람들은 어떠했을까? 이후 영도다리를 보러 부산을 찾는 이가 줄을 이었다고 한다. 그리고 그 위로 전차가 영도 남항동 시장 입구까지 다녔고 해방 후 한국전쟁 당시 피란 온 100만의 피란민들의 애환과 사

연도 배어 있다. 영도다리 보다 한 살이 더 많은 구포다리는 당시 국내에서 가장 긴 다리였다. 경부선 구포역 맞은편 낙동강둑에서 볼 수 있다. 영도다리는 2013년 11월 27일, 47년만에 다시 개통되었다.

동래별장과 금강공원

온천장은 개항 이후 일본인들이 부산에 정착하면서 유흥지로 본격 개발되었다. 온천장에는 목욕시설, 여관, 개인 별장 등이 들어섰다. 그 중에서도 부산 제일가는 일본인 부자였던 하자마가 남겨둔 동래별장이 유명하다. 한편, 일본인들은 1920년대 중반 금강공원을 개인 정원으로 조성하였다. 이때 동래에 있던 동래부동헌의 대문, 이섭교비, 시비 등이 정원 장식용으로 금강공원에 옮겨졌다.

조선키네마주식회사

일제강점기 조선 최초의 주식회사 형태의 영화제작사였던 조선키네마주식회사는 나운규 등의 영화계 등용문이 되었을 뿐만 아니라 현재 영화도시 부산에 끼치는 상징적 의미도 크다. 소설가 염상섭은 부산에서 근대도시와 식민도시의 상징으로 '전찻길'과 '빨간 벽돌의 이층집' 그리고 활동사진의 '울그데불그데한 그림조각'을 꼽는다. 당시의 조선키네마주식회사가 있었던 곳은 오늘날 중구청 인근으로 추정되며 중구청 바로 아래 골목 안에는 당시 사용했다는 우물터가 남아있다.

 부록2

부산의 갈맷길 아홉코스

 갈맷길 아홉코스 전체 지도

⬤ 표시는 갈맷길 스탬프 찍는 곳

⭐ 갈맷길 1코스 (33.6㎞, 10시간)

임랑해수욕장 ▶ 칠암 ▶ 일광해수욕장 ▶ 기장군청 ▶ 대변항 ▶ 해동용궁사 ▶ 문탠로드

⭐ 갈맷길 2코스 (18.3㎞, 6시간)

문탠로드 ▶ 동백섬 ▶ 민락교 ▶ 광안리해수욕장 ▶ 이기대 ▶ 오륙도유람선선착장

⭐ 갈맷길 3코스 (37.3㎞, 13시간)

오륙도유람선선착장 ▶ 부산진시장 ▶ 국제시장 ▶ 남항대교 ▶ 태종대유원지입구

⭐ 갈맷길 4코스 (36.3㎞, 13시간)

남항대교 ▶ 암남공원입구 ▶ 감천항 ▶ 두송반도 ▶ 몰운대 ▶ 낙동강하굿둑

⭐ 갈맷길 5코스 (42.1㎞, 13시간)

낙동강하굿둑 ▶ 명지오션시티 ▶ 천가교 ▶ 연대봉 ▶ 어음포 ▶ 동선방조제 ▶ 정거생태마을 ▶ 천가교

⭐ 갈맷길 6코스 (36.2㎞, 11시간)

낙동강하굿둑 ▶ 삼락생태공원 ▶ 삼락 I.C ▶ 구포역 ▶ 운수사 ▶ 백양대 ▶ 성지곡수원지(어린이대공원)

⭐ 갈맷길 7코스 (22.3㎞, 9시간)

성지곡수원지(어린이대공원) ▶ 만덕고개 ▶ 동문 ▶ 북문 ▶ 범어사 ▶ 노포동버스터미널 ▶ 상현마을

⭐ 갈맷길 8코스 (17.2㎞, 5시간)

상현마을 ▶ 회동수원지 ▶ 동천교(석대다리) ▶ 과정교 ▶ APEC 나루공원 ▶ 민락교

⭐ 갈맷길 9코스 (20.5㎞, 6시간)

상현마을 ▶ 장전2교 ▶ 장전마을(철마면사무소) ▶ 이곡마을 ▶ 모연정 ▶ 기장군청

갈맷길 1코스

임랑해수욕장

1-1구간

칠암파출소

부경대학교
수산과학연구소

일광해수욕장

기장체육관

죽성항

기장군청

대변항

오랑대

해동용궁사

송정해수욕장

문탠로드

1-2구간

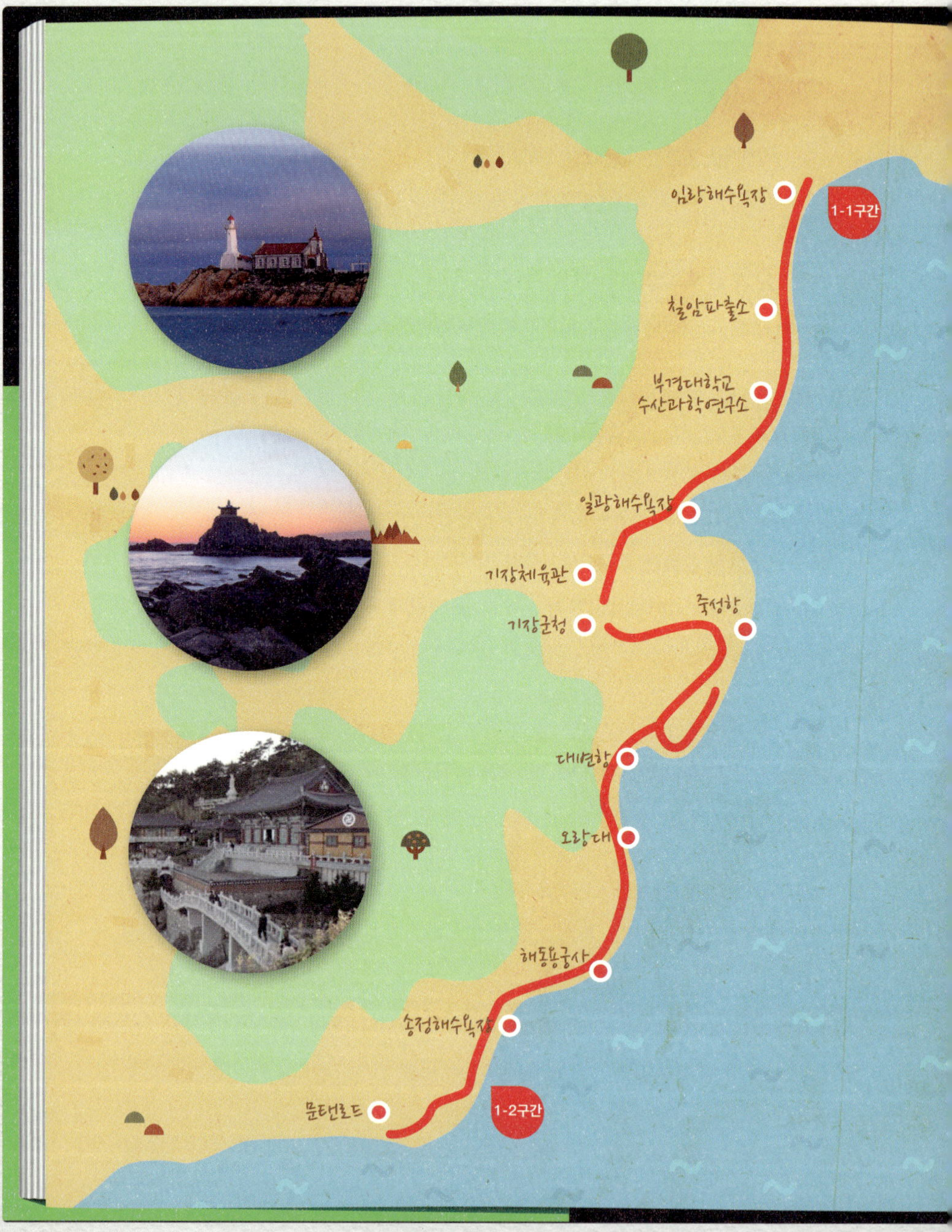

 **갈맷길 1코스**

임랑해수욕장 ▶ 칠암 ▶ 일광해수욕장 ▶ 기장군청 ▶ 대변항 ▶ 해동용궁사 ▶ 문탠로드

예부터 기장에는 아홉 개의 포구가 있어 기장 구포(차성 아홉포)로 불렸다. 그중 송정으로 개명한 가을포는 오늘날 해운대구에 속한다. 옷을 칠한 것처럼 검은빛으로 일렁이는 칠암바다를 지나 오영수의 소설 '갯마을'의 무대인 일광을 넘어서면 고산 윤선도의 유배지 죽성이 있다.

대변 고개를 넘어서면 매년 4월 멸치축제로 성황을 이루는 대변항이 있고, 연오랑세오녀의 전설이 깃든 오랑대와 벗하여 기장 팔경의 하나인 시랑대가 동해 최남단 관음성지로 알려진 용궁사와 같이 있다. 송정해수욕장을 지나 수령 3백살의 해송이 반기는 구덕포, 청사포가 있고 내려서는 고갯길에서 바라보는 풍광이 백만 불짜리인 미포가 걷는 발걸음을 절로 멈추게 한다.

 구간정보

1-1 구간(12.2km/4시간)
임랑해수욕장_(2.8km/60분)_칠암파출소_(2.0km/40분)_부경대수산과학연구소_(4.3km/80분)_일광해수욕장_(1.9km/35분)_기장체육관_(1.2km/25분)_기장군청

1-2 구간(21.4km/6시간)
기장군청_(3.2km/60분)_죽성만_(3.8km/60분)_대변항_(2.7km/50분)_오랑대_(2.5km/40분)_해동용궁사_(1.3km/70분)_송정해수욕장_(4.9km/80분)_문탠로드

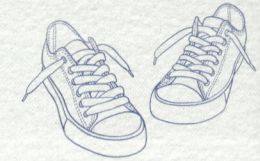

Venue Map

갈맷길 2코스

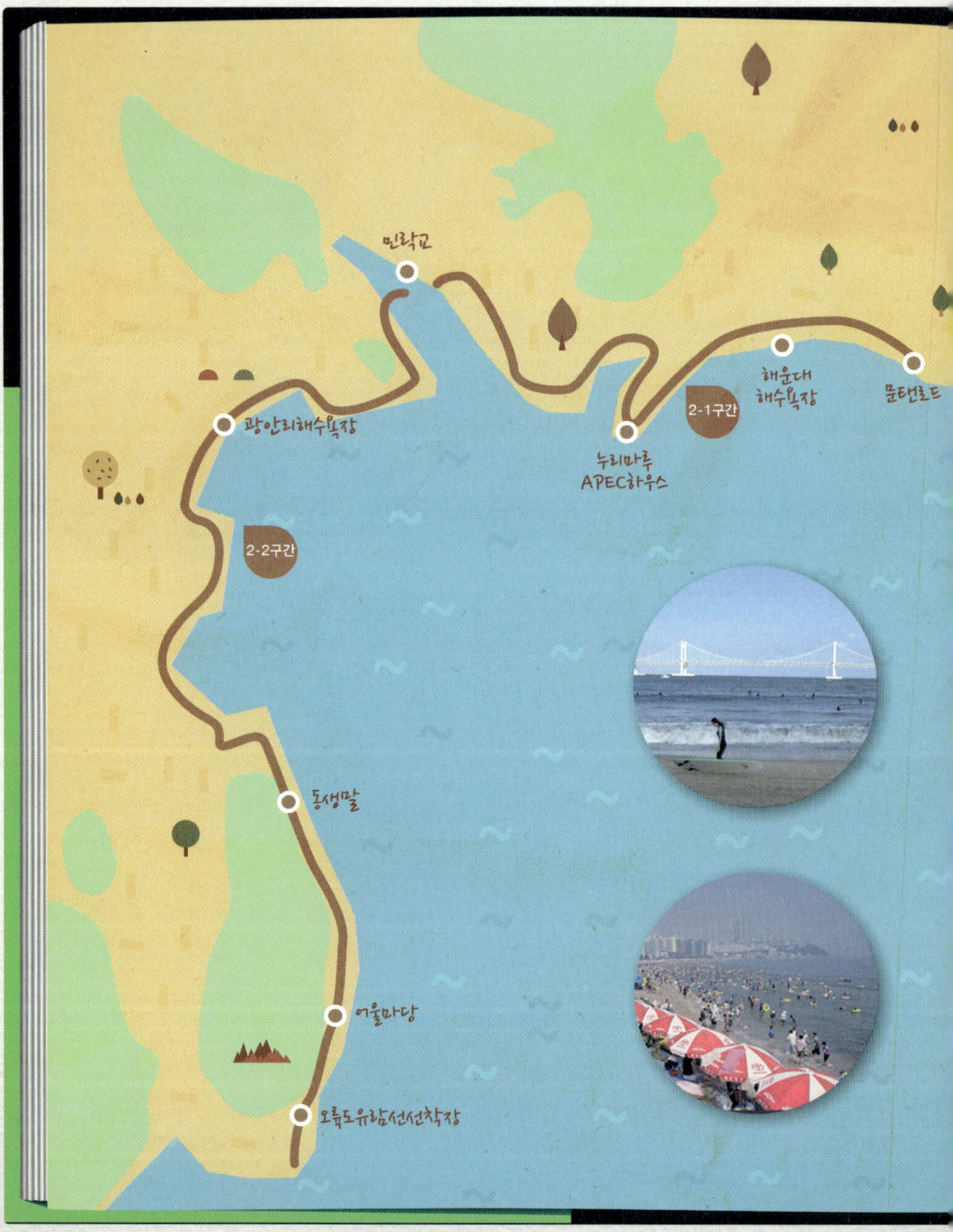

민락교
해운대 해수욕장
문텐로드
2-1구간
광안리해수욕장
누리마루 APEC하우스
2-2구간
동생말
어울마당
오륙도유람선선착장

갈맷길 2코스

문탠로드 ▶ 동백섬 ▶ 민락교 ▶ 광안리해수욕장 ▶ 이기대 ▶ 오륙도유람선선착장

대한팔경의 한 곳으로 볼수록 정이 있는 해운대의 저녁달과 백만 피서객으로 발 디딜 틈 없는 국내 최대 해운대해수욕장이 청춘의 바다 광안리해수욕장과 이웃하고 있다. 바다를 가로지르는 광안대교의 야경이 끝나는 곳에 넘어서면 새로운 바다가 열리고 모퉁이를 돌 때마다 해안 절경 이기대가 반긴다. 치마바위의 호탕함과 박골새 사이로 몰려오는 파도 떼, 그리고 농바위에서 오륙도 쪽 정경은 이기대의 진수다. 사태골을 넘어서면 수평선을 배경으로 성큼 다가서는 오륙도는 뭍으로부터 방패섬-솔섬-수리섬-송곳섬-굴섬-등대섬(밭섬)으로 배열되어 있는데, 방패섬과 솔섬이 물때에 따라 썰물이면 하나로, 밀물이면 두 개로 분리되어 5개 또는 6개의 섬이 되는 현상에서 오륙도라고 불린다. 남해와 동해의 분기점이다. 특히 겨울 저녁 굴섬에 날아드는 민물가마우지의 비행이 일대 장관이다. 이 코스는 '부산시 슬로시티 관광명소'로 지정되었다.

구간정보

2-1 구간(5.7km/2시간)

문탠로드_(1.4km/35분)_해운대해수욕장_(1.0km/30분)_누리마루APEC하우스_(3.3km/55분)_민락교

2-2 구간(12.6km/4시간)

민락교_(3.4km/60분)_광안리해수욕장_(4.0km/70분)_동생말_(1.2km/30분)_어울마당_(4.0km/80분)-오륙도 유람선선착장

갈맷길 3코스

증산공원
부산진시장
초량교회
부산
외국어
대학교
부산역
3-2구간
UN
기념공원
부산
근대역사관
백산기념관
오륙도
유람
선착
국제시장
북항대교
3-1구간
자갈치시장
영도대교
신선대
남항대교
절영해안산책로
3-3구간
중리해변
감지해변산책로
태종대유원지입구

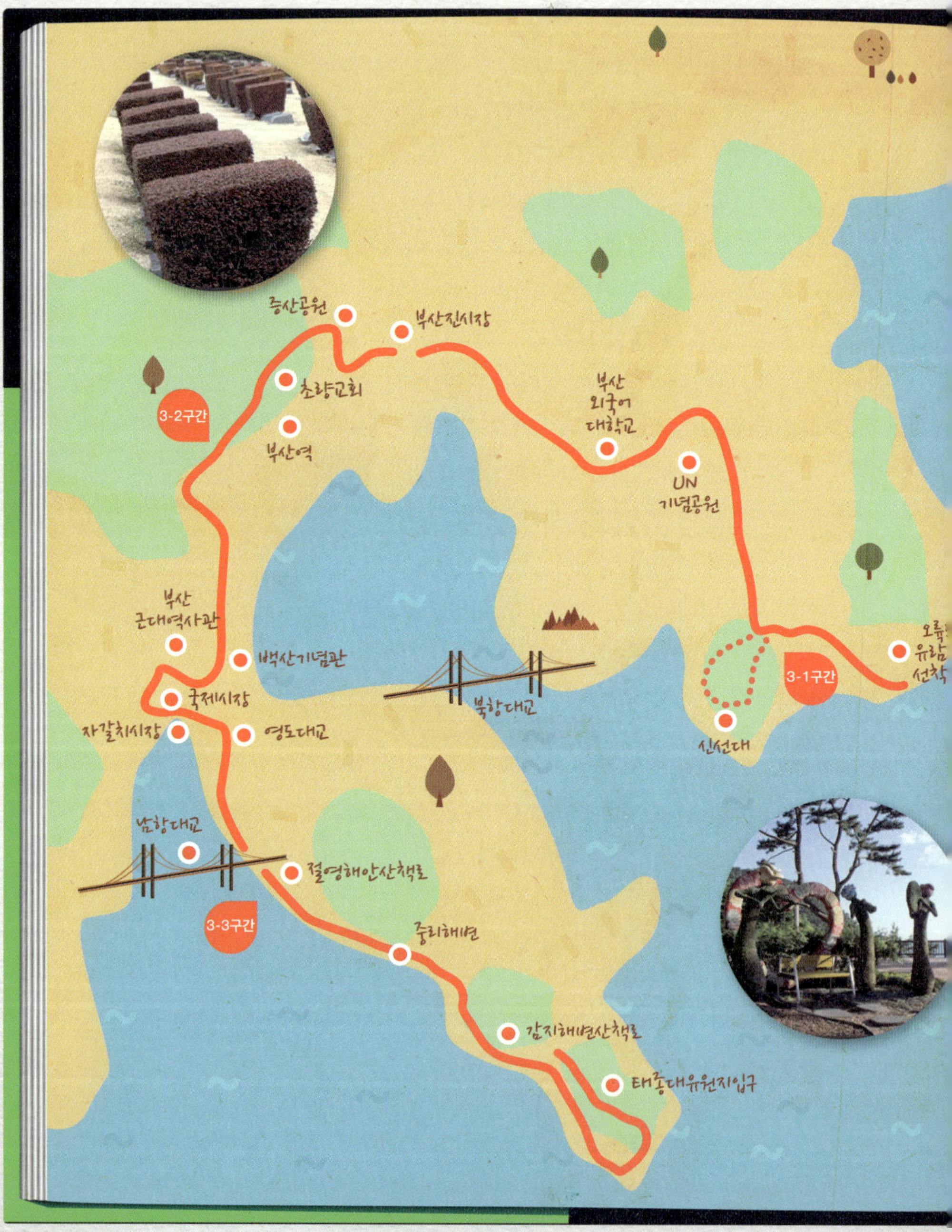

 **갈맷길 3코스**

오륙도유람선선착장 ▶ 부산진시장 ▶ 국제시장 ▶ 남항대교 ▶ 태종대유원지입구

신선이 노닐었다는 신선대에서 앤드루왕자길을 따라 내려서면 세계에서 하나뿐인 UN기념공원이 있다. 지척에 선사시대부터 역사를 간직하고 있는 부산박물관이 있고, 실제 현장은 우암동 장고개를 넘어 영화 '친구'로 유명한 문현동 곱창 골목에서 자성대, 진시장, 정공단, 증산을 지나 산복도로 이바구길을 만난다. 부산역으로 내려서면 옛 부산 초량 해안선을 따라 차이나타운과 영선고개를 넘어 피난시절의 애환이 서린 40계단으로 이어진다. 대청로를 건너면 백산기념관과 용두산 부산타워가 있고, 일대는 400년 한이 서린 우호의 땅인 왜관 터로서 서쪽은 국제시장이다. 남포동 극장가를 넘어서면 부산 사투리가 가득 넘쳐나는 자갈치시장. 6·25 전쟁 때 피난민의 추억과 애환이 서린 영도대교를 만날 수 있다. 굽이치는 파도와 더불어 절경을 이루는 절영해안산책로와 태종대가 있다.

 **구간정보**

3-1 구간(11.5km/4시간)

오륙도유람선선착장_(2.1km/50분)_신선대_(2.4km/55분)_UN기념공원_(3.8km/70분)_부산외국어대학교_(3.2km/65분)_부산진시장

3-2 구간(15.8km/5시간)

부산진시장_(1.5km/30분)_증산공원_(4.5km/80분)_초량성당_(0.8km/20분)_부산역_(2.3km/40분)_백산기념관_(1.0km/20분)_부산근대역사관_(0.4km/10분)_국제시장_(1.0km/20분)_자갈치시장_(1.0km/20분)_영도대교_(3.2km/60분)_남항대교

3-3 구간(10.0km/4시간)

남항대교_(2.0km/55분)_절영해안산책로_(1.4km/40분)_중리해변_(2.1km/55분)_감지해변산책로_(4.5km/90분)_태종대유원지입구

갈맷길 4코스

낙동강하구둑

감천문화마을

감천항

남항대교

4-1구간

송도해수욕장

송도해안볼레길

4-2구간

암남공원입구

4-3구간

다대포해수욕장

두송반도전망대

몰운대

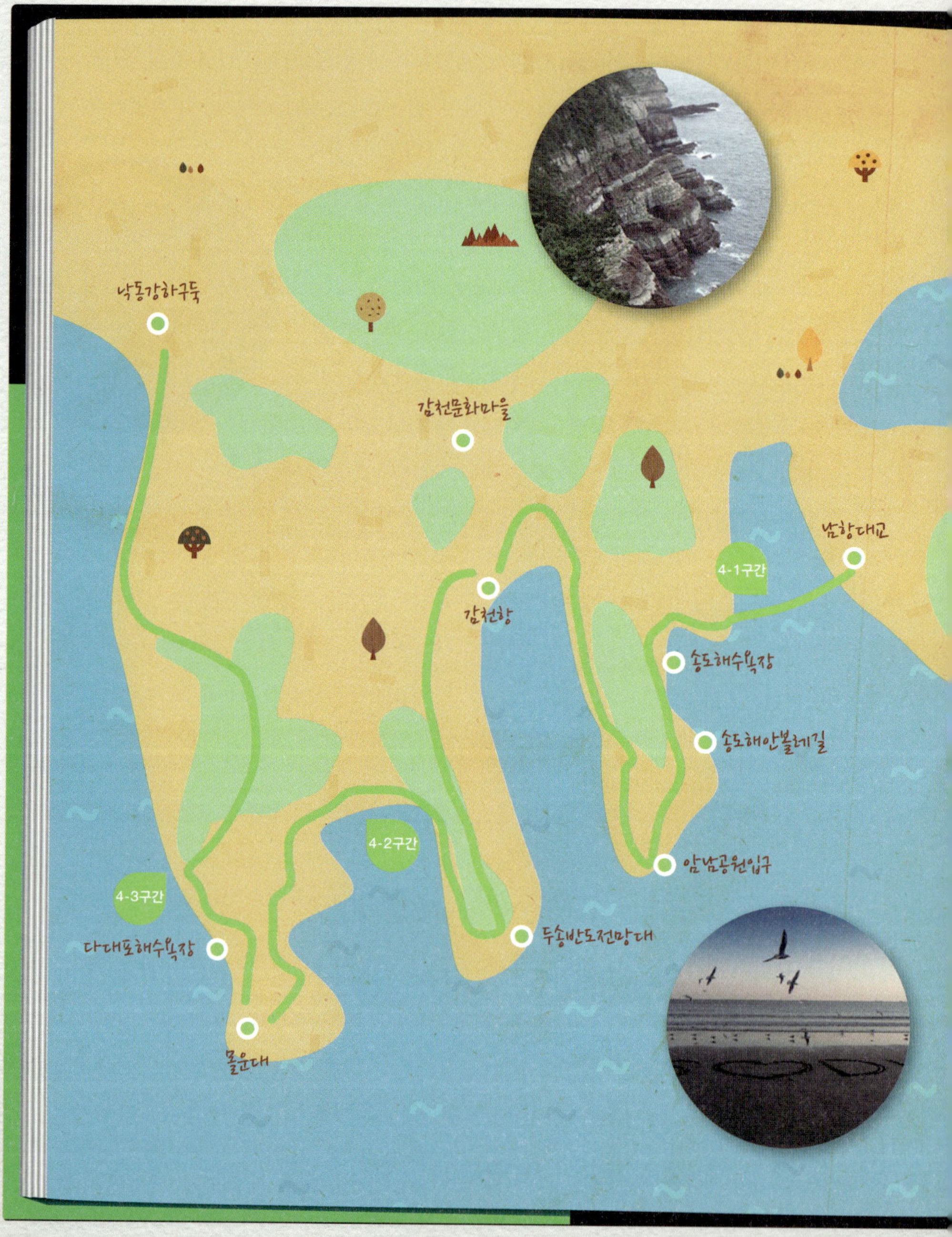

갈맷길 4코스

남항대교 ▶ 암남공원입구 ▶ 감천항 ▶ 두송반도 ▶ 몰운대 ▶ 낙동강하굿둑

남항대교를 건너며 바라보는 원경의 스카이라인과 남항의 홍등대와 백등대 안쪽 원도심과 자갈치 인근의 근경은 남항대교가 제공하는 팁이다. 100년의 역사를 자랑하는 송도해수욕장은 우리나라 최초의 공설해수욕장으로 한때 한국 최고의 피서지였다. 이웃한 암남공원까지는 바닷물이 출렁이는 해안 산책로를 통해 혈청소가 있는 모지포까지 연결되며 감천사거리를 지나 감천항을 만난다. 이곳은 예로부터 입항하는 선박들이 물을 받아 가던 소중한 마을이었으며, 지리적으로 부산포와 가깝고 다대포로 가는 길목이었기 때문에 군사적 요충지였다. 일제강점기 때는 일본군 주둔지, 한국전쟁 때는 영국군, 국방경비대(국군의 전신)가 주둔했던 역사적인 곳이기도 하다. 솔숲 두송반도를 일주하면 해안지형의 백화점인 다대포에 낙동강과 남해가 반긴다.

✏️ 구간정보

4-1 구간(13.0km/4시간)
남항대교_(2.5km/40분)_송도해수욕장_(0.9km/20분)_송도해안볼레길_(1.4km/30분)_암남공원입구_(8.2km/150분)_감천항

4-2 구간(12.5km/5시간)
감천항_(5.0km/130분)_두송반도전망대_(7.5km/170분)_몰운대

4-3 구간(10.8km/4시간)
몰운대_(1.2km/40분)_다대포해수욕장_(4.0km/80분)_응봉봉수대 입구_(5.6km/120분)_낙동강하구둑

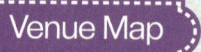

갈맷길 5코스

낙동강하구둑

5-1구간

명지오션시티

신호대교

르노삼성자동차북산공장

정거생태마을

동선방조제

어음포

천가교

천가
초등학교

대항새바지

대항선착

연대봉

소양보육원

5-2구간

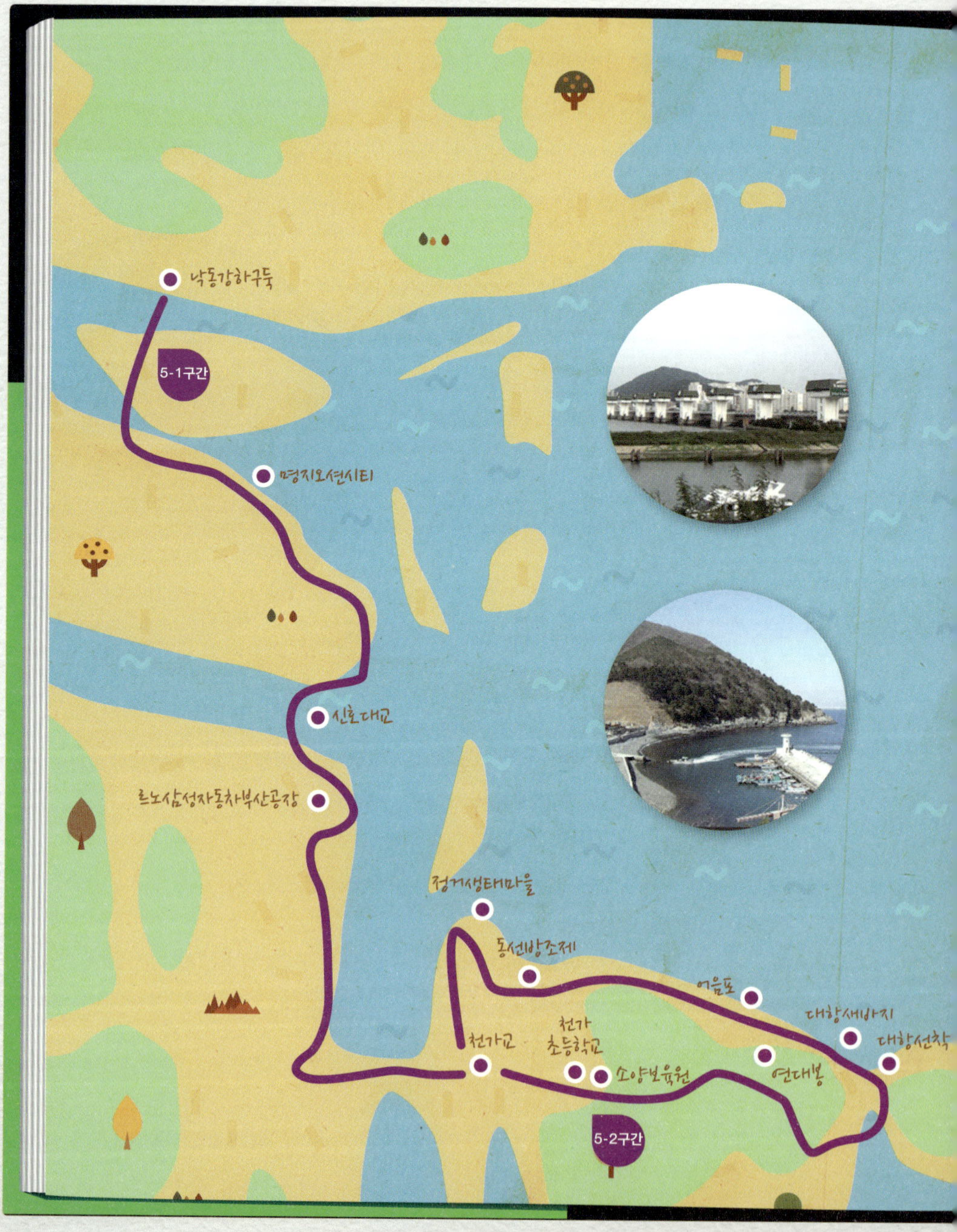

 **갈맷길 5코스**

낙동강하구둑 ▶ 명지오션시티 ▶ 천가교 ▶ 연대봉 ▶ 어음포 ▶ 동선방조제 ▶ 정거생태마을
▶ 천가교

동양 최대의 철새도래지 낙동강하구 을숙도를 가로질러 명지 갯벌에 도래하는 겨울 철새의 군무를 국내 그 어떤 곳보다도 가까이 볼 수 있다. 신호대교를 건너면 낙동강 진우도와 저멀리 뒤편 가덕도의 풍광이 뛰어나 머물고 싶을 정도다. 녹산 해안 길을 따라 걷다 보면 위풍당당한 부산신항이 반긴다. 고향마을 같은 정겨운 골목길을 걷다 선창을 지나 성북마을로 돌아서면 대원군척화비가 있는 천가초등학교가 있다. 연대봉에 올라서면 대마도가 지척이고 만경 창파 남해가 시원하다. 육수장망 숭어잡이로 유명한 대항에서 외양포 쪽으로는 가덕등대와 일본군 포진지가 온전히 남아 있다. 해안 숲길로 이어지는 누릉능, 어음포의 비경과 동선새바지가 나온다. 석화밭 위로 도요물떼새들이 비상하는 눌차 정거생태마을을 벽화를 감상하면서 돌아 나온다.

 **구간정보**

5-1 구간(22.0km/6시간)

낙동강하구둑_(6.0km/110분)_명지오션시티_(3.8km/60분)_신호대교_(1.4km/30분)_르노삼성자동차부산공장_(10.8km/160분)_천가교

5-2 구간(20.1km/7시간)

천가교_(1.6km/30분)_천가초등학교_(1.2km/30분)_소양보육원_(2.4km/50분)_연대봉_(3.0km/70분)_대항선착장_(0.8km/20분)_대항새바지_(2.3km/40분)_어음포_(4.2km/90분)_동선방조제_(2.5km 50분)_성서생태마을_(2.1km/40분)_천가교

갈맷길 6코스

구포역

삼락IC

백양터널

운수사

성지곡수원지
(어린이대공원)

선암사

6-2구간

삼락생태공원

낙동강「문화마당」

6-1구간

낙동강하구둑

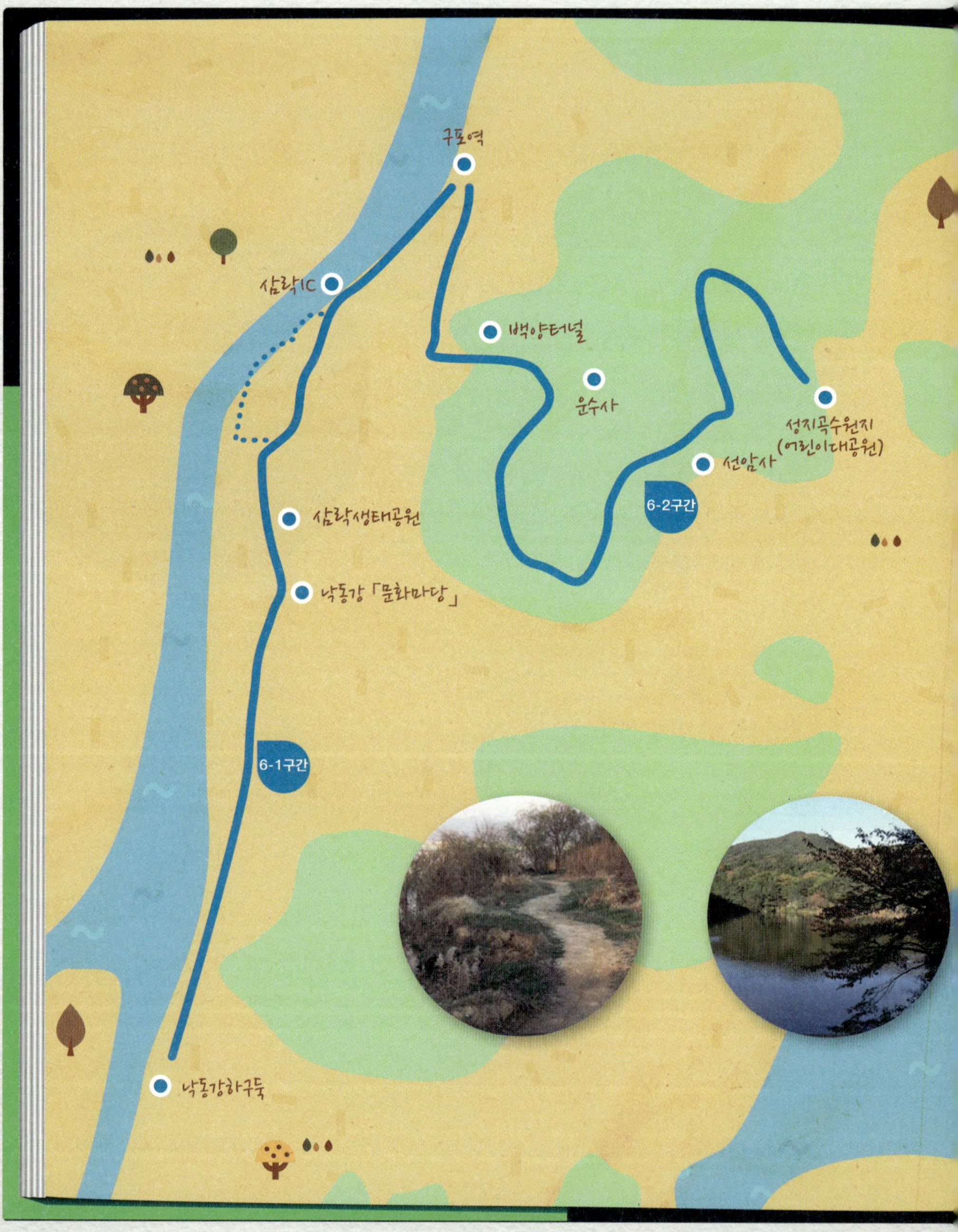

갈맷길 6코스

낙동강하굿둑 ▶ 삼락생태공원 ▶ 삼락 I.C ▶ 구포역 ▶ 운수사 ▶ 백양대 ▶ 성지곡수원지(어린이대공원)

삼락둔치 갈대밭 사이를 걷는 비포장 들길이다. 어느 계절을 걸어도 운치가 있는데, 가을날 오후 엷은 햇살이 사방을 금빛으로 물들이는 때가 가장 좋다. 백양산으로 이어지는 2구간은 일부 급경사의 난이도가 높은 코스다. 천년 고찰 운수사와 선암사 구간은 임도로 조성되어 있으며, 바람고개를 넘어 백양대에서 조망하는 수원지 경관이 일품이다. 편백숲이 울창한 성지곡 수원지는 동천의 발원지로 조선의 지관 성지(聖知)가 발견

한 명당으로 예부터 한국의 명수로 이름난 데다 우리나라 최초의 돌붙임 콘크리트 중력식 댐으로 집수와 저수, 침전, 여과지로 향한 도수로 등이 거의 원형 그대로 보존된 수원지이다. 대한제국 융희(隆熙)3년에 완공되있으며 등록문화재 제376호로 지정되어 있다.

🖊️ 구간정보

6-1 구간(13.2km/4시간)
낙동강하구둑_(6.4km/110분)_낙동강문화마당_(1.2km/30분)_삼락생태공원_(3.5km/60분)_삼락 IC_(2.1km/40분)_구포역

6-2 구간(23.0km/7시간)
구포역_(3.9km/70분)_백양터널_(0.9km/30분)_운수사_(11.5km/190분)_선암사_(6.7km/130분)_성지곡수원지(어린이대공원)

갈맷길 7코스

스포원파크

노포동
고속
버스터미널

범어사

7-2구간

북문

부산
톨게이트

상현마을

동문

남문

7-1구간

만덕고개

성지곡수원지
(어린이대공원)

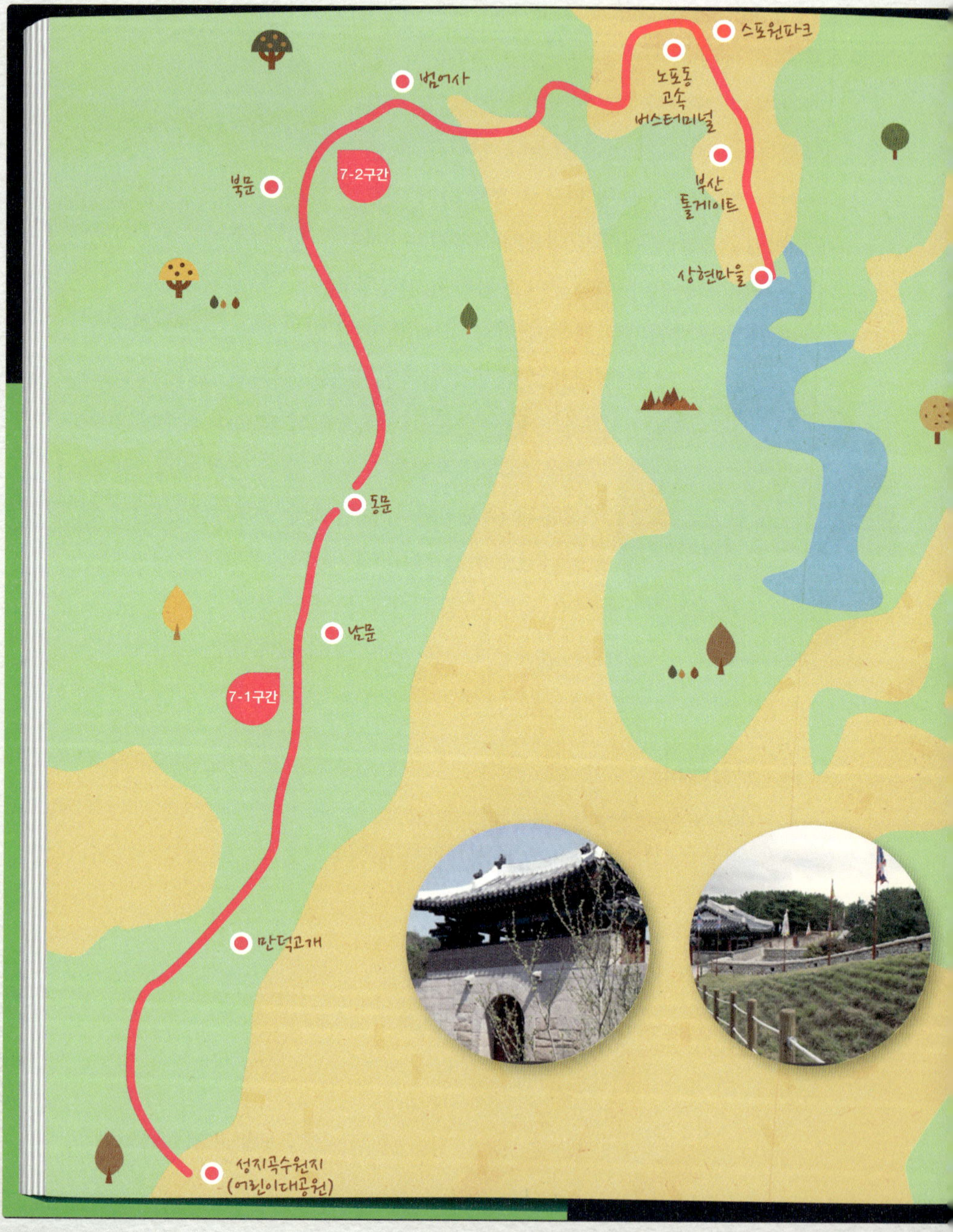

 **갈맷길 7코스**

성지곡수원지(어린이대공원) ▶ 만덕고개 ▶ 동문 ▶ 북문 ▶ 범어사
▶ 노포동버스터미널 ▶ 상현마을

성지곡수원지 삼나무와 편백 숲길이 들머리다. 백양산 갈림길에서 한국
산개구리 보호지역 쇠미산 습지를 지나, 송전탑이 있는 능선을 따라
만덕고개로 향한다. 금강공원으로 오르는 길에서 뒤돌아보면 사행하면서
흐르는 온천천과 동래구 일원의 도시경관을 볼 수 있다.

금정산성 제2망루 가는 길까지는 다소 숨이 차나,
남문을 통과한 다음 산성고개에서 동문을 지나
부채바위, 제4망루, 원효봉, 북문에 이르는 능
선길은 부산 전체를 조망하는 시원한 길이다.
금정산성은 우리나라에서 가장 큰 산성으로
문루 4개서, 망루 4개소가 소재해 있다.
산성 내 산성마을에서 생산되는 막걸리와 염소고
기는 맛이 뛰어나, 등산객들의 발길을 사로잡는다. 북
문 고산습지에서 천년고찰 범어사가 있는 계곡을 따라 내려와서 팔송까지
금어동천, 비석골 서어나무 숲을 호젓이 걷는 옛길이 펼쳐진다. 노포역에서
연꽃농장을 지나면 수영강 중상류를 따라 회동수원지 상현마을에 이른다.

 **구간정보**

7-1 구간(9.3km/4시간)
성지곡수원지(어린이대공원)_(5.0km/110분)_만덕고개_(2.3km/70분)_남문_
(2.0km/60분)_동문

7-2 구간(13.0km/5시간)
동문_(3.8km/70분)_북문_(1.6km/40분)_범이시_(3.1km/60분)_노포동고속버스
터미널_(1.3km/40분)_스포원파크_(1.5km/40분)_부산톨게이트_(1.7km/50분)_
상현마을

갈맷길 8코스

상현마을

오륜대

명장정수사업소

8-1구간

동대교

동천교 (석대다리)

8-2구간

원동교

과정교

좌수영교

APEC나루공원

민락교

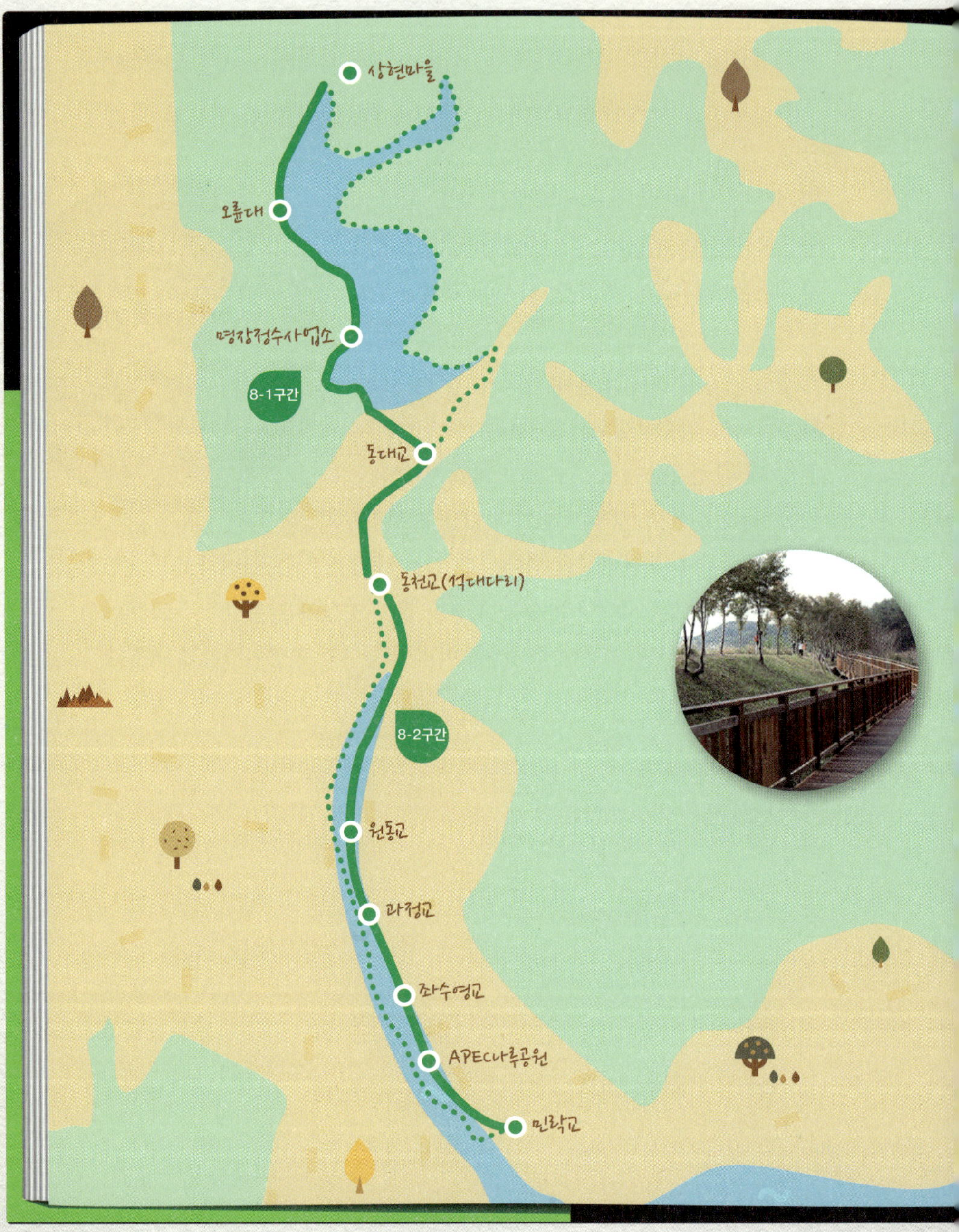

 **갈맷길 8코스**

상현마을 ▶ 회동수원지 ▶ 동천교(석대다리) ▶ 과정교 ▶ APEC 나루공원 ▶ 민락교

회동수원지길은 2009년 부산 갈맷길 축제 길 콘테스트에서 대상을 받은 길이다. 남녀노소 누구나 이용할 수 있을 만큼 평탄하고 쉬운 길인 동시에 수영강과 회동호의 수변이 제공하는 경관이 뛰어나다. 특히 장전구곡가의 1경인 오륜대를 비롯하여 부엉산(175m) 정상에서의 조망이 뛰어나다. 땅뫼산에서 윤산 자락을 휘감아 돌며 명장정수사업소까지 이어지는 수변길은 아홉산 줄기가 회동호에 병풍처럼 서 있고 물새들이 한가로워 소상팔경을 연상케 한다.

회동수원지는 일제 강점기인 1942년 조성되면서 수몰민의 원성과 울분이 고스란히 담겨 있는 곳이기도 하다. 옛날 사천으로 불렸던 수영강의 흐름을 따라 동행하는 길로 부산팔경의 한 곳이 동래를 지나면서 도심을 관통하여 옛 좌수영의 영화가 서려있는 나루공원을 지나 민락교에서 바다와 만난다.

 **구간정보**

8-1 구간(10.2km/3시간)

상현마을_(2.4km/40분)_오륜대_(5.1km/90분)_명장정수사업소_(0.9km/20분)_동대교_(1.8km/30분)_동천교(석대다리)

8-2 구간(7.0km/2시간)

동천교(석대다리)_(2.5km/40분)_원동교_(1.3km/30분)_과정교_(1.1km/20분)_좌수영교_(0.7km/10분)_APEC 나루공원_(1.4km/20분)_민락교

갈맷길 9코스

기장군청

모연정

9-2구간

이곡마을

보림교

장전마을
(철마면사무소)

장전2교

9-1구간

상현마을

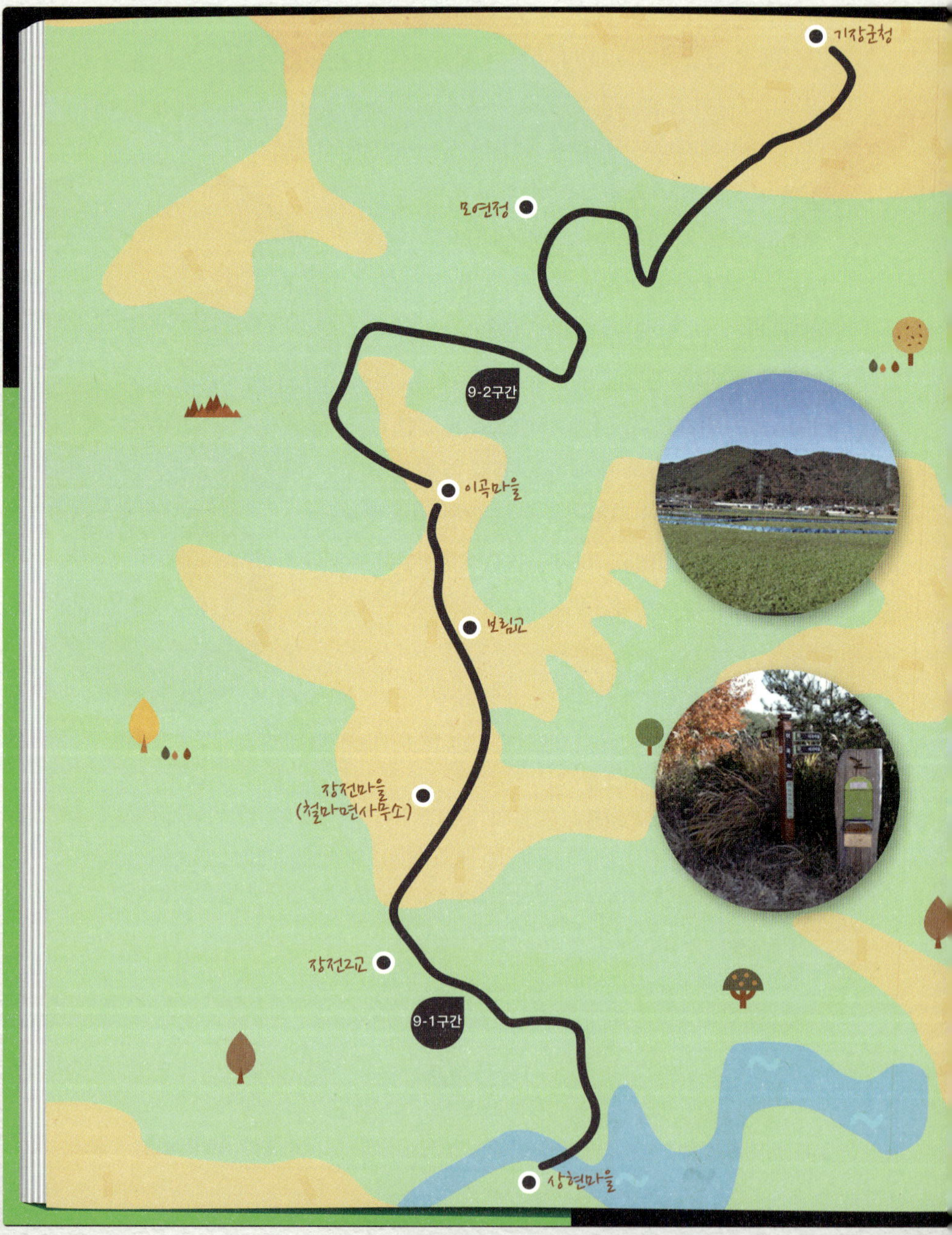

갈맷길 9코스

상현마을 ▶ 장전2교 ▶ 장전마을(철마면사무소) ▶ 이곡마을 ▶ 모연정
▶ 기장군청

수 영강의 제 1지류인 철마천과 이곡천을 따라가다 아홉산과 일광산 허리를 휘감아 걷는 길이다. 들머리는 회동수원지 들머리 마을인 선동 상현마을이 수원지로 들기 전 만나는 진명교에서 바라보는 구골차의 풍광은 정겹고도 고즈넉한 맛이다. 회동수원지는 1942년 건설되면서 당시 오륜동의 다섯마을 중 4곳이 수몰되었다. 사람의 간섭이 크게 없었던 곳이라 원앙들도 나래를 접고 쉰다. 지나는 사람 누구나 걸음을 멈추고 풍경과 하나가 되고 싶은 곳이다. 추파(秋波) 오기영(吳璣永)(1837~1917) 선생의 장전구곡가 (長田九曲歌) 시비가 있다. 73번 시내 버스 종점이 있는 이곡마을 삼백살 느티나무에서 기장테마임도가 전개된다. 전국에서 두 번째로 공인된 MTB코스 이기도 한 길은 굽이굽이 사행하며 일광산 자락을 휘감아 돌다 백두사 가는 갈림길에서 다랑이논들이 펼쳐진 동서마을을 지나 기장군청으로 이어진다. 동서마을은 기장의 옛 이름 차성(車成) 이 유래한 곳으로 차능(車陵)이 있다.

구간정보

9-1 구간(11.5km/3시간)
상현마을_(4.7km/70분)_장전2교_(2.2km/70분)_장전마을(철마면사무소)_
(1.6km/20분)_부림교_(3.0km/50분) 이곡마을

9-2 구간(9.0km/3시간)
이곡마을_(4.8km/100분)_모연정_(4.2km/80분)_기장군청

레 · 인 · 보 · 우 · 부 · 산
RAINBOW BUSAN

부산여행을 입체적으로 즐기는 법!
App Book 레인보우 부산

바닷가 기사를 읽으면 파도소리가 들립니다.
가고 싶은 맛집을 터치하면 바로 구글맵으로 위치를 가르켜 드립니다.
여행지를 360도 회전시키며 미리 보여주기도 합니다.
한 두번의 터치로 부산여행에 필요한 정보를 쏙쏙 뽑아 볼 수 있습니다.

책에서는 결코 제공될 수 없는 다양한 인터랙티브와 함께하는
레인보우 부산 앱북- 여행의 질이 달라집니다.

N·CREATIVE 부산시 해운대구 수영강변대로140 (부산문화콘텐츠콤플렉스 621호) Tel. 051)747-5099. Fax. 051)747-6299